"이 책은 내 관심을 강하게 끄는 세 가지를 갖추고 있다. 18세기 스코틀랜드 교회 문화, 복음에 대한 분명한 교리, 싱클레어 퍼거슨에게서 배운다는 점이다. 역사적 분석으로도 대단히 매력적인 책이지만 율법주의와 율법폐기주의, 확신을 둘러싼 끊임없는 논쟁에 대한 신중한 성경적 신학적 지침서라는 점에서 훨씬 더 중요한 책이다. 이토록 중요한 주제에 학자로서의 정신과 목회자로서의 마음을 아낌없이 쏟아준 퍼거슨에게 더없이 감사한다."

케빈 드영(Kevin DeYoung), 미시건주 이스트랜싱의 유니버시티 리폼드 교회 담임목사, 『성경, 왜 믿어야 하는가』(디모데 역간)의 저자

"이 책이 이보다 더 좋은 시기에 이보다 더 좋은 저자에게서 나올 수는 없다. 싱클레어 퍼거슨은 과거의 매우 중요한 논쟁을 통해 현재의 논쟁들을 풀기 위한 중요한 실마리를 제공한다. 하지만 이 책은 단순한 매우 논쟁 탐구서 그 이상이다. 역사상 가장 중요한 문제에 대한 최고의 목회적 지혜와 교리적 숙고가 담긴 책이다."

마이클 호튼(Michael Horton), 캘리포니아주 웨스트민스터 신학교 조직신학과 변증학 교수, 『기독교 신앙의 핵심』(지평서원 역간)의 저자

"발음하기도 힘든 이름에, 스코틀랜드 촌구석에서 촉발된 케케묵은 논쟁을 파헤쳐 복음 선포와 그리스도인의 삶에 관한 중요한 교훈들을 캐낼 능력과 끈기, 기술을 갖춘 사람은 내가 아는 한 오직 싱클레어 퍼거슨밖에 없다. 퍼거슨의 최고 역작이자 가장 중요한 책이 아닐까 싶다. 꼭 구해서 읽기를 바란다!"

앨리스테어 벡(Alistair Begg), 오하이주 새그린 폴스의 파크사이드 교회 담임목사

"싱클레어 퍼거슨은 율법주의와 율법폐기주의에 관한 피상적인 정의의 껍데기를 벗겨내 그 매러우, 곧 핵심인 온전한 그리스도를 드러낸다. 복음을 통해 온전한 그리스도를 제시받으면 하나님 은혜의 위대함과 능력을 퇴색시키는 그 어떤 것에도 만족하지 않는다. 이 역사적이고 신학적이며 실용적인 책은 목사든 평신도든 모두에게 큰 유익이 될 것이다."

에이미 버드(Aimee Byrd), 『주부 신학자』(Housewife Theologian)와
『신학적 피트니스』(Theological Fitness)의 저자

"세세한 역사까지 꿰뚫고 있는 싱클레어 퍼거슨의 통찰력이 놀랍다. 하지만 복음을 분명히 알리는 그의 사랑과 열정이야말로 진정으로 놀랍다. 복음 선포에서 인간의 오류를 배제하기 위한 이 논쟁 속에서 우리 영혼을 구원하고 순종을 가능하게 하는 은혜를 새롭게 발견할 수 있다."

브라이언 채플(Bryan Chapell), 언약 신학교 명예 총장이자
일리노이주 피오리아의 그레이스 장로교회 담임목사

"이 책에서 다룬 문제는 그 어떤 문제보다 중요하다고 해도 과언이 아니다. 왜냐하면 이 책에서 퍼거슨이 분명히 보여주듯 이 문제는 바로 복음의 정의 그 자체이기 때문이다. 율법폐기주의와 율법주의의 오류가 단순한 표어나 화려한 언변에만 의존하는 장사치들의 도구로 오용되고 있다. 이 중대한 주제를 탐구하는 일을 맡기기에 싱클레어 퍼거슨보다 더 믿을 만한 사람은 생각나지 않는다. 내가 지난 40년 동안 읽었던 책 중에서 가장 중요하고도 완벽한 책 가운데 하나다."

데릭 토머스(Derek W. H. Thomas), 사우스캐롤라이나 주 컬럼비아의 제일 장로교회
담임목사이자 조지아주 개혁신학교 조직 및 목회 신학 교수

"성화에 관한 혼란이 가득한 시대에 싱클레어 퍼거슨은 모든 안개를 걷어내고 기독교 신앙의 영광스러운 교리를 더없이 분명하게 밝혀준다. 가장 귀중한 이 교리의 역사와 신학을 제대로 알기 원하는 이들에게 무조건 이 책을 첫 번째로 추천해주고 싶다."

버크 파슨스(Burk Parsons), 플로리다주 샌퍼드의 세인트 앤드루 교회 목사이자 〈테이블토크〉(Tabletalk)지의 편집자

"이 위대한 책은 우리의 구원에서 은혜와 행위가 서로 어떻게 연관되느냐는 오랜 문제를 다룬다. 퍼거슨은 스코틀랜드에서 일어났던 옛 논쟁으로 시작하여 이 문제를 통찰력 있게 조명하고 현재의 미로에서 빠져나오는 길을 보여준다. 이 책이 보여주는 지식의 깊이와 판단력의 날카로움은 짝을 찾아보기 힘들다."

데이비드 웰스(David F. Wells), 고든 콘웰 신학교의 수석 연구 교수

"싱클레어 퍼거슨이 목회자의 가슴과 학자의 머리로 써내려간 이 책은 은혜라는 주제를 성경적으로 파헤쳐 삶과 목회, 예배의 견고한 기초를 마련해준다. 매로우 논쟁을 배경으로 그는 지금도 교회에 스며들어 있는 율법주의와 율법폐기주의의 미묘한 색채를 들추어낸다. 이 책은 나 자신을 돌아보게 하고, 신학적 도전을 주었다. 그리스도를 높이는 아름다운 책이다."

멜리사 크루거(Melissa B. Kruger), 노스캐롤라이나 샬럿의 업타운 교회 여성 사역 책임자이자 『이브의 질투』(The Envy of Eve)와 『하나님과 동행하는 엄마』(Walking with God in the Season of Motherhood)의 저자

"이 시대는 율법폐기주의와 율법주의의 공방이 다시 치열해진 시대다. 심지어 같은 교단 내에서도 다툼이 벌어지고 있다. 이런 긴장의 시대에 대체로 빛은 더 많이 필요하고 열은 줄어들어야 한다. 나는 싱클레어 퍼거슨의 이 책이 은혜와 인간의 힘, 복음의 확신을 더 잘 이해하도록 돕는 시의적절한 시각을 제시했다고 믿는다. 또한 퍼거슨은 역사적 논쟁을 조명함으로써 이 시대를 이해하고 이 시대의 혼란을 풀어내는 데도 도움을 준다."

켈리 캐픽(Kelly M. Kapic), 언약 대학 신학 연구 교수

"누군가를 '율법주의자'나 '율법폐기주의자'로 부르기는 쉽지만 그 문제는 생각보다 훨씬 더 복잡하고 미묘하다. 싱클레어 퍼거슨은 스코틀랜드의 옛 논쟁을 통해 오늘날 우리의 영적 문제점을 조명한다. 이 탁월한 책은 하나님의 율법과 은혜에 관한 많은 실타래를 풀고, 율법주의와 율법폐기주의가 서로 반대가 아니라 예수 그리스도의 위대한 이름에 먹칠을 하기 위한 사탄의 더러운 전쟁에 동원된 악의 연합 세력이라는 점을 강하게 일깨워준다."

조엘 비키(Joel R. Beeke), 청교도 개혁신학교 총장,
『성부 성자 성령 삼위 하나님』(생명의말씀사 역간)의 공저자

"이보다 더 믿을 만한 안내자가 쓴 더 중요한 책은 상상할 수 없다. 싱클레어 퍼거슨은 세상에 잘 알려지지 않은 신학적 논쟁에서 21세기 복음주의자에게 매우 중요한 문제들을 찾아 빛 가운데로 끄집어냈다. 그는 깊은 지식과 신학적 분별력, 목회적 지혜로 복음이 왜곡된 부분을 밝혀낼 뿐 아니라 복음의 정수인 그리스도를 제대로 맛볼 수 있게 해준다."

제프 퍼스웰(Jeff Purswell), SGM(Sovereign Grace Ministries) 목회자 대학 학장

온전한 그리스도

The Whole Christ
© 2016 by Sinclair B. Ferguson
Originally published in English as *The Whole Christ* by Crossway, a publishing ministry of Good News Publishers, Wheaton, IL60187, USA.
All rights reserved.

This Korean translation edition © 2018 by Timothy Publishing House, Inc., Seoul, Republic of Korea
Published by arrangement with Crossway, a publishing ministry of Good News Publishers through rMaeng2, Seoul, Republic of Korea.

이 한국어판의 저작권은 알맹2 에이전시를 통하여 Crossway와 독점 계약한 (주)도서출판 디모데에 있습니다.
신 저작권법에 의하여 한국 내에서 보호받는 저작물이므로 무단 전재와 무단 복제를 금합니다.

온전한 그리스도

1쇄 발행 2018년 8월 17일
3쇄 발행 2023년 3월 31일

지은이　싱클레어 퍼거슨
옮긴이　정성묵
펴낸이　고종율

펴낸곳　주) 도서출판 디모데 〈파이디온선교회 출판 사역 기관〉
등록　　2005년 6월 16일　제 319-2005-24호
주소　　서울특별시 서초구 서초대로 141-25(방배동, 세일빌딩)
전화　　마케팅실 070) 4018-4141
팩스　　마케팅실 02) 6919-2381
홈페이지 www.timothybook.com

값 16,000원
ISBN 978-89-388-1637-5　03230
ⓒ 주) 도서출판 디모데 2018 〈Printed in Korea〉

율법과 복음은 같은 것인가, 다른 것인가
온전한 그리스도

싱클레어 퍼거슨 지음 | 정성묵 옮김

목차

팀 켈러의 추천의 글   11
들어가는 글   19

1장 매로우 논쟁이 불거진 과정   27
2장 복음 속의 은혜   45
3장 하나님의 성품에 대한 왜곡   73
4장 율법주의의 위험   97
5장 은혜의 순서   127
6장 율법주의의 의심 증상들   163
7장 율법폐기주의의 얼굴들   181
8장 원인과 치료제   207
9장 확신의 매로우   237
10장 어떻게 그리스도에 대한 확신이 구원의 확신이 되는가?   261
11장 "장애물이 길에 가득할 때"   285

나오는 글   305
부록 토머스 보스턴의 믿음에 관하여   309

월트, 조이 챈트리 부부에게
감사와 애정을 담아

팀 켈러의 추천의 글

당신의 손에 들린 이 책은 단순히 유용한 역사적 고찰이 아니라 시국 소책자(The Tracts for the Times, 1833-1841년 옥스퍼드 운동을 옹호하고자 뉴먼이 주도하여 간행한 영국 국교 진흥을 부르짖은 논문집) 중 하나다.

매로우 논쟁은 18세기 초 스코틀랜드 교회에서 일어났던 논쟁이다. 에드워드 피셔(Edward Fisher)가 쓴 『현대 신학의 매로우』(The Marrow of Modern Divinity)의 재출간과 그로 인한 분열이 이 논쟁의 주된 원인은 아니었지만, 발단의 계기는 되었다. 단순히 조직신학만이 아니라 설교와 목회, 궁극적으로는 마음속에서 행위와 은혜, 율법과 복음의 올바른 관계가 정립되지 않았던 것이 근본 원인이었다. 싱클레어는 매로우 논쟁을 쉽고도 재미있게 풀어낸다. 하지만 그의 진짜 목표는 따로 있었다. 그는 옛 논쟁을 통해, 당시는 물론이고 지금까지도 계속해서 교회를 괴롭히는 이 문제의 본질을 파헤치려 했다. 최근 기독교 서적 중에서 이 문제를 이만큼 명쾌하고도 흥미롭게 풀어낸 책은 본 적이 없다.

매로우 논쟁의 가장 두드러진 특징 가운데 하나는 『현대 신학의 매로우』의 옹호자들이 율법폐기주의자로 오해받고, 반대로 비판자 중 최소한 일부는 율법주의자로 오해를 받았다는 것이다. 양쪽 모두 칭의와 행위에 관한 웨스트민스터 신앙 고백의 가르침을 받아들이고 있었는데도 말이다. 이 교리에 관한 웨스트민스터 신앙 고백의 표현은 놀랍도록 정확하고도 분명하다. 웨스트민스터 신앙 고백은 그리스도를 믿으면 우리의 성과에 따라서가 아니라 그리스도의 "순종과 만족"이 우리에게 전가됨으로써 의롭다 칭함을 얻게 된다고 가르친다.[1] 물론 선행이 칭의의 이유는 되지 못하더라도 우리가 믿음으로 의로워졌다는 확실한 증거는 된다.[2] 하지만 은혜로운 구원에 대한 "감사와 확신"에서 비롯한 "복음적 순종", 곧 선행이[3] 우리를 하나님 앞에서 의롭게 만들어주지는 않는다.[4] 이 칭의는 한 번 얻으면 잃을 수 없는 것이다. 심지어 우리가 죄 때문에 "하나님 아버지의 노여움" 아래 놓인다 해도 칭의는 취소되지 않는다.[5]

 웨스트민스터 신앙 고백은 오직 믿음으로 오직 그리스도를 통해 의롭다 함을 얻는다는 개신교의 교리를 놀랍도록 자세히 강해한 문서다. 매로우 논쟁에 참여했던 모든 사람이 정확하기 짝이 없는 이 신학적 문서의 내용에 전적으로 동의했다. 그런데 어떻게 교회 안에서 편이 갈라져 상대를 율법폐기주의와 율법주의로 매도하고, 결국 한 교단이 완전히 분열되는 사태가 벌어질 수 있단 말인가. 그렇다

---

1 웨스트민스터 신앙 고백, 11.1.
2 상동, 16.2.
3 상동.
4 상동, 11.1.
5 상동, 11.5.

면 아무리 신학적으로 정확하다 하더라도 그리스도인의 삶 속에서 율법과 순종의 역할이라는 오랜 문제가 해결되지 않았다는 뜻이 아닌가.

싱클레어는 매로우 논쟁의 사례에서 몇 가지 결론을 도출할 뿐 아니라 오늘날 우리가 이 시대에 적용할 수 있도록 그 결론을 확장하고 자세히 풀이해준다. 그의 결론 중에서 특히 내게 큰 깨달음을 주었던 몇 가지를 미리 소개하고 싶다.

첫 번째 결론이자 누구도 반박할 수 없는 결론은 율법주의와 율법폐기주의가 단순한 교리적 입장 그 이상이라는 것이다. 매로우 논쟁의 양측 모두 행위로 구원을 받는다거나 구원을 받은 뒤에는 하나님의 법에 순종할 필요가 없다는 식으로 말하지 않았다. 둘 다 율법주의나 율법폐기주의를 대놓고 주장하지는 않았다. 하지만 목회에서는 율법주의와 율법폐기주의의 냄새를 강하게 풍겼다. 율법주의와 율법폐기주의는 둘 다 마음의 태도, 행동, 인격, 성경을 읽는 방식이 종합된 결과물이다. 심지어 싱클레어는 하나님에 대한 '느낌'도 율법주의를 형성하는 한 요소라고 말한다. 맞는 말이다.

율법주의적인 정신의 특징으로는 질투, 사소한 문제에 대한 과민성, 실수를 절대 용납하지 않는 태도, 편협한 의사 결정 등을 들 수 있다. 『현대 신학의 매로우』의 저자와 '매로우 맨들'의 수장 격인 토머스 보스턴(Thomas Boston)은 칭의에 관한 정확한 교리가 있음에도 실제로는 여전히 율법이 "삶의 규칙"이 아닌 "행위의 언약"인 것처럼 목회했던 시절을 솔직히 고백했다.[6] 반대로, 율법폐기주의

---

6   상동, 19.6.

의 교리를 거부하면서도 실제 삶과 목회 속에서는 율법폐기주의가 나타날 수 있다. 이런 실제적 율법폐기주의는 기독교로 가장한 자기 수용의 세속적 복음의 형태로 나타난다. 더 자주 나타나는 형태는 목사의 설교와 목회에서 의무와 기쁨이 미묘하게 분리될 때 나타나는 율법폐기주의다. 목사가 하나님에 대한 순종을 기쁜 일(하나님을 닮고 알며 기쁘게 해드리는 일)로 제시하지 않으면 율법폐기주의의 정신은 퍼질 수밖에 없다.

내가 배운 두 번째 사실은 율법주의와 율법폐기주의의 뿌리가 같다는 것이다. 아마도 독자 대부분이 이것을 가장 유익한 통찰로 꼽게 될 것이다. 이 통찰은 그야말로 패러다임의 전환을 촉발할 수 있는 통찰이다. 목회자들이 율법주의와 율법폐기주의를 상극으로 여기는 것은 치명적인 실수다. 싱클레어는 둘이 "같은 자궁에서 나온 이란성 쌍둥이"라고 말한다. 그는 둘 모두의 근원이 에덴동산에서 "사탄이 한 거짓말"이라고 지목한다. 사탄은 하나님의 선하심을 믿지 말라고 속삭인다. 그는 하나님이 우리의 행복과 안녕에 전혀 관심이 없기 때문에 그분께 전적으로 순종하면 많은 것을 놓쳐 불행하게 살 수밖에 없다고 말한다.

이 두 가지 입장 모두 하나님의 사랑과 은혜를 믿지 않는다. 그래서 하나님의 명령들을 우리에게 복을 주기 싫다는 뜻으로 해석한다. 또 둘 다 순종을 은혜로운 하나님을 기쁘게 해드리는 방법이나 우리가 창조된 본모습을 되찾기 위한 방법으로 보지 않는다. 순종의 기쁨을 보지 못하는 것이다. 둘 다 순종을 조건적인 사랑의 하나님이 우리에게 지운 짐으로 여기고, 하나님을 우리가 지독히 노력하지 않으면 절대 복을 주시지 않는 분으로 본다. 둘의 유일한 차이점은, 율법주의는 마지못해 그 짐을 지는 반면 율법폐기주의는 하나님이 진정한 사랑이시라면 그런 짐을 요구하실 리가 없다며 그 짐을 완전히 거부하는 것이다. 율법폐기주의자들은 은혜로운 하나님의 개념을 유지하기 위해 그분이 순종을 요구하시지 않는다는 주장을 펼친다.

따라서 내가 배운 세 번째 사실은, 둘 중 한쪽으로 치우친 것이 문제라고 생각하면 엉뚱한 해법을 내놓게 된다는 점이다. 즉, 문제를 해결한답시고 다른 오류 쪽으로 한 발을 내딛게 된다. 싱클레어는 율법주의와 율법폐기주의 모두 하나님의 선하고도 은혜로운 성품을 보지 못하는 데서 비롯한다고 말한다. 이 점을 이해하지 못하면 각 오류에 대한 해법이 기껏해야 다른 오류를 약간 더하는 것이라고 착각하게 된다. 다시 말해, 율법주의에 대한 해법으로 율법과 순종을 덜 강조하게 되고, 율법폐기주의에 대한 해법으로 율법과 순종을 더 강조하게 되는 것이다.

이것은 위험한 발상이다. 율법주의로 기운 사람에게 순종과 율법을 너무 따지지 말라고 하면 그것은 율법을 하나님의 놀라운 선물로 보지 못하는 율법폐기주의의 정신 쪽으로 그들을 몰아가는 것이다. 반대로, 율법폐기주의에 물든 사람에게 하나님의 징벌과 불순종의 위험을 지나치게 강조하면, 그것은 은혜로 구원해주신 분을 높이고 기쁘게 해드리기 위한 수단이 아닌 행위의 언약으로 율법을 보는 율법주의적인 정신 쪽으로 그들을 몰아가는 것이다.

마지막으로, 이 책은 율법주의와 율법폐기주의 모두의 해법이 복음이라는 사실을 보여준다. 싱클레어의 말을 들어보자.

> 복음은 우리를 이 거짓말에서 구해낸다. 복음은 그리스도가 이 땅에 오셔서 우리를 위해 죽으신 사건의 이면에 자신의 전부를 주시는 아버지의 사랑이 있음을 보여준다. 먼저 하나님은 아들을 보내 우리를 위해 죽게 하셨고 그다음에는 우리 안에 거하실 성령을 보내주셨다…율법주의의 진정한 치료제는 하나뿐이다. 그것은 복음이 율법폐기주의에 대해 처방하는 치료제와 동일하다. 바로 예수 그리스도와의 연합을 이해하고 실제로 맛보는 것이다. 그렇게 되면 하나님의 율법을 사랑하고 그것에 순종하려는 새 마음이 절로 우러나온다.

두 오류는 뿌리가 똑같기 때문에 치료제도 똑같다. 바로, 하나님의 선하심과 사랑에 관한 복음을 전해 순종을 즐거운 일로 만들어 주는 것이다. 둘 모두에 대한 해법은 하나님의 은혜와 성품을 더 온전히, 더 성경에 맞게, 더 깊이 이해하는 것이다.

이 책에는 이외에도 유익한 질문과 진술이 많다. 그중에서 두 가지만 소개하자면, 싱클레어는 '바울에 대한 새 관점'(New Perspective on Paul)이 어떤 식으로 율법주의적인 성경 읽기를 조장할 수 있는지를 보여주었다. 이와 동시에, 구약의 법에 대한 전통적인 3단 분류법(도덕법, 의식법, 시민법)을 비판하는 사람들이 율법폐기주의를 조장할 수 있다는 점을 지적한다. 하지만 이 문제를 둘러싼 현재의 논쟁과 관련해 내가 이 역작에서 얻은 가장 중요한 교훈은 다음과 같다.

칼뱅은 칭의를 "주된 축" 혹은 "종교가 돌아가는 주된 경첩"으로 불렀다. 계속해서 그는 이렇게 말했다. "먼저 우리와 하나님의 관계 그리고 우리에 대한 하나님의 심판의 본질을 이해하지 못하면…하나님에 대한 신앙심이 쌓일…기초가 (없는) 셈이다."[7] 그렇다. 하나님 앞에서 우리의 의로워진 상태가 '많은 동기 중 하나'가 되어서는 안 된다. 그것이 우리의 모든 생각과 감정, 행동의 기초가 되어야 한다. 그렇지 않으면 우리는 반드시 하나님이 우리를 '위하시지' 않는다는 잘못된 믿음에 빠져 행위의 언약으로 돌아갈 수밖에 없다.

하지만 우리의 주된 문제점이 하나님의 사랑과 선하심에 대한 불신이라 하더라도 "성화를 위해 필요한 것은 자신의 칭의를 믿는 것뿐이다"라고 말하는 것은 지나친 단순화다. 그런 논리는 단순히 율법을 덜 강조함으로써 율법주의적인 정신을 치료하려는 시도일 뿐이다. 단순히 우리가 형벌을 면했다는 사실을 추상적으로 믿는 것으로는 부족하며, 하나님에 대한 시각을 철저히 뜯어고쳐야 한다. 하지만 반대로, '죄 죽임'(mortification)에 관한 존 오웬(John Owen)이 책에서 보듯이, "성화를 위해 필요한 것은 거룩해지기 위한 노력이다"라는 말도 답이 아니다. 오웬은 악한 행실의 근본 원인이 죄 자체를 미워하지 못하는 것이라고 주장한다. 순종을 단순히 위험을 피하고 좋은 삶을 살기 위한 방편으로 보는 것은 문제다. 순종은 무엇보다도 예수님을 사랑하고 알기 위한 방법이다.

따라서 은혜 안에서의 성장은 단순히 칭의를 더 믿는다고 이루어

---

7 John Calvin, *Institutes of the Christian Religion*, F. L. Battles 번역, J. T. McNeill 편집 (Philadelphia: Westminster Press, 1960), 3:11:1.

지지 않는다. 물론 그 실제를 매일 묵상해야 하지만 말이다. 더 포괄적인 차원에서 보면, 성장은 은혜의 복음으로 우리 죄의 뿌리를 공격할 때 이루어진다. 물론 죄의 뿌리는 하나님의 선하심을 불신하고, 다른 것들을 구원으로 여겨 지나치게 사랑하는 것이다. 복음 안에서 그리스도의 영광을 보면 우리의 마음속에서 사랑의 올바른 순서가 회복된다. 하나님을 가장 사랑하게 되고, 지금까지 우리의 삶을 지배하던 것들이 우리를 옭아매던 힘을 잃는다. 이것이 진정한 성화다. 복음 속으로 더 깊이 들어갈 때 진정한 성화가 이루어진다. 단, 복음 속으로 깊이 들어간다는 것은 단순히 하나님이 우리를 받아주고 용서해주셨다는 사실만 되새기는 것이 아니다. 이 책에서 싱클레어 퍼거슨은 이 점을 분명히 이해하는 것이 효과적인 설교와 목회에 얼마나 중요한지를 잘 보여준다.

들어가는 글

『온전한 그리스도』는 역사가 있는 책 제목처럼 들린다. 바로 그렇다. 이야기는 18세기 초 스코틀랜드에서 시작된다. 그다음 약 70년 전 잉글랜드로 잠시 거슬러 올라간다. 당시, 잘 알려지지 않은 책 한 권이 쓰였다. 소크라테스 대화법 형태의 독특한 책이다. 대화 참여자는 젊은 그리스도인, 율법주의자, 율법폐기주의자, 복음을 전하는 목사, 이렇게 네 명이다. 이 책은 종교 개혁과 청교도 시대의 선하고도 신실한 사람들의 말들을 모아놓은 조각보와도 같다.

한 스코틀랜드 목사가 스코틀랜드 국경 부근의 외진 마을인 자신의 교구에 속한 집에서 이 책을 발견했다. 그가 아니었다면 이 책은 계속해서 거의 읽히지 않는 책으로 남아 있었을 것이다. 이 책이 발견되고 나서 20년 뒤 매우 중요한 신학적 논쟁이 벌어졌다. 덕분에 책의 제목은 교회사에 영원히 아로새겨지게 되었다.

그로부터 260년 뒤, 내 책의 탄생을 위한 씨앗이 뿌려졌다. 1980년 봄, 스코틀랜드 글래스고에 있는 우리 집으로 편지 한 통이 날아왔다. 편지 안에는 인디애나폴리스에서 그해에 열릴 목회자 세미나의 강사로 나를 초빙하는 초청장이 들어 있었다. 주제는 '매로우 논쟁에서 얻는 목회적 교훈들'이었다.

그 주제를 듣고 어리둥절했던 기억이 난다. 아마 방금 당신도 그랬을 것이다. 미국에 대한 호기심(그 전만 해도 한 번밖에 가본 적이 없었다)과 나를 초청해준 목사에 대한 존경심, 아직 꽤 젊은 목회자로서 동료 목회자들에게 강연을 한다는 자부심이 아니었다면 아마도 그 초빙을 거절했을 것이다. '매로우 논쟁에서 얻는 목회적 교훈들?' 당시 목사 대부분이 이 말에 고개를 갸웃거렸을 것이다. 물론 자존심 강한 스코틀랜드 신학생이라면 다들 이 논쟁과 이 논쟁을 촉발한 책에 관해 들어봤겠지만 그 외에는 들어본 사람이 거의 없었을 것이다.

그로부터 30년도 더 지났지만 한 가지가 내 머릿속에 여전히 생생히 기억난다. 세미나를 위해 집을 떠나기 며칠 전 아내가 서재로 커피를 가져다주었다. 원고를 준비하고 있던 나는 고개를 들어 아내를 쳐다보며 다소 맥이 빠진 목소리로 말했다. "내가 왜 여기에 시간을 투자하고 있는지 모르겠어. 과연 미국에 매로우 논쟁에 조금이라도 관심을 가질 사람이 단 한 명이라도 있을까?"

하지만 세미나가 끝나고 참석하기를 정말 잘했다는 생각이 들었다. 내내 즐거웠다. 강연마다 심금을 울렸고, 그때 평생의 친구를 여럿 사귀었다. 세미나를 마치고 집에 돌아왔고 삶은 계속되었다.

3년 뒤인 1983년, 내가 웨스트민스터 신학교의 교수로 임용되고 미국에서 장기적인 목회를 시작하면서 우리 가족은 필라델피아로 이사했다. 그 뒤로 설교나 강연, 강의를 하러 가면 꼭 누군가가 내게 "목사님의 매로우 테이프(당시는 테이프를 틀던 시대였다)를 들었습니다"

라는 말을 했다. 그리스도인의 삶 그리고 기독교 목회는 뜻밖의 사건으로 가득하다. 윌리엄 쿠퍼(William Cowper)의 말이 옳다. "하나님은 불가사의한 방법으로 역사하시네, 기적을 행하시네."[1]

이 주제가 난해한데도 관심을 받는 데는 이유가 있다. 표면적으로, 매로우 논쟁은 복음을 어떻게 전하는가, 하나님의 율법과 그에 대한 순종이 우리의 신앙생활에서 어떤 역할을 하는가, 구원의 확신을 갖는 것에 어떤 의미가 있는지에 관한 논쟁이었다. 하지만 이 주제의 밑바탕에는 언제나 복음 자체가 있었다. 이 주제가 교회 역사의 특정 기간에 무대의 중심을 차지했지만 그것은 어디까지나 겉으로 드러난 빙산의 일각이었을 뿐이다. 이 주제가 중요한 것은 그 아래에 가장 근본적인 질문이 흐르고 있기 때문이다. 우리가 예수 그리스도를 통해 알게 되는 하나님은 누구신가(요 17:3)? 그분은 과연 어떤 분이신가? 신앙생활의 방향은 이 질문에 대한 답에 따라 달라진다.

그리고 바로 이것이 매로우 논쟁의 중심에 있던 질문이다. 그런 의미에서 매로우 논쟁에 관해 돌아보는 것은 단순히 학문적인 골동품을 수집하는 일이 아니다.

오랫동안 많은 사람이 내게 그 세미나의 내용을 책으로 낼 생각이 없냐고 물었다. 하지만 강연을 해본 사람이라면(특히 자신이 강연한 내용을 누군가 필기한 것을 본 적이 있는 사람이라면) 강연을 위해 잠시 준비한 내용을 책으로 내기 위해서는 훨씬 더 많은 시간과 노력이 들어간

---

[1] William Cowper, "Light Shining Out of Darkness", 첫 소절인 "God Moves in a Mysterious Way"로 더 잘 알려진 찬양(1774).

다는 사실을 잘 알고 있다. 그 세미나 이후로 몇십 년 동안 나는 다른 중요한 일들에 시간과 노력을 쏟았다. 하지만 마음 한구석에는 '어쩌면 언젠가?'라는 생각이 늘 있었다.

이제 그날이 왔다. 이 책은 『현대 신학의 매로우』를 언급하기는 하지만 그 책의 연구서는 아니다. 자주 가열되었던 매로우 논쟁이 배경 음악으로 흐르고 있지만, 그 논쟁의 역사적 분석이 주목적은 아니다. 토머스 보스턴이라는 이름이 자주 등장하지만 그의 신학에 대한 연구서도 아니다.

아무래도 클래식 음악 세계의 표현을 빌리는 것이 가장 좋을 듯하다. 이 책의 부제는 '매로우 논쟁의 주제를 바탕으로 한 변주곡' 쯤으로 붙일 수 있겠다. 이 책은 18세기에 대두되었던 신학적, 목회적 문제를 현재의 틀에서 집중적으로 조명한 책이다.

한 가지 사실이 이 내용을 책으로 옮기게 된 결정적 계기가 되었다. 그것은 토머스 보스턴이 이 문제를 두고 누구보다도 많이 씨름한 결과 그의 목회 방식이 변했다는 것이다.

> 요즘 머스[2]에 있는 동안 이런 것이 내 설교에 어떤 색깔을 입혔다. 이 색깔을 만든 매로우는 계속해서 아무도 모른 채로 남아 있었지만 이 색깔은 사람들이 알아보았다.[3]

2　'머스'는 스코틀랜드 국경의 버윅서에서 트위드강과 래머뮤어언덕 사이에 있는 저지대다. 심프린에서 보스턴이 처음 사역한 교구가 이 지역에 있었다.

3　*The Memoirs of Thomas Boston*, S. M'Millan 편집의 *The Whole Works of the Late Reverend Thomas Boston* 12 vols. 중에서 (Edinburgh, 1848-1852), 12:157. 19세기 판 *The Memoirs of the Life, Time, and Writing of Thomas Boston*은 조지 모리슨(G. H. Morrison)의 서문과 주해로 1988년 Banner of Truth 출판사를 통해 출간되었다. 이

이 책에서도 이 색깔이 분명히 드러나기를 원한다. 복음을 전하는 사역에서는 언제나 이 색깔이 필요하다. 이 색깔은 특정한 성격이나 설교 방식과 상관없다. 그보다 훨씬 더 심오하고 어떤 분위기에 가깝다. 하지만 분별력이 있는 하나님의 백성은 그것을 보면 정확히 말로 표현하지는 못해도 분명히 알아본다.

내가 볼 때, 신학적으로 그리고 삶 속에서 복음의 은혜, 율법주의, 율법폐기주의, 확신이라는 중요한 주제들과 씨름하며 성경으로 되돌아가려는 사람에게서 하나같이 이 '색깔'이 나타났다. 아무쪼록 이 책을 통해 독자들이 이 색깔을 원하고 표현하며 알아보게 되기를 바란다. 다른 사람들이 이 색의 근원을 알아보는지 여부는 중요하지 않다.

모든 책은 여러 사람에게 빚진 결과다. 이 책도 예외는 아니다. 이 책을 기꺼이 출간해준 저스틴 테일러(Justin Taylor)를 비롯한 크로스웨이 출판사의 식구들에게 감사한다. 이 내용을 책으로 엮기로 결심한 데는 팀 켈러(Tim Keller)와의 대화가 결정적인 역할을 했다. 한때 필라델피아 웨스트민스터 신학교에서 동역하면서 자주 어울렸지만 지금은 예전만큼 자주 왕래하지는 못한다. 2014년 1월 둘 다 텍사스에서 열린 한 집회에서 강연을 하게 되면서 오랜만에 만났다. 쉬는 시간에 함께 커피를 마시는데, 켈러가 매로우 강연 이야기를 꺼냈다. 그때 나는 농담 반 진담 반으로 혹시 그 강연 내용을 책으로 내면 추천의 글을 써줄 수 있느냐고 물었다. 책을 쓸 결정적 계

판을 읽을 독자가 더 많다는 가정하에 이 책에서는 계속해서 이 판을 인용하기로 했다. 이 인용문은 1988년 판의 171페이지에 실려 있다.

기를 제공하고 추천의 글까지 써준 그에게 큰 빚을 지었다.

월트 챈트리(Walt Chantry)에게는 평생 갚아야 할 빚을 지었다. 챈트리 목사는 1980년 봄 나를 매로우 논쟁에 관한 강사로 초빙해주었다. (미국에도 매로우 논쟁에 관심이 있는 사람이 적어도 한 명은 있었다!) 그가 나를 초빙한 것은 목사들이 함께 모여 과거의 이 논쟁에 관해 고민하면 모든 시대에 해당하는 가장 큰 목회적 문제들을 다루는 데 도움이 된다는 날카로운 통찰력이 있었기 때문이다. 그 뒤로도 좋은 친구로서 늘 나를 격려해준 챈트리 목사와 조이(Joie) 사모에게 이 책을 바친다.

아내 도로시(Dorothy)는 나를 격려하고 참을성 있게 지켜봐주며 기도로 돕는 조력자 이상의 역할을 했다. 원래 책을 쓰는 일이 외롭고 때로는 진이 다 빠지는 작업이지만, 아내 덕분에 외롭지도, 그렇게 힘들지도 않았다. 아내의 변함없는 사랑과 우정 덕분에 훨씬 더 수월하게 일을 진행할 수 있었다. 그 외에도 수많은 복을 받은 것에 아내와 하나님께 감사한다.

이 책의 메시지는 목사들과 선생들에게 특히 중요하다. 토머스 보스턴의 목회에서 묻어나왔던 그 새로운 색깔이 우리 시대에 다시 한번 나타나기를 간절히 소망한다.

싱클레어 퍼거슨
2014년 10월

'매로우'

II. 비유적인 의미를 비롯한 다른 의미들

3.
  a. 살찌우는 풍성함; 가장 풍성하거나 즙이 많거나 자양분이 많은 부분.
  b. 가장 안쪽에 있는 부분 혹은 중심 부위.
  c. 사람의 생명력과 힘(이 있는 곳).

4.
  a. 가장 중요하거나 본질적인 부분, 정수.
  b. 책의 제목에서: 특정 주제나 분야 등의 요점 혹은 지식의 총합; 어떤 주제를 요약한 글. 주로 16-17세기의 제목들.
  c. 교회사. 에드워드 피셔의 책 제목 『현대 신학의 매로우』[1645년, 1718년 제임스 호프(James Hof)의 주해로 재판됨]를 줄이거나 빗댄 말.

옥스퍼드 영어 사전 3판(2000년 12월 업데이트): 주제 '매로우', http://www.oed.com.

1장

매로우 논쟁이 불거진 과정

이 이야기는 약 3백 년 전 스코틀랜드의 어느 작은 마을에서 몇십 명이 참석한 한 모임에서 시작되었다. 이것은 장로교 목사가 되려던 한 젊은이가 던진 질문에서 시작된 신학적 갈등에 관한 이야기다.

질문은 겨우 하나였지만 뒷맛이 보통 독한 질문이 아니었다.

누가 처음 이 질문을 생각했는지 혹은 누가 정확히 이 질문으로 완성했는지에 대해서는 아무도 모른다. 누가 이 질문을 처음 던졌는지 혹은 이 사건 이전까지 이 질문이 얼마나 많이 던져졌는지에 대해서도 모른다. 하지만 이 질문은 질문에 답한 사람이 원했던 것보다 질문자에 관해 더 많은 것을 말해준다.

그 모임의 누구도 이 질문에 답한 결과로 어떤 일이 일어날지 상상조차 하지 못했다. 3백 년이 지난 뒤에도 여전히 그것에 관한 토론이 벌어지고 있을지도 상상하지 못했을 것이다. 우리가 그 시대로 돌아가 그들이 '매로우 논쟁'을 촉발했다고 말할 수 있다면 필시 그들은 "무슨 논쟁?"이라며 황당한 표정을 지을 것이다. 물론 지금도 매로우 논쟁이라고 하면 대부분이 "무슨 논쟁?"이라며 고개를 갸우뚱거린다.

자, 그렇다면 이 모든 일이 언제 어디서 어떻게 일어났을까? 그리고 그 질문은 무엇이었을까?

오치터라더

스코틀랜드 수도 에든버러에서 북서쪽으로 70킬로미터 정도 떨어진 곳에 인구가 5천이 채 되지 않는 오치터라더(Auchterarder)란 마을이 있다. 몇십 년 전까지만 해도 스털링에서 퍼스까지 이어지는 큰 도로가 당시 '랭 타운'(The Lang Toun)으로 알려졌던 이 마을의 긴 중심가를 통과했다. 참을성 없는 운전자들이 제한 속도가 시속 50킬로미터인 2.4킬로미터의 이 중심가를 지나다가 결국 도로 끝에서 단속에 걸리곤 했다. 그렇게 걸려서 비싼 벌금을 무느니 이 마을에서 좀 쉬면서 집에서 구운 음식에 좋은 커피 한잔을 즐기고 나서 다시 길을 떠나는 편이 훨씬 나았다.

외지인들의 눈에 오치터라더는 좀처럼 특별한 일이 일어나지 않는 한적한 마을이다. 스코틀랜드 가문의 역사를 좀 아는 사람이라면 이 지역의 대부분이 한때 글렌이글스의 존 홀데인(John Haldane of Gleneagles)의 소유였다는 사실을 알지도 모르겠다. 존 홀데인은 스코틀랜드 마지막 의회의 의원이었고, 1707년부터는 영국 최초 의회의 의원을 역임했다.[1]

스코틀랜드의 적잖은 그리스도인이 홀데인이란 성을 들어봤을 것이다. 유명한 로버트 홀데인(Robert Haldane, 1764-1842년)과 제임스 홀데인(James Haldane, 1768-1851년) 형제가 이 가문 출신이었다. 둘 중 로버트가 교회사에서 더 유명하다. 그가 제네바에 방문했을 때 진행했던 성경 공부를 통해 그곳 신학생들 사이에서 놀라운 영적 각성이 일어났기 때문이다. 계몽주의의 영향을 받은 신학교 교수들은 로버트가 바울의 로마서를 주해했던 그 비공식적인 모임을 극도로 싫어했다. 그래서 그들은 홀데인 형제가 임대한 아파트 밖에서 돌아가며 보초를 섰다. 그들은 그 모임에 참석한 학생들의 이름을 기록해서 목사 안수를 받지 못하게 하겠다고 엄포를 놓았다.[2]

글렌이글스는 현재 유명한 글렌이글스 호텔과 골프 코스가 있는 드넓은 지역이다. 오늘날 오치터라더의 적막함이 깨질 때는 주로 그 호텔에서 국제적인 행사가 개최될 때다. 2005년 7월 6-8일에 G8 정상회담이 열리기도 했다. 당시 오치터라더에는 세계 정상뿐 아니라

---

[1] 스코틀랜드와 잉글랜드 왕실은 1603년 (스코틀랜드의) 제임스 6세가 (잉글랜드의) 제임스 1세를 겸하게 되면서 하나로 통합되었다. 하지만 의회는 1707년이 되어서야 통합되었다.

[2] 전체 이야기는 매우 흥미진진하다. Alexander Haldane, *The Lives of Robert Haldane of Airthrey and His Brother James Alexander Haldane* (1852; repr. Edinburgh: Banner of Truth, 1990), 413-462를 보라.

수많은 기자와 경호 전문가가 모여들었다. 당시 스코틀랜드 정부에 올라온 한 보고서에 따르면 그 주말 모임의 경제적 가치는 무려 1억 달러에 달했다고 한다.

2014년 9월 라이더 컵(Ryder Cup)이 열렸을 때도 수많은 인파가 그곳으로 모여들었다. 라이더 컵은 미국과 유럽 사이에서 2년마다 열리는 골프 시합이다. 75개국에서 방송된 이 라이더 컵은 스포츠 전체에서 세 번째로 많은 텔레비전 시청률을 자랑했다. 이 행사를 유치하는 것만으로도 스코틀랜드 관광 산업의 연간 규모가 1억 달러 이상 상승했다.

하지만 3백 년 전 오치터라더의 풍경은 지금과는 사뭇 달랐다. 당시만 해도 그곳은 주민들이 방직공이나 소작농으로, 여성은 가정부로 일해서 근근이 입에 풀칠이나 하는 작은 시골 마을이었다. 당시 그 지역에 살던 한 농장 노동자 가정의 가계부가 남아 있는데, 그것을 보면 연간 수입이 40달러였고 지출은 약 39.9달러였다. G8 정상회담이나 라이더 컵으로 대변되는 부와 인지도는 당시 사람들로서는 상상도 할 수 없는 것이었다.

오치터라더와 같은 18세기 초 스코틀랜드의 시골 마을은 외부 세계의 관심을 끌거나 교회사에 기록될 만한 사건이 전혀 일어날 법하지 않은 곳이었다. 그러니까 1717년 2월 스코틀랜드 장로회 정기 모임이 열리기 전만 해도 그랬다.

장로교

16세기 존 녹스(John Knox)가 종교 개혁을 일으킨 뒤로 스코틀랜드 교회는 장로교가 주도했다. 장로교회에서는 장로들이 교회를 치리한다. 주로 한 명의 '교육 장로'(목사)와 여러 명의 '치리' 장로가 있다.[3] 원칙적으로는 영성이 깨끗하고 분별력과 목회 능력이 탁월한 사람이 장로로 선출된다. 교육 장로는 보통 대학에서 신학을 공부한 사람이었다. 그에 반해 치리 장로는 대개 공식적인 신학 교육을 받지 않은 사람이었다. 장로로 피택된 사람은 성경 교육을 받고 기존 장로들에게 지도를 받다가 때가 되면 '당회'(Kirk Session)로 불렸던 항존직 장로들의 모임에서 역할을 맡아 장로 수업을 했다.

목사와 장로들은 각자의 교회 외에도 장로회에 속한 다른 교회들의 대표들과 정기적으로 만나 보고를 듣고 공통된 안건에 관해 토론했다.

이런 단순한 구조 외에도 횟수는 더 적지만 여러 장로회가 모이는 '대회'(Synod)라는 모임이 있었다. 또한 매년 전국의 교회 대표들이 모이는 총회(General Assembly)도 있었다. 각 교회는 각자의 장로들이 잘 운영했지만 이런 '교회 입법부'는 일체감을 느끼게 해주었다. 아울러 공동 문제를 다룰 때 권위의 체계를 세웠다.

목사의 선별과 검증, 임명은 모두 지역 장로회의 책임이었다. 목사 후보들은 장로회의 지도로 정해진 훈련 과정을 이수했다. 훈련의 절정은 전체 장로회 앞에 서서 치르는 최종 구술시험이었다. 장로회의 누구든지 질문을 던질 수 있었고, 최종적으로 모든 장로가

---

[3] 이 구분의 주된 근거는 로마서 12장 7-8절과 디모데전서 5장 17절이었다.

후보에 대해 투표를 했다. 그야말로 보통 힘든 과정이 아니었다.

독특한 장로회 모임들에 관한 이야기

시간을 거슬러 때는 1717년 2월 12일 금요일, 오치터라더 장로회의 월례회가 열리고 있었다. 이제 안건은 젊은 목사 후보의 안수 문제로 옮겨졌다. 그는 안수받는 데 필요한 설교와 교회 활동을 마치고, 주어진 교리에 관한 라틴어 논문도 완성했다. 시험은 몹시 어려웠다. 하지만 이 젊은 후보는 모든 단계를 훌륭히 마쳤다. 사실 그는 이전 장로회 모임에서 이미 설교자로 안수를 받았다.

하지만 문제가 생겼다. 이보다 두 모임 전인 1716년 12월 11일, 장로회는 이 후보에게 신학 시험지를 주었다. 하지만 이 후보에 대한 추가적인 검증은 다음 모임으로 연기되었다. 그래서 1717년 1월 15일, 그는 다시 장로회 앞에 섰다. 이제 장로들은 그에게 준 질문들에 대한 답에 서명할 것을 요구했다.

장로회에서 던지는 질문은 대부분 패턴이 정형화되어 있다. 하지만 가끔 독특한 질문을 던지는 장로들이 있었다. 그들이 던지는 질문은 대개 단순하지 않았다. 익숙한 교리를 익숙하지 않은 질문이나 상황에 적용해보라고 하는 경우는 그나마 낫다. 때로는 신학적 함정을 파고서 후보를 시험하는 경우도 있었다. 이런 경우에는 신중한 타협이 필요하다.

오치터라더 장로회 앞에 선 사람은 바로 윌리엄 크레이그(William Craig)였다. 그는 바로 이런 함정에 걸렸다.

'신조'

윌리엄 크레이그는 오치터라더 장로회 목사 시험의 트레이드 마크가 된 진술에 동의할 것을 요구받았다. 당시 그가 보인 반응이 아니었다면 그 진술은 손으로 쓴 장로회 의사록의 산더미에 지금까지 파묻힌 채로 계속해서 먼지만 쌓여가고 있을 것이다. 그 진술은 훗날 '오치터라더 신조'로 알려진다. 크레이그는 바로 다음 진술에 동의할 것을 요구받았다.

> 나는 우리가 그리스도께로 나아오고 하나님과 언약을 맺기 위해 죄를 버려야 한다고 가르치는 것이 건전하거나 정통하지 않다고 믿는다.[4]

아마도 그 장로회 회원들은 크레이그를 잘 알고 있어서 그가 꽤 곤혹스러워할 것이라고 이미 예상했을 것이다. 당신이라면 어떻게 대답하겠는가? "그리스도께로 나아오기 위해 죄를 버려야 한다고 가르치는 것이 건전하거나 정통하지 않다"라는 말에 동의하겠는가? "크레이그 씨, 그냥 '예' 아니면 '아니오'로 대답해주십시오"라고 다그치는 드라마 속 변호사의 말이 귀에 들리는 듯하지 않은가? 크레이그는 시험 질문의 표현에 약간의 문제가 있다고 느꼈다. 그럼에도 1월 모임에서 장로회에서 준 웨스트민스터 신앙 고백 사본에 서명

---

[4] 이 문장은 1717년 5월 14일 13회 총회 의사록에서 인용한 것이다. 그 의사록에는 "전도사 임명을 하거나 목사 안수를 줄 때 어떤 신조라도 사용하는 장로회를 방출시키는 법안. 단, 오치터라더 장로회 위원회가 이 문제를 어떻게 처리하는지 본 뒤에 총회에서 이 법안을 표결에 붙일 것이다"라고 기록되어 있다.

하고 정식 목사가 되었다. 하지만 양심이 흔들린(혹시 당신도 그런가?) 그는 다음 장로회 모임에 다시 찾아갔다. 그는 성급하게 서명을 했다며 자신의 입장을 설명할 기회를 달라고 부탁했다.

오치터라더 장로회는 그 부탁을 들어주었고, 1717년 2월 12일 정기 모임에서 윌리엄 크레이그의 설교 자격을 박탈했다. 필시 장로회는 이로써 문제가 일단락되었다고 판단했을 것이다. 하지만 상황은 그렇게 간단하지가 않았다. 장로회 결정에 대한 항소 때문에 몇 달 뒤 이 문제는 스코틀랜드 교회 총회에 상정되었다. 총회는 이 신조를 비난하면서 "윌리엄 크레이그 씨가 이 장로회에 제시한 입장을 혐오하는 것을 불건전하고 몹시 혐오스러운 교리로" 선언했다.[5] 그리고 오치터라더 장로회에 크레이그의 복권을 명령했다.

그 모임이 끝난 직후에 우연히 이루어진 두 목사 사이의 사적인 대화가 아니었다면 이 문제는 이로써 마무리되었을지도 모른다.

총회에서 나란히 앉은 두 목사

1717년 총회에는 크리프 마을의 목사이자 오치터라더 장로회의 회원이었던 존 드러먼드(John Drummond) 목사도 참석했다. 그리고 그의 옆자리에는 스코틀랜드 교회 역사상 가장 훌륭했던 목사 중 한 명이 앉아 있었다.

---

[5] '오치터라더 신조에 관한 논쟁 도중 스코틀랜드 교회의 절차적 규칙에 따라 오치터라더 장로회 위원들은 '배제되었다.' 그들은 그해 8월에 열릴 총회 위원회에 참석하기로 했다. 최종 결정권은 위원회에 부여되었다.

그 목사는 당시 41세였다. 그는 아직 신학생이던 20년 전에 이미 첫 책을 썼다. 『어부의 예술에 관한 독백』(Soliloquie on the Art of Man Fishing)이라는 독특한 제목의 책은 복음 전도에 관한 그의 열정과 목회적 마음이 담겨 있었다. 조만간 그는 그의 가장 유명한 책이 될 『인간 본성의 4중 상태』(부흥과 개혁사 역간)를 출간할 예정이었다.[6]

그가 목회하던 교회는 스코틀랜드와 잉글랜드 사이 국경 지역의 에트릭강의 골짜기에서 '언덕들의 바다'로 불려온 지대 안에 있었다. 그는 1711년에 이 넓은 교구로 부름을 받았다. 그 전에는 무려 40년 동안 그곳에 목사가 없었다.

그가 처음 부임했을 때 이 교구의 주민들은 내세보다 이생에 훨씬 더 관심이 많았다. 모두가 교만에 빠져 있고 남을 비판하기를 좋아했다. 교인들은 설교 도중에 소란을 피우고 제멋대로 걸어 나갔으며 심지어 교회 뜰에서 일부러 큰 소리로 떠들며 돌아다니기도 했다. 설교자로서의 능력은 뛰어났지만 천성적으로 수줍음이 많았던 그는 이런 치욕을 참아냈다. 집에서는 가족을 모아놓고 기도하던 아버지들이 밖에만 나가면 입에 욕을 달고 살았다. 그가 이전에 사역하던 심프린의 교회에서는 주일이 주중에서 가장 좋은 날이었다. 하지만 이제는 그것이 달라졌다. "안식일이 다가오는 것이 때로는 기쁨이었지만 지금은 공포 그 자체다."[7] 게다가 같은 지역에서 모

---

[6] *Human Nature in Its Fourfold State*는 1720년에 (불완전한 상태로) 출간되었다. 원래 이 책은 보스턴이 심프린에서, 그다음에는 좀 더 다듬어서 에트릭에서 전한 설교 시리즈였다. 시간이 흐르자 이 책은 스코틀랜드 복음주의 전통의 하나가 되어 성경책, 소요리문답, 존 번연의 『천로역정』과 함께 많은 가정에 비치되었다.

[7] Thomas Boston, *Memoirs of Thomas Boston* (Edinburgh: Banner of Truth, 1988), 220.

이는 다른 교회에서 심한 비판이 날아왔다. 하지만 1717년, 하나님의 은혜와 그의 훌륭한 목회 덕분에 놀라운 변화가 나타나기 시작했다.

그 총회에서 존 드러먼드의 옆자리에 앉았던 목사는 바로 토머스 보스턴이었다.[8] 둘 사이에 어떤 대화가 오갔는지 보스턴의 입을 통해 들어보자.

> 그 회의(=총회)에서 '오치터라더 신조'를 변호하는 사람들 때문에 약간의 소동이 벌어지긴 했지만 대부분이 그것을 비난했다. 나는 그 진술이 표현은 좀 부족해도 옳다고 믿었지만 안타깝게도 나는 그것을 위해 입을 열 수 없었다…
>
> 그 총회에서 그 진술을 비난한 뒤로 오랫동안 이 교회의 공식 활동 속에서 율법폐기주의라는 이름으로 은혜의 교리를 반대하는 거센 운동이 시작되었다…한편, 총회가 열린 곳에서 크리프의 목사이자 앞서 말한 그 총회의 회원 중 한 명이었던 존 드러먼드와 대화하던 중에 우연히 복음 제시에 관한 내 생각을 밝혔다. 그 이유로 이사야서 55장 1절과 마태복음 11장 28절을 제시하고 『현대 신학의 매로우』에 관해서도 이야기했다.[9]

---

8 1676-1732.

9 Boston, *Memoirs*, 317. 나는 이 책에서 보스턴의 스펠링과 구두점을 그대로 옮겼다.

창틀 위에 숨겨진 보물

당시 스코틀랜드에서 가장 작은 교구 중 하나였던 심프린에서 한 목회 초기에[10] 보스턴은 율법과 은혜의 문제로 오랫동안 고심하던 중이었다. 그런데 1700년 즈음[11] 한 성도의 집에 심방을 갔다가 창틀 위에서 『현대 신학의 매로우』라는 제목의 책을 발견했다. 그 책을 꺼내서 읽던 그는 가슴이 울리고 다양한 목회적 문제의 실마리가 풀리는 놀라운 경험을 했다. 그 안에는 성서신학과 목회신학에 관한 값진 통찰력이 가득했다. 그 안에 있던 그리스도와 복음 중심의 새로운 신학이 그의 설교와 가르침에서 나타나기 시작했다.

사실 보스턴이 그 교구민의 집 창틀 위에서 발견한 책은 '두' 권이었다. 그런데 두 번째 책인 『값없는 은혜』(Free Grace)[12]에 대한 그의 반응은 첫 번째 책과 전혀 달랐다.

나중에 일어날 논쟁과 관련해, 특히 그가 지지한 가르침이 율법폐기주의라는 비난을 받았다는 점에 비추어볼 때, 그의 다음 발언은 매우 중요하다.

> 내가 볼 때 이것들(두 책)은 내전 당시 군인이었던 집주인이 잉글랜드에서 가져온 것이다. 내가 특별한 관심을 갖고 있던 주

---

10 그 교회의 건물터를 보면 가로 15미터와 5.5미터를 넘지 않는다.

11 『현대 신학의 매로우』가 공개적인 논쟁의 대상이 되기 거의 20년 전에 이미 그 책의 신학이 보스턴의 사고와 설교에 깊이 스며들어 있었다는 점에 주목할 필요가 있다. 보스턴은 논쟁이 일어나기 훨씬 전에 이미 성숙한 매로우 맨이었다.

12 John Saltmarsh, *Free Grace; or the Flowings of Christ's Blood Freely to Sinners* (London: for Giles Calvert, 1645).

제와 관련이 있는 것을 보고 둘 다 가져왔다. 두 번째 책인 솔트마시의 책에 대해서는 흥미가 생기지 않았다. 그래서 제대로 읽지도 않고 돌려줬던 것으로 기억한다. 다른 책은 매로우의 첫 부분에 불과하지만 매우 흥미로웠다. 그래서 한참 뒤에 주인에게서 그 책을 샀다…지금도 소장하고 있다. 그 책의 요점들은 내가 탐구하던 요점들과 거의 비슷했고, 그 전까지는 서로 융화될 수 없었던 것들이 일관성 있게 정리되었음을 발견했다. 하나님이 시기적절하게 내 어둠에 비추어주신 빛에 한없이 기뻤다.[13]

존 솔트마시(John Saltmarsh)는 17세기에 가장 저명한 율법폐기주의자 가운데 한 명이었다.[14] 보스턴은 그의 가르침에 전혀 흥미를 느끼지 못해 그의 책을 다 읽지도 않고 주인에게 돌려주었다.

존 드러먼드는 이 '우연한' 대화에 따라 즉각적인 행동에 돌입했다.

---

13 Boston, *Memoirs*, 169.
14 존 솔트마시(1647년 사망)는 재능이 뛰어난 케임브리지 대학 졸업생이었다. 그에게는 신비로운 성향이 있었는데, 그 때문에 균형 잡힌 '청교도 형제들'(Puritan Brotherhood)과 어울리지 못했던 것으로 보인다. 윌리엄 홀러(William Haller)가 "신비주의자, 광신자, 형이상학파 시인"이라 불렀던 그에게는 분명 독특한 사람들에게 있는 통찰력이 있었다. 하지만 그는 어디까지나 "이상한 천재, 반은 시인이고 반은 미신적인 탁발 수도승"이었다. William Haller, *The Rise of Puritanism* (Philadelphia: University of Pennsylvania Press, 1938), 79, 214. 군목이었던 솔트마시는 1647년 11월 임종 자리에서 벌떡 일어나 일포드에서 신모범군(New Model Army)의 본부까지 거의 64킬로미터를 걸어가 페어팩스 장군에게 "주님께서 저들을 버리셨으니 저들이 번영하지 못할 것이다"라고 말했다. C. Hill, *The World Turned Upside Down* (1972; repr. London: Penguin, 1991), 70.

그로 인해 그(드러먼드)는 여러 가게를 돌며 결국 그 책을 구했다. 그 후에는 제임스 웹스터[15]가 그에게서 그 책을 받았다. 나중에는 드러먼드가 읽을 시간을 낼 수가 없어서 그 책이 카녹[16]의 목사인 제임스 호그의 손에 들어갔다. 1718년에는 재판으로 출간되었다. 1717년 12월 3일 호그가 카녹에서 서문을 썼다.[17]

스코틀랜드 장로교 총회는 『현대 신학의 매로우』의 가르침과 영향력을 극도로 반대한 나머지, 1720년 어떤 목사도 그 책을 추천하거나 옹호하는 설교나 저술, 발언을 하지 못하게 하는 법을 통과시켰다. 나아가, 그 책을 읽는 교인을 보면 위험성을 경고하고 절대 사용하거나 읽지 말 것을 촉구했다.[18]

보스턴의 목회에서 그리스도의 은혜를 느낀 친구들은 이에 대한 반발로 1721년 그에게 『현대 신학의 매로우』의 주해서를 쓰라고 강권했다. 그리하여 보스턴은 1726년 『현대 신학의 매로우』의 새로운 판을 출간했다. 단, 이 책에 대한 금지령을 의식하여 '필라레테스 이

---

15 제임스 웹스터(James Webster, 1659-1720)는 에든버러 톨부스 교회의 목사이자 존 심슨(John Simson)의 열렬한 반대자였다. 글래스고 대학의 신학 교수였던 심슨은 (예수 그리스도의 온전한 신성을 부인하는) 아리우스 신학으로 고발당했다.
16 카녹 마을은 파이프주에 있다. 던퍼믈린 외곽에서 4.8킬로미터, 에든버러에서 북서쪽으로 32킬로미터 떨어진 곳이다.
17 Boston, *Memoirs*, 317. 나중에 보스턴은 그 대화에 관한 기억이 전혀 없다고 말했다.
18 내가 알기로 그 법은 폐지되지 않았다. 하지만 부분적으로 이 논쟁에서 탄생한 교단(연합개혁장로교회)의 목사로서 이제는 보스턴의 주가 달린 새로운 판을 마음껏 추천할 수 있다는 사실이 너무 기쁘다.

레나에우스(Philalethes Irenaeus)라는 이름으로 출간했다.[19]

장로 개혁교회의 금서 목록(Index Librorum Prohibitorum)[20]에 오른 책이 뭐 그렇게 대단하다고 난리였을까?

현대 신학의 매로우

『현대 신학의 매로우』은 "E. F."라는 이니셜로 2부가 출간되었다. 1부는 1645년에, 2부는 1648년에 출간되었다. 저자가 누구인지에 대해서는 의견이 분분하지만 에드워드 피셔로 보는 시각이 지배적이다. 에드워드 피셔는 청교도 시대에 런던에서 이발사 겸 외과 의사로 활동하면서 이외에 여러 권의 책을 썼다.[21]

『현대 신학의 매로우』은 일련의 대화로 이루어져 있다. 여러 지점에서 여러 참여자가 나타난다. 네오피투스(Neophytus, 새신자)는 복음의 기본 요소들에 관해 고민하고 있는 젊은 그리스도인이다. 에반젤리스타(Evangelista, 전도자)는 네오피투스를 상담하는 목사다. 노미스타

---

19 Boston, *Memoirs*, 379. 이 책의 출간 제의는 1721년 7월 10일에 이루어졌다(상동, 361). 그리고 그의 주해는 이듬해 7월에 완성되었다(상동, 366). 안타깝게도, 보스턴이 자신의 주해를 단 새로운 판의 출간에 동의한 달(1725년 4월)은 그의 아내가 그가 설교하는 자리에 나올 수 있었던 마지막 달이기도 했다. 그의 목회에서 마지막 6년 동안 그의 아내는 중병과 극심한 정신적 고통에 시달렸다.

20 이 표현은 원래 1559년 바오로 4세가 발표했던 로마 가톨릭교회의 목록을 연상하게 한다. 공교롭게도 그해에 칼뱅의 『기독교 강요』 마지막 라틴어판이 출간되었다.

21 *The Evangelical Quarterly* 10 (1938), 61-70에 실린 D. M. McIntyre의 "First Strictures on *The Marrow of Modern Divinity*"를 보라. 피셔는 대화 형식의 글쓰기를 선호했다. 그의 다른 책들인 *A Touchstone for a Communicant* (London: 1647)와 *London's Gate to the Lord's Table* (London: 1648), *Faith in Five Fundamental Principles* (London: 1650)도 모두 똑같은 형식을 취하고 있다.

(Nomista)는 율법주의자이고 안치노미스타(Antinomista)는 율법폐기주의 자다. 1부는 율법과 복음의 관계에 관한 신학적 문제를 다룬다. 2부는 십계명에 관한 주해서다.

총회는 『현대 신학의 매로우』와 그 신봉자들이 율법폐기주의와 미묘한 형태의 보편구원론(universal redemption)을 조장하고 있다고 판단했다. 주동자로 공개된 목사들은 "형제들"(the Brethren, 열두 명이었기 때문에) 때로는 "열두 사도들"(the Twelve Apostles)로 알려지게 되었다. 그들 중에는 제임스 호그(James Hog), 제임스 워드로(James Wardlaw), 랠프 어스킨(Ralph Erskine)과 에베네저 어스킨(Ebenezer Erskine) 형제(토머스 보스턴은 이 형제의 아버지의 목회로 회심했다)가 포함되었다. 물론 토머스 보스턴도 그중 하나였다.

이 목사들은 『현대 신학의 매로우』에 대한 총회의 조치에 반대하는 "저항과 대표"(Protest and Representation)[22]를 발표했다. 이에 총회 위원회[23]는 그들에게 『현대 신학의 매로우』의 가르침과 관련된 열두 가지 질문을 던졌다. "매로우 맨"(Marrow Men, 그들은 이렇게 불리기 시작했다)은 『현대 신학의 매로우』의 모든 내용에 다 동의하는 것은 아니지만 교리적인 큰 줄기는 성경에 맞고 유익하다고 대답했다.[24] 하지만 총

---

22 그래서 당시 그들은 "매로우 맨"이 아니라 "대표자" 혹은 단순히 "형제들"로 통했다.
23 특별한 목적을 위해 총회의 대표로 임명된 사람들.
24 이런 내용은 편의를 위해 *Whole Works*, 7:465-489의 *The Marrow of Modern Divinity with Notes by the Late Rev. Thomas Boston*의 부록으로 출간되었다. 보스턴의 『현대 신학의 매로우』는 재출간되면서(Swengel, PA: Reiner, 1978) 부록은 344-370페이지에 실렸다. 2009년 Christian Focus 출판사는 Christian Heritage 임프린트를 통해 『현대 신학의 매로우』의 새로운 판을 출간하면서 보스턴의 주해를 새롭게 배치했다. 이 판에서 부록은 345-376페이지에 실렸다. 지금부터 『현대 신학의 매로우』의 모든 인용문은 마지막 판인 Christian Focus 출판사의 것을 사용한다.

회 위원회는 그것을 적절한 대답으로 받아들이지 않았다.

큰 이슈

18세기 초 교회의 설교가 어떠했기에 오치터라더 신조가 생기고 『현대 신학의 매로우』에 관한 심한 감정싸움이 벌어진 것일까? 그리고 매로우 맨의 주된 관심은 어디에 있었는가? 우리가 기억하기로 보스턴은 오치터라더 신조의 '표현'에는 다소 문제가 있지만 그 '취지'에는 동의한다고 말했다. 그렇다면 그 신조는 무엇을 밝혀주었는가? 그리고 보스턴의 우려는 무엇이었는가?

매로우 맨들은 율법폐기주의자라는 의심을 받았다. 하지만 오히려 그들은 매로우 교리를 비난한 사람 중에 미묘한 형태의 율법주의에 빠진 사람이 많다는 사실을 걱정했다.[25] 이 문제의 뿌리에는 복음에 나타난 하나님 은혜의 본질과 그것을 어떻게 설교해야 하느냐는 문제가 있다. 원래 보스턴은 자신의 교단을 오염하기 시작한 '중용'(moderation) 때문에 걱정이 이만저만이 아니었다. 그런데 매로우 교리를 그토록 심하게 다룬 총회가 아르미니우스주의(Arminianism, 모든 사람에게 구원이 가능하게 하기 위해 그리스도가 돌아가셨다는 주장)와 아리우스주의(Arianism, 예수 그리스도의 신성을 부인하는 사상)가 태동하는 확실한 흔적

---

[25] 이 논쟁에서 다양한 의견이 존재했다는 점에 주목할 필요성이 있다. 매로우 맨들의 편을 들지 않은 사람이 모두 율법주의자였던 것은 아니다. 매로우 맨들과 같은 복음주의자도 많았다. 그중에서 가장 유명한 사람은 아마도 던디의 존 윌리슨(John Willison)일 것이다.

에 대해서는 그냥 넘어가자 걱정이 더욱 심해졌다.[26] 이것은 다소 내성적인 보스턴이 공개적인 논쟁에 참여하고 거짓이라고 판단되는 교리에 반대하는 목소리를 높이게 된 계기가 되었다.[27] 그가 볼 때 문제의 핵심은 인간이 쓴 책의 옳고 그름이나 한 지역 장로회 시험 문제의 표현이 아니라 복음 자체였다. 그가 그 상황을 어떻게 보았는지 그의 말을 들어보자.

그 책에 대한 비난 때문에 복음의 교리가 뿌리째 흔들렸다.[28]

매로우 맨들은 『현대 신학의 매로우』에 대한 총회의 반응이 다음과 같은 문제로 이어지기 쉽다고 판단했다.

우리의 대표를 왜곡하여 문제의 본질을 흐린다. 마치 우리 대표의 주된 목적이 그 비난 행위로 상처받은 귀중한 복음의 진리를 옹호하는 것이 아닌, 『현대 신학의 매로우』를 옹호하려는 것처럼 보이게 만든다. 물론 우리는 이 책을 좋고 유익하며 가치 있는 책으로 여기고, 우리가 그랬던 것처럼 하나님의 교회가 이 책을 통해 많은 교훈을 얻을 수 있다고 확신한다.

---

26 예를 들어, 앞서 언급한 심슨 교수.
27 한번은 그가 총회에서 존 심슨(1668-1740)의 아리우스주의에 맞서 홀로 목소리를 높였다. 결국 1729년 심슨은 그가 가르치는 것이 '적절하거나 안전하지 않다'는 이유로 정직을 당했지만 봉급은 그가 죽을 때까지 계속해서 나왔다. 보스턴의 개입에 대해서는 *Memoirs*, 414-419를 보라.
28 상동, 361.

하지만 이 책을 비롯한 그 어떤 사적인 글도 흠 없는 것으로 여기거나 교리라는 공인된 기준의 반열에 올릴 생각은 추호도 없다.[29]

이제 이 문제의 핵심 속으로 들어가보자.

---

[29] Fisher, *Marrow*, 346. 보스턴이 『현대 신학의 매로우』와 다른 점은 멜기세덱(창 14:18, 히 7:1-4)을 그리스도로 봐야 한다는 시각을 거부한 것["내가 볼 때는 근거 없는 의견 그 이상이다"(상동, 73)]과 '성' 요한에 대한 인용을 꺼린 것["여기서는 이 말을 사용하지 않는 편이 나을 듯하다"(상동, 69)]이다. 시내 언약이 행위의 언약이었는지 같은 중요한 문제에서도 그는 『현대 신학의 매로우』와 의견을 달리했다. 그는 이 문제에 대해서 짧은 논문 분량의 의견을 달았다(상동, 76-77).

2장

복음 속의 은혜

토머스 보스턴과 그 친구들은 매로우 논쟁 때문에 '복음의 교리'가 공격받았다고 판단했다.[1] 이런 배경 속에서 몇몇 교리적, 목회적 쟁점이 나타났다. 그중에서 다음과 같은 네 가지 쟁점을 앞으로 몇 장에 걸쳐 파헤쳐보고자 한다.

1) 하나님 은혜의 복음과 그 복음을 만인에게 제시
2) 복음과 율법주의
3) 복음과 율법폐기주의

---

[1] Thomas Boston, *Memoirs of Thomas Boston* (Edinburgh: Banner of Truth, 1988), 361.

4) 복음과 구원의 확신

은혜

매로우 논쟁은 '복음을 어떻게 전해야 하는가?'라는 중요한 문제를 제기했다. 그런데 이 질문에 대한 답은 더 근본적인 질문에 대한 답에 달려 있다. 그 질문은 바로 '복음은 무엇인가?'다. 그런데 이 질문에 관한 현대의 토론은 단순히 이 질문이 얼마나 중요한지 그리고 그 답이 복음을 전하는 방식에 어떤 영향을 미치는지에 초점을 맞추고 있다.

『현대 신학의 매로우』에 대한 비판을 보면 표면적으로 이 논쟁의 핵심은 '복음의 제시'였다. 하지만 이 논쟁의 결과에는 복음을 제시하는 방법 이상의 것이 걸려 있었다. 이 논쟁의 쟁점은 바로 복음 자체였다. 매로우 맨들의 관심사는 하나님 은혜의 중요성과 진정한 본질을 강조하는 것이었다. 그리고 그들은 이 문제가 더 깊은 문제와 관련이 있다고 보았다. 그것은 바로 복음에 나타난 하나님의 본성과 성품이었다.

총회 위원회가 매로우 형제들에게 물은 일련의 질문 중 다음과 같은 열 번째 질문이 바로 이 문제와 관련이 있다.

> 말씀을 통해 하나님의 뜻이 계시되는 것은 그리스도를 모든 사람에게 제시할 근거와 모든 사람이 그리스도를 받을 근거를 제공하는데, 그렇다면 성부가 온 인류에게 그리스도의 양

도 증서를 주신다고 말할 수 있는가? 이것이 주권적인 은혜로 온 인류가 그리스도를 받는 것인가? 그리고 조건이 없어도 되는가 혹은 조건부인가?[2]

이 문제를 간단하게 정리하면 이렇다. 사람들을 그리스도께로 부를 때 무엇이라고 말할 것인가? 그들은 어떤 근거에서 그리스도께로 올 자격이 있는가? 『현대 신학의 매로우』의 일부 진술이 이런 질문을 불러일으켰다. 특히 두 가지 진술이 중요하다.

어느 대목에서 목사인 에반젤리스타가 다음과 같이 말한다.

바라건대 성자 예수 그리스도 안에서 성부 하나님이 순수하게 불신자를 향한 값없는 사랑 때문에 만인에게 양도 증서를 주셨다는 사실, 그래서 그 아들을 믿는 자는 누구든지 멸망하지 않고 영생을 얻는다는 사실을 한번 생각해보십시오.[3]

이 말은 청교도 작가 에제키엘 컬버웰(Ezekiel Culverwell)의 말을 인용한 것이다.[4] 이것은 무엇을 강조하는가? 보스턴은 이 말의 요점을

---

[2] Edward Fisher, *The Marrow of Modern Divinity* (Ross-shire, UK: Christian Focus, 2009), 371.

[3] 상동, 144. 아마도 컬버웰 자신은 몰랐겠지만 여기서 그가 사용한 표현은 언약의 개념에 깊이 뿌리를 내리고 있다. '양도 증서'란 표현이 언약신학의 역사를 잘 아는 사람들에게도 생소할 수 있지만, 일부 구약 학자는 하나님이 아브라함과 맺으신 언약과 고대 근동의 문화 속에서 이루어진 비슷한 언약들의 유사성을 파악했다. 그 언약들은 "사실상 왕의 하사를 의미하는 선물의 행위였다." W. J. Dumbrell, *Covenant and Creation* (Nashville: Thomas Nelson, 1984), 48n2.

[4] *A Treatise of Faith* (London, 1623), 15에서. 컬버웰(1554-1631)은 청교도 리더 리처

다음과 같이 이해했다.

> 이 양도 증서 혹은 진정한 복음의 제시는…수많은 말로 표현된다…요한복음 3장 16절…복음이 전해지는 곳마다 이 하사가 선포되고 목회가 제시된다. 이 하사는 누구에게도 제한되지 않는다…이것이 죄인들에게 그리스도를 믿을 근거가 있음을 깨닫게 해주기 위한 방법이다. 이것은 그리스도의 희생이 만인을 위해 충분함을 보여준다.[5] 십자가에 못 박히신 그리스도는 모든 인류의 구원을 위해 하나님이 정해주신 방법이다. 오직 이 방법을 통해서만 구원받을 수 있다. 단, 보편 속죄 혹

드 로저스(Richard Rogers)의 절친한 친구였다. 1587년 그는 한동안 성공회에서 목회할 자격을 상실했다. '중백의'를 입지 않았다는 것이 이유였다. 나중에 매사추세츠 주의 주지사가 된 존 윈스롭(John Winthrop)은 그리스도에 대한 그의 믿음을 높이 평가했다. 그는 1609년 파문을 당해 런던에서 여생을 보냈다. 그의 저작은 Alexander Leighton 출판사를 통해 *A Friendly Triall of The Treatise of Faith* (London, 1624)의 일부로 출간되었지만 이듬해에 아르미니우스주의자로 몰려 비난을 받았다. 그는 *A Briefe Answere to Certain Objections Against The Treatise of Faith* (London, 1626)를 통해 해명했다. 그는 웨스트민스터 총회의 중요한 멤버였던 윌리엄 구주(William Gouge)의 할아버지다.

5 여기서 보스턴은 중세 신학자들로 거슬러 올라가는 구분법을 사용하고 있다. 이 구분법은 그리스도의 죽음이 모든 사람에게 충분하지만 오직 선택된 자들에게만 유효하다는 것이다. 칼뱅도 같은 입장을 보였다. 다만 속죄와 관련된 모든 진술의 해석에 적용되는 원칙은 아니라고 생각했다. 예를 들어, 그는 요한일서 2장 2절의 강해에서 충분함과 유효함을 구분하는 법을 언급하면서 이렇게 말했다. "이 해법이 학계에서 널리 사용되어왔다. 나는 이 진리를 인정하되 이것이 이 구절에는 맞지 않다고 생각한다. 왜냐하면 요한의 목적은 이 복을 교회 전체에 공통된 복으로 제시하는 것이었기 때문이다. 따라서 그가 말한 '온 세상'은 하나님께 버림 받은 악인만을 제외하고, 이 땅의 다양한 곳에 흩어져 있는 모든 믿는 자를 의미한다." John Calvin, *The Gospel according to St John 11-21 and The First Epistle of John*, T. H. L. Parker 번역, D. W. Torrance and T. F. Torrance 편집 (Edinburgh: Oliver & Boyd, 1961), 244.

은 보편 구속은 아니다.[6]

보스턴이 무슨 말을 하고 있는지 잘 보라. 그가 볼 때 분명히 교회는 핵심적인 고백에 대해 타협하고 있었다.[7] 웨스트민스터 총회(Westminster Assembly)의 문서들을 보스턴과 그의 동료 매로우 맨들만큼 사랑하는 사람들도 드물었다. 다만 이런 문서에서 특정 구속(particular redemption) 혹은 '제한 속죄'(limited atonement)를 강조하고 있다는 점에 대해[8] 보스턴은 예외나 조건 없이 모든 곳에서 모든 사람에게 그리스도를 제시해야 한다는 점을 강조한 것이다.

왜 그럴까? 예수 그리스도 자신이 곧 복음이기 때문이다.

보스턴은 『현대 신학의 매로우』의 이 진술들을 인용한 데 이어 곧바로 논쟁의 불에 더욱 기름을 부을 인용문을 제시한다. 그 인용문은 청교도 존 프레스턴(John Preston)의 글이다.[9]

---

6 Fisher, *Marrow*, 152. 여기서 보스턴이 말한 '속죄 혹은 구속'은 그리스도가 구원을 완성하셨고, 우리가 믿음으로 그분과 연합함으로써 그것을 적용하는 것을 의미한다.

7 1648년 웨스트민스터 총회에서 작성되고 스코틀랜드 교회에서 승인되었으며 다시 1649년 스코틀랜드 의회에서 승인된 신앙 고백을 말한다. 대요리문답, 특히 소요리문답과 함께 이 신앙 고백은 교회의 성경 교육과 교리 교육을 위한 자료였다. 그리고 주일 두 번째 예배의 강해는 주로 소요리문답을 기초로 한 이 신앙 고백의 강해였다.

8 불필요한 반복일지도 모르겠지만 다시 말하자면, 보편구원론이 아닌 이상 속죄의 교리는 의도(그리스도는 그분의 백성을 구원하기 위해 돌아가셨다)에서든 적용(그리스도는 만인을 위해서 돌아가셨지만 모두가 구원을 받지는 않는다)에서든 '제한적일' 수밖에 없다.

9 존 프레스턴(1587-1628)은 가장 중요한 청교도 중 한 명으로 꼽힌다. 휴 트레버 로퍼(Hugh Trevor-Roper)는 그를 "이 사악한 인물"로 묘사했지만 사실 그 표현은 프레스턴보다 오히려 청교도 신학에 대한 편견에서 벗어나지 못했던 그 자신에게 더 어울리는 표현이다. Hugh Trevor-Roper, *Archbishop Laud* (1940; repr. London: Phoenix Press, 1963), 61. 프레스턴이 케임브리지에서 회심한 이야기는 당시의 고무적인 많은 간증 가운데 하나다. 그는 케임브리지에 있는 세인트 메리 대성당에서 존 코튼

마가복음 16장 15절에서 예수 그리스도는 제자들에게 말씀하셨다. "너희는 온 천하에 다니며 만민에게 복음을 전파하라." 즉, 가서 예외 없이 모든 사람에게 말하라. 여기 모두를 위한 좋은 소식이 있다! 그리스도가 모두를 위해 죽으셨다! 누구나 그분을 받아들이고 그분의 의를 받아들이면 그분을 얻게 될 것이다.[10]

(John Cotton)의 설교를 듣고 영적으로 무관심한 삶에서 깨어났다. [원래 코튼은 윌리엄 퍼킨스(William Perkins)의 부고를 듣고 기뻐했지만 나중에 리처드 십스(Richard Sibbes)의 설교를 듣고 그리스도를 영접했다.] 사실 대부분의 청중은 그 설교를 싫어했다. 하지만 코튼이 자기 방으로 돌아갔을 때(코튼은 엠마누엘 대학의 교수였다) 프레스턴은 그를 찾아가 덕분에 그리스도를 영접하게 되었다고 말했다. 코튼은 영향력 높은 청교도가 되어 링컨주 보스턴에서, 그리고 나중에는 매사추세츠주 보스턴에서 목회를 했다. 역시 신세계의 주요 인물이 된 토머스 셰퍼드(Thomas Shephard)가 프레스턴의 목회를 통해 개심했다. 뛰어난 은사를 지녔던 프레스턴은 1621년 찰스 1세의 왕실 목사가 되었고, 케임브리지 트리니티 교회의 강사가 되었다. 그의 저작들은 그의 사후 리처드 십스와 존 대븐포트(John Davenport), 토머스 굿윈(Thomas Goodwin), 존 볼(John Ball)이 공식적으로 편집했으며, 그 외의 사람들이 비공식적으로 편집했다. 굿윈은 프레스턴의 목회를 통해 회심했다. 이렇게 '청교도 형제'(The Puritan Brotherhood)가 서로 밀접하게 연결되어 있었다. 리처드 십스는 위대한 윌리엄 퍼킨스를 계승한 폴 베인스(Paul Baynes)의 목회를 통해 회심했다. 이어서 십스는 코튼을 회심으로 이끌었고, 코튼은 프레스턴의 회심을 이끌었으며, 프레스턴은 굿윈의 회심을 이끌었다. 이 형제 사이의 연합과 상호 존중은 이전 세기의 '루터 집단'과 '칼뱅 집단'을 연상하게 한다. 그리고 보면 하나님은 새 역사를 행하실 때마다 젊은 이들을 이렇게 형제처럼 묶어주시는 것으로 보인다. 18세기 스코틀랜드의 매로우 형제들, 영국의 일렉틱 소사이어티(Eclectic Society), 윌리엄 윌버포스와 '클래펌파'(the Clapham Sect), 19세기의 '맥체인 보나'(M'Cheyne-Bonar) 집단도 그러했다. 이런 회심의 연쇄 반응 중에서도 가장 놀라운 사건은 퍼킨스가 한 엄마가 똑바로 행동하지 않으면 "저기 술주정뱅이 퍼킨스에게 보내버린다"라며 아들을 꾸짖는 말을 엿듣고 영적으로 각성한 사건이 아닐까 싶다. 퍼킨스는 그녀의 말대로 자신이 딱한 주정뱅이라는 사실을 깨닫고 그리스도를 영접했다. 죄가 가득한 곳에 은혜가 넘친다는 원칙을 더없이 잘 보여주는 사례라고 할 수 있겠다. 그 이름 모를 엄마 덕분에 얼마나 많은 사람이 회심했는가. 또 나중에는 토머스 보스턴이 대화 도중에 했다가 뒤에 잊어버린 말로 얼마나 많은 사람이 회심했는가.

10 Fisher, *Marrow*, 144. 인용문 자체는 존 프레스턴의 글이다. *The Breastplate of Faith and*

최근 비판적인 학자들은 프레스턴이 일종의 가정적 보편구원론에 빠져 있었다고 주장했다. 『현대 신학의 매로우』에 인용된 글을 보면 알 수 있다는 것이었다. 하지만 매로우 형제들은 그의 글을 그렇게 해석하지 않았다. 보스턴도 『현대 신학의 매로우』에 인용된 그의 글을 가정적 보편구원론(특히 아미로주의)의 표현으로 이해하지 않았다. 실제로 프레스턴은 이런 말을 했다. "여기서는 보편 속죄 혹은 보편 구원을 가르치지 않고, 이 저자(=『현대 신학의 매로우』의 저자)도 그것을 가르치지 않는 것으로 보인다."[11] 결과적으로, 『현대 신학의 매로

Love (London, 1630, facsimile reprint, Edinburgh: Banner of Truth Trust, 1979), 8.

11 Jonathan D. Moore, *English Hypothetical Universalism: John Preston and the Softening of Reformed Theology* (Grand Rapids, MI: Eerdmans, 2007), 116ff. 보스턴이 프레스턴의 글을 인용한 것에 대한 무어의 의견은 117-121페이지를 보라. "모두를 위해 죽으셨다"(is dead for you)라는 표현에 대해 무어는 프레스턴이 그것을 "모두를 위해 죽으셨다"(died for you)와 동일한 의미로 사용했다고 주장했다. 그의 주장은 로마서 8장 34절에 대한 '제네바 성경'의 번역을 근거로 한다. "'누가 정죄하리요? 죽으실(is dead) 뿐 아니라 다시 살아나신 이는 그리스도 예수니.' 프레스턴은 이 본문으로 설교할 때 가장 먼저 '제네바 성경'을 '거의 그대로' 인용한다." 킹제임스 성경에는 바울의 말이 이렇게 번역되었다. "죽으실(is died) 뿐 아니라." 자신의 책 *The Marrow Controversy, 1718-1723, An Historical and Theological Analysis* (Edinburgh: Rutherford House, 1988)에서 프레스턴의 글에 대한 보스턴의 해석을 옹호했던 데이비드 래치먼(David Lachman)에 대한 무어의 반박은 이런 관점에서 볼 때 'died'와 'is dead'를 같은 의미로 다루어야 한다는 것이다. 그는 계속해서 이렇게 말했다. "제네바 성경에서 '죽으실(is dead)…그리스도'는 Χριστὸς Ἰησοῦς ὁ ἀποθανών'를 해석한 것이다. 이것은 부정과거 능동 분사(즉, 복합 과거분사가 아니라 완료된 행동을 의미하는 단순 분사)다." 계속해서 무어는 "죽으셨다가"(is dead)라는 표현이 제네바 성경의 데살로니가전서 4장 14절에서도 나타나는데 이 구절에 대해 킹제임스 성경은 "죽으셨다가"(died)라는 표현을 사용했으며, 다른 신학적 문서들에서도 이런 교차 사용이 발견되고, 또한 프레스턴의 가정적 보편구원론이 "그의 설교들을 검토할수록 점점 더 분명해진다"라는 점을 지적했다. 무어가 볼 때 이 두 번역은 절대적으로 같은 것이었다. 하지만 이것을 증명하기 위해서는 제네바 성경이 다른 곳에서도 ἀποθανών를 "died for"로 번역했다는 증거를 찾아야 한다. 그렇지 않으면 제네바 성경의 번역자들이 일부러 "died for"가 아닌 "is dead for"로 번역했을 가능성이 남아 있다. 이 두 번역이 같은 것이 아닐 수 있다. 이 문제를 여기서 더 깊이 논할 수는 없지만 분명한 사실은, 보스턴은 두 표현이 같지

우』의 비판자들이 프레스턴의 신학을 제대로 해석한 것은 맞지만 여기서 중요한 것은 '보스턴'이 그의 진술을 어떻게 이해하고 사용했느냐는 것이다.¹²

『현대 신학의 매로우』의 새로운 판에서 보스턴은 그 책이 아르미니우스주의나 아미로주의(Amyraldianism, 그리스도가 모든 사람을 위해 돌아가셨지만 구원을 받으려면 실제로 그분을 믿어야 한다는 조건이 따른다는 주장)를 가르치는 것이 아니라는 이유에 대해 긴 주를 달았다. 보스턴은 '정통' 신앙 고백이 복음 전도의 측면에서 이미 죽어가고 있다고 판단했고, 『현대 신학의 매로우』가 그 고백 덕분에 어둠 속에 묻혀가고 있는 것을 새롭게 환기했다고 판단했다. 비교라는 방법을 통해 그는 복음의 핵심이 우리의 죄를 위해 십자가에서 돌아가셨다가 우리의 의를 위해 부활하신 '예수 그리스도'에게서 발견된다는 점을 강조하고자 했다. 그럼으로써 그분께로 오는 모든 이를 구원하실 분으로 그리스도를 선포해야 한다는 점을 함의하고자 했다.

않고 차이가 있다고 판단했다는 것이다. 그의 판단은 프레스턴이 "그리스도가 모두를 위해 죽으셨다"라는 번역과 표현에서 무언가 중요한 것을 보았다는 것이다. 이 텍스트의 의미론에 대해 로저스(C. L. Rogers) 주니어와 로저스 3세는 무어와 다른 의견을 내놓았다. "ἀποθανών는 부정 수동 분사다. ἀποθνῄσκω…죽는 것(to die), 결정적인 특징을 강조하기 위한 명사로 사용된 분사, 과거분사는 논리적으로 선행된 행동을 지칭한다." C. L. Rogers jr. and C. L. Rogers III, *The New Linguistic and Exegetical Key to the Greek New Testament* (Grand Rapids, MI: Zondervan, 1998,), 332. 계속해서 보면 알겠지만 바로 이런 '결정적인 특징'의 개념이 보스턴에게는 매우 중요했다. 프레스턴의 글을 근거로 그는, 그리스도가 죽음이라는 결정적 특징으로 말미암아 그분을 통해 하나님께 오는 자들을 구원할 능력이 있게 되었다고 판단했다. 그래서 프레스턴은 그리스도를 그런 능력이 있는 분으로 제시할 수 있고, 그 능력 안에서 모든 사람에게 제시할 수 있다고 판단했다. 이와 관련해 프레스턴의 생각을 더 깊이 탐구해야 하지만 그것은 이 책의 목적이 아니다.

12 매로우 형제들이 그 책보다 복음 자체의 운명에 더 관심이 있었다는 또 다른 증거.

두 가지 요지

보스턴은 자기 교회의 칼뱅주의를 인정하면서도 『현대 신학의 매로우』가 위와 같은 점을 강조함으로써 신약 메시지의 요지 중에서 두 가지를 보존했다는 점을 강조했다.

첫 번째 요지는 예수 그리스도 안에 그분께로 오는 모든 사람을 위한 충만한 은혜가 있다는 것이다. 보스턴은 하나님이 불신자들을 향한 값없는 사랑으로 말미암아 모든 사람에게 '양도 증서'를 주셨다는 개념을 그렇게 해석했다. 이는 그야말로 모든 사람에게 좋은 소식이다. 예외는 없다. '그리스도가 모두를 위해 돌아가셨다!'

두 번째 요지는 그리스도의 은혜가 '충만할' 뿐 아니라 '값없이' 주어진다는 것이다. 이런 면에서 보스턴은 그리스도를 받을 자격이 생기려면 '먼저' 죄를 그만두어야 한다는 주장이 건전하지 않다는 오치타라더 신조의 정신을 옳게 여겼다. 복음은 의인, 심지어 회개한 사람만 아니라 모든 사람에게 제시되어야 한다. 복음을 제시받기 위해 충족되어야 할 조건 따위는 없다. 믿기 위한 자격은 없다. 아니, 있을 수 없다. 왜냐하면 "자연적으로 난 사람은…자신의 힘으로 회심하거나 회심을 준비할 수" 없기 때문이다.[13]

컬버웰과 프레스턴의 이런 진술이 좀 지나치고 심지어 위험하기까지 하다고 생각한 사람들이 꽤 있었지만 그 의미는 분명하다. 보스턴은 자신만의 설교 논리를 발전시키는 과정에서 신약의 스타일과 분위기에 점점 무관심해진 칼뱅주의가 복음의 그리스도의 순전한 은혜를 짓눌러왔다고 판단했다. 보스턴이 볼 때 하나님의 특정

---

13 (Westminster) Confession of Faith (London, 1647), 9.3, 별색 강조.

선택(particular election)은 조건적 은혜의 교리로 왜곡되기가 너무도 쉽다. 게다가 '구원의 서정(순서)'(*ordo salutis*)의 요소들을 "예수 그리스도와 그가 십자가에 못 박히신 것", 곧 그리스도로부터 분리시키는 복음 설교가 나타날 위험이 있다.[14]

매로우 맨들이 반대한 사고를 삼단 논법의 형태로 풀어보면 이 점을 분명히 알 수 있다.

> 대전제: 하나님의 구원의 은혜는 그리스도 안에서 선택된 자들에게만 주어진다.
> 소전제: 선택되었는지는 죄를 버렸는지를 보면 알 수 있다.
> 결론: 따라서 죄를 버리는 것이 구원의 은혜를 받기 위한 전제 조건이다.

이런 논리에 빠지면, 심지어 의식이 아닌 무의식 속에라도 이런 논리가 있으면, 오치터라더 신조와 매로우 맨들을 의심스럽게 볼 수밖에 없다. 실제로 많은 사람이 그랬다.

이런 시각의 문제점은 무엇일까? 죄를 버리는 것을 하나님의 선택에서 비롯한 은혜의 열매로 보지 않고 그것을 그 은혜를 경험하기 위한 전제 조건으로 본다는 점이다. 은혜의 열매인 회개가 은혜의 자격이 되어버리는 것이다.

이는 앞뒤가 바뀐 꼴이다. 복음 선포와 그리스도에게로 초대하는 일이 듣는 사람의 자격에 따라 조건적으로 이루어지게 된다. 그

---

14   고린도전서 2장 2절.

러면 복음은, 모든 사람에게 그리스도를 제시하여 아직 믿지 않는 불신자에게도 의를 약속하는 것이 아니라 자격 있는 자만을 위한 은혜의 메시지가 되어버린다. 이런 '자격' 개념은 복음에 위험천만한 영향을 미친다. 나아가, 그런 설교를 듣는 하나님을 진정으로 믿게 된 사람들의 삶 속에 심각한 목회적 문제가 나타날 수밖에 없다. 다시 말해, 이런 사고 속에서 하나님을 믿기 시작하면 그 사고가 그의 신앙생활 전체에 영향을 미칠 수밖에 없다.

이런 복음의 왜곡은 어느 한 시대, 스코틀랜드 장로회에서만 나타난 특별한 현상이 아니다. 이는 지속적이고도 보편적으로 나타나는 현상이다. 매로우 논쟁의 핵심적 요소들은 지금도 여전히 가장 중요한 목회적 문제로 남아 있다. 매로우 맨들이 반대했던 입장에는 건강한 개혁신학을 왜곡하는 몇 가지 오류가 존재했다. 이런 오류는 신학의 밭에서 끊임없이 뽑아내야 할 끈질긴 잡초들이다.

이런 왜곡된 설교 안에서 어떤 일이 벌어지고 있었던 것일까 아마도 가장 중요하고도 근본적인 문제는 마치 그리스도와 복음의 혜택이 서로 분리된 것 같은 뉘앙스를 풍기며 복음에 대해 설교했다는 점일 것이다. "그리스도가 당신을 위해 돌아가셨다"라는 성경 진리를 전할 때 (이제는 부활하신) 그리스도 자신과 그분의 사역(그분이 과거에 '돌아가신 것')을 서로 분리하여 전할 수 있다. 하지만 보스턴은 그리스도와 그분 사역의 연결 고리를 끊지 않았다는 점에서 프레스턴의 글에 끌렸다. "그분은 돌아가셨다. 그에 따라 나는 부활하셔서 완벽히 충분하신 구주로 그분을 당신에게 제시한다."

잘못된 분리

이렇게 표현하면 이 점을 이해하기 쉽지 않을까 싶다. 복음의 혜택들이 복음 자체이신 그리스도와 분리되고 있었다. 하지만 복음의 혜택은 그리스도 안에 있다. 그것들은 그리스도를 떠나서 존재할 수 없고, 오직 그분 안에서만 우리의 것이 될 수 있다. 마치 그분을 떠나서 그것을 누릴 수 있는 것처럼 그것과 그분을 분리할 수는 없다.

물론 교리 강해나 복음 설교에서 이 둘을 일부러 분리하는 경우는 좀처럼 없다. 그럼에도 실제로는 이런 일이 빈번하게 일어난다. 대개는 신약의 설교와 가르침에서 살짝 벗어날 뿐이지만 잠재적으로 엄청난 결과를 낳을 수 있다. 이런 현상은 개혁주의 설교의 역사에만 국한된 것이 아니지만 여기서는 이 부분에 초점을 맞추고자 한다.

이런 분리의 주된 의미는 신약에서 가장 중요한 요지 중 하나, 곧 그리스도와의 연합이 훼손된다는 것이다.

이 의미를 다음과 같이 생각할 수 있다. 우리는 신자를 주로 어떻게 표현하는가? 보통은 '신자'나 '제자', '거듭난 사람', '성자'(좀 더 성경적인 표현이지만 개신교에서는 덜 사용된다!)라고 표현한다. 그리고 가장 흔한 표현은 '그리스도인'이다. 하지만 이런 표현이 다 옳기는 해도 신약에서 찾아보기가 어렵다. 사실, 요즘 가장 흔한 표현인 '그리스도인'은 사실상 신약에 거의 나타나지도 않는다. 그리고 원래 이 표현은 초대교회가 사용한 것이라기보다는 초대교회를 경멸하는 표현으로 사용된 것이었다.[15] 신약의 그리스도인들은 자신들을 '그리스도인'이라고 생

---

15 가끔 "그리스도인"이란 단어가 신약에서 나타나는 경우에는 이런 의미로 나타난다. 사도행전 11장 26절과 26장 28절, 베드로전서 4장 16절을 보라.

각하지 않았다. 그렇다면 그들은 자신들을 무엇이라 생각했을까?

위의 표현을 신약에서 신자를 지칭하는 주된 표현과 비교해보라. 신약에서 가장 자주 등장하는 표현은 우리가 "그리스도 안에" 있다는 것이다. 이 표현은 약간씩 다른 모습으로 바울의 13개 편지에 무려 백 번 이상 등장한다.[16]

그렇다면 결론은 분명하다. 우리가 이 표현을 통해 우리 자신을 생각하지 않으면 복음으로 새로워진 마음으로 생각하지 않는 것이다. 그리고 이런 시각을 품지 않으면 마치 우리 힘으로 그리스도가 주시는 혜택을 가질 수 있는 것처럼 혜택을 그분(그 혜택들이 발견되는 유일한 곳)과 분리하기 쉽다.[17]

그리스도의 사역(칭의, 화해, 입양 등)을 그분과 분리하고 그분보다 그 혜택에만 초점을 맞추어 복음을 전한다면 자연스럽게 한 가지 질문이 나타난다. 그 혜택을 누구에게 제시해야 할까?

특정주의(선택과 특정 구속을 구분하는 입장)의 배경 속에서 이런 분리는 다음과 같은 결론으로 이어졌다. 즉, 그리스도 사역의 혜택들은 선택된 자에게만 속한 것이기 때문에 선택된 자에게만 그 혜택을 제

---

16 바울 서신에서 *"en Christō"*가 나오는 횟수를 계산해보면 83번이고 *"en kuriō"*는 47번이 나온다. 이것은 자주 등장하는 "그분 안에서"와 같은 표현은 제외한 것이다. J. D. G. Dunn, *The Theology of Paul the Apostle* (Grand Rapids, MI: Eerdmans, 1998), 396-397. 이런 통계로 볼 때 이 주제가 간과되는 것은 참으로 어처구니가 없고 안타까운 현실이다.

17 성서신학에서 언약의 역할이 회복되면 곧바로 율법의 역할과 복음 안에서 그 자리에 관한 논의가 이루어지고, 그 뒤에는 필연적으로 그리스도와의 연합에 대한 관심이 새롭게 일어나게 되어 있다. 그것은 그리스도와의 연합에서 그리스도인 삶에 관해 어떻게 생각해야 하는지에 대한 답을 얻을 수 있기 때문이다. 따라서 새 천년에 접어들어서 그리스도와의 연합에 관한 책이 그리 많이 출간되지 않은 것은 참으로 안타까운 일이다.

시해야만 한다는 것이다. 그렇다면…

질문: 하지만 누가 선택되었는지 어떻게 아는가?
답: 은혜에 따라 선택된 자들은 회개했다.
결론: 따라서 복음의 혜택은 회개한 자에게만 제시되어야 한다.

이는 그리스도의 혜택을 제시하는 것과 그리스도를 제시하는 것의 차이를 망각한 결과다. 자격에 상관없이 그리스도를 전해야 한다는 매로우 맨들의 입장을 이런 시각에서 보면 갈등은 당연한 결과다. 이런 시각은 복음에 대한 접근법과 복음 선포에서 신약, 종교개혁, 주류 청교도와 철저히 달랐다.

그렇다면 매로우 맨들이 전하는 복음의 메시지의 중심에는 무엇이 있었을까? 칼뱅은 아름다운 표현으로 그 핵심을 정리했다. 복음은 바로 "그분의 복음을 입은" 그리스도시다.[18] 아우구스티누스의 표현을 빌자면, 복음은 성육신을 완성하고 속죄와 부활, 승천, 하늘 통치를 이루신 온전한 그리스도(*totus Christus*)다.

분석적 신학으로는 그리스도와 그분의 사역을 구분할 수 있지만, 둘은 떼려야 뗄 수 없다. 그리스도를 떠나서, 그분 밖에서 일어나는 '그리스도의 사역'은 없기 때문에 그분을 받지 않고 그 사역으로 생기는 혜택만 받는 일은 있을 수 없다. 하나님이 하나로 묶으신 것을 우리가 떼어놓을 수 없다.

---

18 John Calvin, *Institutes of the Christian Religion*, F. L. Battles 번역, J. T. McNeill 편집 (Philadelphia: Westminster Press, 1960), 3.2.6.

하지만 바로 그런 일이 벌어졌고 지금도 여전히 벌어지고 있다. 그 결과, 그리스도 사역의 혜택이 선택된 자의 모습을 보인 사람들에게만 제시되고 있다. 하지만 복음 제시는 곧 그리스도를 제시하는 것이며, 그분 안에서만 그 복들이 발견된다. 매로우 형제들, 그중에서 특히 보스턴은 이 점을 분명히 이해했다.

보스턴이 『현대 신학의 매로우』의 새로운 판에 추가한 주석을 보면 그가 어떤 읽기와 묵상을 통해 그 작업을 시작하게 되었는지를 알 수 있다. 에드워드 피셔는 그를 존 프레스턴의 글로 이끌었다. 그는 그 글에서 복음을 전할 때마다 고민하던 문제들을 풀기 위한 단서를 얻었다. 다음이 그 글이다.

> 그리스도의 혜택에 참여하기 위해서는 먼저 그리스도를 받아야 한다.[19]

이는 구원이 그리스도를 '통해서'만이 아니라 그리스도 '안에서' 우리의 것이 된다는 칼뱅의 설명과 완벽히 일치한다.[20] 사실, 이 개

---

[19] 보스턴은 피셔의 『현대 신학의 매로우』 154페이지에서 프레스턴의 이 글을 읽고 주목했다. 그러고 나서 이런 시각을 바탕으로, 그리스도와의 연합을 구속의 적용을 위한 배경으로서, 아울러 성화를 위한 배경으로서 강해했다. *The Whole Works of the Late Reverend Thomas Boston*, S. M'Millan 편집, 12vols. (Edinburgh, 1848-1852), 1:544-556, 2:5-14.

[20] 이 표현은 거의 '부수적인' 표현이다. (물론 이 표현이 칼뱅의 글에서 아주 가끔 등장하기는 한다!) 칼뱅은 "그리스도를 통해서"보다 "그리스도 안에서"를 선호한다는 말을 여러 번 했다. "그리스도를 통해서"는 그리스도가 구원의 근원이자 통로라는 점을 강조한 표현이고, "그리스도 안에서"는 구원이 그분 안에서만 발견되고 그분과의 연합을 통해서만 우리의 것이 된다는 점을 강조한 표현이다. "하지만 나는 에라스무스처럼 '그리스도에 의해서'라고 번역하기보다는 '그리스도 안에서'라는 바울의 표현을 유지하

념은 1560년 스코틀랜드 신앙 고백서(Confessio Scotticana)를 통해 스코틀랜드 신학에 깊이 뿌리를 내리고 있었다. "이 믿음을 통해 우리는 그리스도와 함께 그분 안에서 약속된 은혜와 복을 받는다." 하지만 이 진리가 사람들의 뇌리에서 사라졌다. 그래서 이 진리의 회복이 절실히 요구되고 있었다.

지금도 상황은 크게 다르지 않다. 아주 최근까지만 해도 복음주의의 하위문화에서 그리스도와의 연합을 강조하는 모습은 전혀 찾아볼 수 없었다. 우리가 그리스도와의 연합을 새롭게 강조해야 하는 이유는 구원을 위해 필요한 모든 것이 우리가 아닌 '그분 안에' 있기 때문이다.

존 머리(John Murray) 교수는 로마서 3장 24절 강해의 결론에서 이 점을 강조했다. 여기서 그는 "그리스도 예수 안에 있는 속량"이라는 표현에 대해 다음과 같이 강해했는데, 복음 설교에 대한 중요한 의미를 담고 있다.

> 또한 사도 바울이 이 속량을, 영원하고도 변함없이 그리스도

는 편을 선호한다. 왜냐하면 그것이 우리가 그리스도와 하나가 되는 접붙임이라는 개념을 더 분명하게 전달해주기 때문이다." John Calvin, *The Epistles of Paul the Apostle to the Romans and to the Thessalonians*, Ross Mackenzie 번역, D. W. Torrance와 T. F. Torrance 편집 (Edinburgh, Oliver & Boyd, 1965), 128. "나는 '그분에 의해서로 바꾸기보다는 '그분 안에서'라는 표현을 유지하는 편을 선호했다. 내 생각에는 그것이 더 생생하고 강력하기 때문이다. 우리는 그리스도 안에서 부패지고 그분 몸의 일부이며 그분에게 접붙여졌고 나아가 그분과 하나가 되었기 때문에 그분은 아버지께 받은 모든 것을 우리와 나누신다." *The First Epistle of Paul the Apostle to the Corinthians*, J. W. Fraser 번역, D. W. Torrance와 T. F. Torrance 편집 (Edinburgh, Oliver & Boyd, 1965), 21.

안에 있는 것으로 여겼다는 사실을 주목해야 한다. 즉, 이 속량은 바로 "그리스도 예수 안에 있는 속량"이다. 이 속량은 단순히 우리가 그리스도 안에서 얻는 것(엡 1:7)이 아니라 그리스도가 체현하신 속량이다. 이 속량은 그리스도가 이루신 것일 뿐 아니라 속량하신 분 안에서 이 속량이 온전한 가치와 효과로 존재한다. 이것은 값없는 하나님의 은혜로 칭의가 적용되는 통로를 제공하는 속량이다.[21]

여기서 차이점을 눈여겨보라. 혜택이 그것을 주시는 분에게서 분리될 수 있다고 보면 다음과 같은 질문이 나타난다.

1) 설교자: "이런 혜택을 어떻게 제시할까?"
2) 청중: "어떻게 하면 이런 혜택을 누릴 수 있을까?"

하지만 그리스도와 그분의 혜택을 서로 뗄 수 없는 관계로 보면 그 혜택들에 관한 주된 질문은 다음과 같이 바뀐다.

1) 설교자: "그리스도를 어떻게 설교할 것인가?"
2) 청중: "어떻게 하면 그리스도 안으로 들어갈 수 있을까?"[22]

---

21 John Murray, *The Epistle to the Romans*, vol. 1 (Grand Rapids, MI: Eerdmans), 116. "그리스도가 당신을 위해 죽으셨다"라는 프레스턴의 표현에 대한 보스턴의 해석을 선불리 판단할 수는 없지만 보스턴이 그 표현에서 주목한 점은 바로 여기서 머리 교수가 강조한 요점이다.

22 이 배경에서, 신약에서 '그리스도를 우리 안으로 모시는 것'보다 우리가 '그리스도 안으로' 들어가는 것에 관해 훨씬 더 많이 언급하고 있다는 점을 주목해야 한다. 그리스

물론 두 사고의 차이 그리고 그 결과로 인한 설교의 차이가 미미해 보일지 모른다. 어차피 둘 다 같은 구원을 받는 것이 아닌가? 하지만 혜택에 초점을 맞추면 복음을 이해하고 설교하는 방식이 근본적으로 달라지고, 부지불식간에 그리스도가 중심에서 밀려나 목적이 아닌 수단이 되어버린다. 심지어 사복음서를 설교할 때도 '어떻게 하면 우리도 이 이야기 속 인물들과 같은 경험을 할 수 있을까?'에 초점을 맞추게 될 수 있다. 물론 그런 경험도 중요하지만 그것에 초점을 맞추면 '복음이신 그리스도는 어떤 분이시며 어떻게 해서 우리를 구원하실 수 있는가?'라는 핵심적인 질문에서 벗어날 수 있다.[23]

도가 우리 안에 거하시는 것보다 '그리스도 안에' 있는 것이 훨씬 더 강조되었다. 물론 전자도 중요하긴 하지만 말이다. 어쨌든 신약은 '그리스도를 우리 안으로 모시는 것'보다 '우리가 자기 자신에게서 나와 그리스도께로 들어갈' 필요성을 더 강조하고 있는 것으로 보인다. 둘 다 중요하긴 하지만(우리가 '그리스도 안에' 있고, 성령을 통해 그리스도가 '우리 안에' 거하신다) 기본적인 역학은 구심적이 아니라 원심적이다. 이런 관점에서 볼 때 '우리가 그리스도 안에 있다'는 사실보다 '그리스도가 우리 안에 있다'는 점을 더 강조했던 17세기 이후 복음주의에 대한 비판은 옳다고 말할 수 있다. 그로 인해 객관적인 방향성보다 주관적인 방향성, 즉 근본적인 연합보다 내주하심이 더 강조되는 불균형이 발생했다. 복음주의는 슐라이어마허(Schleiermacher)처럼 복음의 이성적이고 지적인 측면과 구별하여 그리스도인의 주관적인 '감정'을 강조하게 되었다. 그로 인해 영적 변화가 마음(정신)의 새로워짐을 통해 이루어진다는 (단순히 '학문적'이거나 '지적'이 아닌) 성경 원칙이 자주 간과되었다(롬 12:1-2). 마크 놀(Mark A. Noll)의 *The Scandal of the Evangelical Mind* (Grand Rapids, MI: Eerdmans, 1995)이 이러한 문제를 깊이 파헤치고 있다. 이 책은 충격적인 문장으로 시작된다. "복음주의적 정신의 아이러니는 딱히 복음주의적인 정신이라고 할 만한 것이 없다는 것이다"(3).

23 부가적으로, '구약의 본문으로 그리스도를 설교하는' 법을 알거나 성서신학이나 구속 역사의 흐름을 이해하거나 성경 어디서든 그리스도를 발견하는 법을 안다고 해서 꼭 실제로 예수 그리스도를 전하게 되는 것은 아니라는 점을 알아야 한다. 그리스도를 구약에 있는 단서들의 해법으로 보는 것이 육신을 입고 우리의 죄를 대신해 죽으셨으며 우리의 의를 위해 부활하신 예수님을 선포하는 것과 같지는 않다. 그리스도를 전하기 위한 공식이 그리스도 자신은 아니다. 해석 원칙들을 그리스도와 혼동해서는 안 된다. 십자가 위에서 우리를 위해 죽은 것은 해석 원칙들이 아니라 예수님이시다.

아직도 감이 잡히지 않는다면, 오늘날 복음에 관한 설교와 저술의 실태를 가만히 살펴보면 무슨 말인지 좀 더 쉽게 이해될 것이다. 그리스도의 혜택들을 그리스도와 분리할 수 있는 것으로 볼 때마다 설교자 그리고 그 설교자가 참고하는 책들은 그리스도와 그분의 사역을 덜 강조할 수밖에 없다. 아울러 주 예수 그리스도의 은혜와 위엄, 영광보다는 구원의 경험을 더 강조하게 된다.[24]

혹시 이 글을 읽고 있는 설교자 대부분이 그리스도를 전하는 책보다 설교하는 법에 관한 책(그리스도에 관해 설교하는 법과 같은 책도 마찬가지)을 더 많이 소장하고 있지는 않을까? 정말로 그렇다면(조사를 해보면 알 수 있을 터) 우리는 이런 질문을 던져야 마땅하다. 설교할 때(혹은 설교를 들을 때) 나의 최대 관심사는 '예수 그리스도와 그분이 십자가에 못 박히신 것'인가? 아니면 다른 것, 이를테면 죄를 극복하거나 신앙생활을 잘하는 법 혹은 복음을 통해 받는 혜택들에 초점을 맞추고 있는가? 이런 것이 다 중요하기는 하지만 중심 무대는 이런 주제를 위한 것이 아니다. 지금처럼 많은 그리스도인이 자기 교회의 설교만 듣는 것이 아니라 '입맛'에 맞는 설교자의 설교를 찾아서 들을 수 있는 테크노 설교의 시대에는 이런 질문이 더욱 중요하다. 설교를 들을 때 가장 강하게 그리고 가장 오래 남는 표현은 '예수 그리스도

---

[24] 예를 들어, 젊은 목회자들이 오웬의 책 중에서 그리스도의 영광이나 하나님과의 교제에 관한 책보다 죄의 죽음에 관한 책을 훨씬 많이 읽는 현실에서 이런 현상을 확인할 수 있다. 물론 오웬의 저작에는 목회에 관한 깊은 통찰이 담겨 있기 때문에 이것은 충분히 이해할 수 있다. 하지만 실용적인 마차를 신학적인 말 앞에 두는 것이 아닌가 하는 우려를 지울 수 없다. 오웬도 청중이 그리스도를 알지 못하고 죽음에 관해서만 아는 것을 원치 않았을 것이다. 단지 피상적인 주관주의를 오웬의 엄격한 주관주의로 바꾸는 것이 아닌 더 큰 패러다임의 변화가 일어나야 한다. 그리스도 자신과 그분의 사역을 더 깊이 이해하는 것으로 돌아가야만 한다. 분명 이것이 오웬의 바람이었을 것이다.

와 그분이 십자가에 못 박히신 것'인가? 아니면 다른 것인가?[25]

매로우 형제들은 언제나 '예수 그리스도와 그분이 십자가에 못 박히신 것'에 초점을 맞추었다. 그들은 언제나 다른 것이 아닌 그리스도 자체로 가득 찬 설교를 하기를 원했다. 바로 이 점 때문에 그들은 가장 큰 논란을 일으켰던 『현대 신학의 매로우』의 두 가지 표현에 끌렸다. 그리스도가 "온 인류에게 주시는 아버지의 양도 증서"이며 누구에게나 "그리스도가 당신을 위해 돌아가셨다!"라고 말할 수 있다는 것이다. 다시 말해, 우리는 누구에게나 이렇게 말할 수 있다. "살아 계신 구주가 계신다. 그분은 돌아가셨다가 부활하셨기 때문에 당신, 아니 믿음으로 그분께로 오는 모든 사람을 구원하기에 충분하시다. 십자가에 돌아가신 그리스도 안에는 충만한 은혜가 있다. 당신도 예수님의 이름으로 구원받을 수 있다."

안타깝게도 그 시기에 칼뱅주의자들과 아르미니우스주의자들(역사적인 용어로는, 신학적인 면에서 기형의 칼뱅주의자들)은 둘 다 복음의 혜택을 그리스도에게서 분리하는 오류에 빠져 있었다. 아르미니우스주의자들은 그리스도가 예외 없이 모든 사람을 위해 돌아가셨기 때문에 구원이 (누구에게도 보장된 것은 아니지만) 누구에게나 가능하다는 보편 속죄를 신봉했다. 따라서 특정 구속(혹은 제한 속죄)에 대한 아르미니우

---

[25] 온라인 설교의 유익을 폄하하고 싶은 마음은 추호도 없지만 두 가지를 조심해야 한다. (1) 설교자가 어떤 점을 강조하는지 정확히 인식하고 있는가(교회 안에서보다 온라인으로 설교를 듣는 사람들이 매우 많다)? 설교자가 전적으로 그리스도를 강조하고 있는가? (2) 이 설교가 내가 속한 교회의 설교와 설교자를 사랑하고 존경하게 만드는가? 혹시 하나님이 우리 교회와 가족에게 주신 말씀의 종들을 경시하게 만들지는 않는가? 온라인 설교자들은 언제나 자신의 양 떼를 먹이는 데 가장 집중하고 나아가 지역 교회들의 말씀 사역을 존중해야 한다.

스주의자들의 일반적인 반응은 이것이다. "내가 그것을 믿으면 모든 사람에게 '그리스도가 당신을 위해 돌아가셨습니다'라고 말할 수 없기 때문에 더는 모든 사람에게 복음을 전할 수 없다. 하지만 우리는 모든 사람에게 복음을 전해야 하기 때문에 그것은 성경적인 가르침일 수가 없다."[26]

어떤 면에서 18세기 초 기형의 칼뱅주의자들도 기본적으로 같은 논리로 생각했다. 단, 특정 구속의 바탕 위에서 그들은 그리스도의 죽음으로 생긴 혜택들이 모두에게 속하지 않았기 때문에 그것을 모두에게 제시해서는 안 된다는 결론을 내렸다.

앞서도 말했듯이 여기서 오류는 혜택들과 그 혜택을 주시는 분을 분리한 것이다. 그렇다면 성경에 합당한 반응은 무엇인가? 사도들은 "그리스도가 당신을 위해 죽으셨기 때문에 그분을 믿으십시오"라는 식으로 복음을 전한 적이 없다. 그리스도에 대한 믿음의 근거는 선택에 대한 지식이나 보편 구속에 대한 확신이 아니다. 죄의 자각도 아니다. 믿음의 근거는 하늘 아래 예수 그리스도 외에는 구원받을 다른 이름이 주어지지 않았기 때문에 그리스도가 그분을 통해 하나님께로 오는 모든 이를 구원하실 수 있다는 사실이다.[27]

그리스도 자신이 바로 복음이다.

---

26 이와 관련해서 J. I. Packer의 *Evangelism and the Sovereignty of God* (London: Inter-Varsity Press, 1961)이 좋은 참고서다. 65페이지 전반부를 보라.
27 히브리서 7장 23-25절, 사도행전 4장 12절.

예수님께로 돌아가라

목회자들은 언제나 예수님과 그분의 가르침으로 돌아가 이렇게 물어야 한다. '예수님은 자신의 복음을 어떻게 전하셨을까?' 선택에 대한 예수님의 생각을 보여주는 한 기도문과 그분의 복음 선포 방식을 보여주는 한 실례를 보자.

> 기도: "천지의 주재이신 아버지여 이것을 지혜롭고 슬기 있는 자들에게는 숨기시고 어린아이들에게는 나타내심을 감사하나이다 옳소이다 이렇게 된 것이 아버지의 뜻이니이다."

이것은 물론 무조건적인 선택이다. 하지만 이어서 예수님은 이렇게 말씀하셨다.

> 복음 전파: "수고하고 무거운 짐 진 자들아 다 내게로 오라 내가 너희를 쉬게 하리라 나는 마음이 온유하고 겸손하니 나의 멍에를 메고 내게 배우라 그리하면 너희 마음이 쉼을 얻으리니 이는 내 멍에는 쉽고 내 짐은 가벼움이라."[28]

여기서 "수고하고"와 "무거운 짐"은 그리스도께로 가기 위한 '자격'이 아니다. 이것은 약하거나 무가치하다고 해서 그리스도께로 갈 자격을 상실하지 않는다는 뜻이다. 그렇다. 약하고 무기력해서 '자격

---

28 마태복음 11장 25-26절, 29-30절. 보스턴은 1711년 1-2월에 이 본문으로 설교 시리즈를 전했다. *Works* 9:169-219.

이 없는 자들'까지도 그리스도께로 초대를 받는다! 복음서를 보면 예수님이 '자격 없는 자들'에게도 기꺼이 자신을 계시하셨다는 사실을 알 수 있다.

복음의 혜택들을 복음 자체이신 그리스도에게서 분리하는 것은 우리가 여러 복의 전부가 아닌 일부만 즐길 수도 있다고 하는 여러 '다단계' 기독교의 뿌리이기도 하다. 이런 기독교에서는 우리가 그리스도를 구원자로만 영접할 뿐 (적어도 아직까지는) 주님으로 모시지 않고도 '두 번째 복'이나 구원의 복을 누릴 수 있다. 하지만 칼뱅이 지적했듯이 이는 구주를 "산산조각 내는" 짓이다.[29] 매로우 신학은 우리가 '그분 안에' 있으면 그분을 소유한 것이며 '그분 안에서' 그 즉시 모든 영적 복이 우리 것이 된다는 신약의 가르침을 놓치지 않았다. 물론 이것은 내세론적인 사실이다. 다시 말해, 이것은 우리가 영화롭게 된 뒤에 온전히 실현된다. 하지만 그리스도 안에 있으면 모든 복이 실제로 우리 것이 되는 것만큼은 사실이다.

바울이 그리스도와의 연합을 강조했다는 사실은 복음과 신앙생활에 관한 칼뱅 강해의 핵심 주제였다. 칼뱅은 『기독교 강요』에서 이 점을 자세히 강해했다. 그는 연합의 율법적인 측면과 역동적인 측면을 하나로 묶으며, 칭의와 성화를 별개의 차원이되 서로 분리할 수 없는 현실로 다루었다.[30] 또한 그는 그리스도와의 연합이 죽임

---

[29] 예를 들어, 로마서 8장 13절에 관한 칼뱅의 글. "따라서 신자들은 칭의를 위해서만이 아니라 성화를 위해서도 그분을 받아들여야 한다. 그분은 이 두 가지 목적 모두를 위해 우리에게 주어졌다. 반쪽짜리 믿음으로 그분을 산산조각 내지 않도록 해야 한다." *Epistles of Paul the Apostle to the Romans and to the Thessalonians*, 166. 그는 다른 곳에서 고린도전서 1장 30절에 관해서도 비슷한 말을 했다.

[30] 바울은 에베소서 1장 3-13절에서 이 점을 더욱 설득력 있게 설명했다.

(*mortificatio*)과 살림(*vivificatio*)을 통해 그리스도인의 삶 속으로 녹아들어가는 과정을 자세히 강해했다. 이 과정은 각 신자와 교회 공동체의 삶이 죽음과 부활의 패턴으로 변화된다는 점에서 (죄와 자아에 대해) 내적인 동시에 외적이다.[31]

이런 배경에서 신학 공부에 대한 보스턴 자신의 기록[32]과 17세기 스코틀랜드 신학 교육의 전통[33]을 살펴보면 칼뱅의 『기독교 강요』가 신앙생활에 관한 이후의 개요들에 비해 덜 주목을 받았다는 인상을 지울 수 없다. 다음의 글을 보면 보스턴은 세 가지 텍스트를 공부했다.

> 신학을 공부하기 시작했다. 제임스 램지가…우르시누스의 교리문답에 관한 파라에우스[34]의 책을 내게 주었다. 신학교에 들어가기 전에 그 책을 서너 번 읽었다…
>
> 1695년 1월 20일쯤, 신학교에 다니기 위해 에든버러에 가서 위대한 조지 캠벨에게 배웠다…신학교에 갓 들어간 우리 중 몇

---

31 Calvin, *Institutes*, 3.5.10.
32 Boston, *Memoirs*, 20-21.
33 이와 관련해서는 Jack Whytock의 *"An Educated Clergy": Scottish Theological Education and Training in the Kirk and Secession, 1560-1850* (Milton Keynes, UK: Paternoster, 2007)을 보라.
34 데이비드 파라에우스(David Paraeus, 1548-1622)는 하이델베르크 Collegium Sapientiae에서 자카리우스 우르시누스(Zacharias Ursinus, 1534-1583년)의 제자였으며 1591년에 그 학교의 교장이 되었다. 1598-1622년 그는 그 대학의 신학부에서 구약과 신약을 가르쳤다. 여기서 '교리문답'은 우르시누스가 주된 저자로 참여해서 방대한 주석을 단 하이델베르크 교리문답을 말한다.

은 한동안 그 교수의 방에서 리쎄니우스의 강요[35]를 배웠다. 그는 공개적으로는 강의실에서 에세니우스의 강요를 가르쳤다.[36]

어떤 면에서 이 세 저작만으로도 훌륭한 신학적 준비가 가능하다. 질의응답 형식을 갖춘 교육법과 신약 개요는 학생들이 조직신학의 구조를 이해하기 위한 최단 통로라고 할 수 있다. 하지만 성경과 짝을 이룰 만한 칼뱅의 역작 『기독교 강요』가 빠진 것은 아쉬운 노릇이다.[37] 강해에 대한 열정으로 칼뱅은 『신학 대전』(summa theologiae)에 대응하는 『경건 대전』(summa pietatis)을 썼다.[38] 이 책을 통해 그는 그리스도와 그분의 사역 그리고 그분과의 연합의 의미를 철저히 고찰할 기회를 얻을 수 있었다. 실제로 그는 『기독교 강요』 3권의 여는 글에서 이 점을 강조했다.

> 먼저, 그리스도가 우리 밖에 있고 우리가 그분에게서 분리되어 있는 한, 그분이 인류의 구원을 위해 고난당하고 행하신

---

35 레오나르두스 리쎄니우스(Leonard van Rijssen, 1636-1700년)은 독일 개신교 신학자로서, 그의 사역 전체가 목회적 배경 속에서 이루어졌다. 그는 자신의 『신학 대전』(1671)을 썼으며, 프란키스쿠스 투레티누스(Francis Turretin)의 저작을 바탕으로 한 강요(Compendium)도 썼다.

36 Boston, *Memoirs*, 20-21. 안드레아스 에세니우스(Andreas Essenius, 1618-1677)는 1653-1677년 위트레흐트 대학에서 신학 교수로 있었고, 1673-1674년에는 그 대학의 총장으로 있었다. 그는 세 권짜리 조직신학 책(1659-1665)을 썼고, 1669년에는 *Compendium theologiae dogmaticum*이라는 제목으로 그 책의 개요를 썼다.

37 "John Calvin to the Reader", *Institutes*, 1.4-5를 보라.

38 이 제목은 1536년 『기독교 강요』 초판 부제의 일부였으며, 『신학 대전』의 개념과 (상반되지는 않지만) 대비된다.

모든 것이 소용없고, 우리에게 아무런 가치가 없다는 점을 이해해야만 한다.

그는 계속해서 이런 연합이 다음을 통해 이루어진다고 말했다.

성령의 비밀스러운 에너지, 이 에너지로 우리는 그리스도와 그분의 모든 혜택을 누린다.[39]

나중에 그는 여기에 다음과 같이 덧붙였다.

그분을 아버지가 주신 대로, 즉 그분의 복음을 입으신 대로 받아들인다면 그것이 그리스도를 진정으로 아는 것이다.[40]

우리가 복음을 통해 받는 것은 혜택들이 아니라 그리스도 자체다. 따라서 공개적인 설교와 개별적인 목회의 초점이 늘 그리스도께 맞추어져 있어야 한다. 보스턴은 10년이 더 지나 『현대 신학의 매로우』에 자극받고 프레스턴을 통해 '대단한 개념'을 이해한 뒤에야 이 사실을 직시한 것으로 보인다.

이로 말미암아 보스턴은 아래의 강해에서 시적으로 표현된 칼뱅의 시각을 받아들이고, 그것을 다른 사람과도 나누었다. 다음은 사도신경을 바탕으로 한 그리스도에 관한 강해다.

---

39 Calvin, *Institutes*, 3.1.1.
40 상동, 3.2.6.

그리스도 안에서 한 조각까지 모두 발견되는 구원,
그 구원을 온전히 보면
지극히 작은 한 방울이라도 다른 곳에서 얻지 않도록
조심해야 한다.
구원을 구하면
바로 예수 그리스도의 이름에서
그분이 구원하시는 분이라는 사실을
우리는 깨닫는다.

다른 성령의 열매를 구하면
그분의 기름부음 안에서 그것을 발견할 수 있다.
그분의 통치 안에서 힘을,
그분의 잉태 안에서 순결을,
그분의 탄생에서 온유함을 발견한다.
그 온유함 속에서 그분은 우리의 고통을 느낄 수 있도록
모든 면에서 우리처럼 되셨다.

구속을 구하면 그것은 그분의 수난 속에서 발견된다.
무죄 선고는 그분의 유죄 선고 속에 있다.
저주에서의 자유는 그분의 십자가 속에서 발견된다.
우리 죄에 대한 만족을 찾는다면
그분의 희생에서 찾을 수 있다.

그분의 피 속에 깨끗하게 함이 있다.
우리에게 필요한 것이 화해라면 그분이 그것을 위해 지옥으로 들어가셨다.
우리에게 필요한 것이 육체의 죽음이라면 그분의 무덤 속에 그것이 있다.
우리에게 필요한 것이 새로운 삶이라면 그분의 부활로 삶이 새로워지며
그 선물과 함께 불멸도 올 것이다.

하늘나라를 유업으로 얻고 싶다면
그분이 그곳에 들어가심으로
보호와 안전을 비롯해 그분의 통치에서 흘러나오는 모든 복과 함께
이제 그 유업을 확보했다.

이런 복을 추구하는 자들에게 그 모든 것은,
이런 모든 종류의 복은,
다른 곳이 아닌 그분에게서만 얻을 수 있다.
그것들은 오직 그리스도 안에서만 우리의 것이니.[41]

---

41 John Calvin, *Institutes of the Christian Religion*, 2.16.19, 1559 라틴어판, 저자가 시풍으로 번역.

3장

하나님의 성품에 대한 왜곡

_____ 복음이 무엇이며 그것을 어떻게 전해야 하는가? 매로우 논쟁은 이런 중요한 질문을 제기했다. 이것이 매로우 논쟁이 단순한 옛 논쟁이 아닌 이유다. 이것은 스코틀랜드에 국한된 논쟁도 아니었다. 이것은 복음에 관한 논쟁이었다. 즉, 그리스도의 사역으로 얻는 혜택을 구주에게서 분리하는 오류를 둘러싼 논쟁이었다.

잘못된 준비론

그리스도와 그분의 혜택을 분리하고 선택과 관련하여 성령이 각 사람 속에서 행하시는 역사를 복음 제시의 조건으로 여기는 입장에는 또 다른 위험이 있었다. 이런 입장은 준비주의(preparationism)를 조장하고, 사실상 복음을 값없이 제시하는 데 큰 걸림돌이 되었다.

> 당신은 이런 혜택을 누릴 수 있다. 단, 선택된 자여야 한다.
> 당신은 용서받을 수 있다. 단, 죄를 충분히 버린 상태여야 한다.
> 당신은 은혜의 메시지를 알 수 있다. 단, 죄의 자각을 충분히 경험한 상태여야 한다.

하지만 이것은 앞뒤가 바뀐 것이다. 다시 말하지만, 예나 지금이나 이런 현상은 감지하기 어려울 만큼 미묘하게 일어나는 경향이 있다.[1] 정도에 상관없이 각 사람의 주관적인 조건을 믿음의 근거로 삼을 때마다 왜곡이 일어난다. 회개, 죄에서 돌아서는 것, 죄를 자각한 정도는 그리스도가 우리에게 제시되기 위한 근거가 될 수 없다. 이런 것이 성령의 역사로 복음이 우리에게 영향을 미치는 증거는 될 수 있을지 몰라도 회개와 믿음을 위한 근거는 될 수 없다.

찰스 스펄전(C. H. Spurgeon)이 1858년 "그리스도가 십자가에 못 박히신 것"이란 제목으로 전한 설교에 이 점을 지적했다. 스펄전은 자신이 좋아하는 저자 중 한 명인 존 번연(John Bunyan)의 책인 『천로역정』(Pilgrim's Progress)에 대해 다음과 같은 특유의 선의의 비판을 했다.

---

[1] 모든 것이 그렇지만 신학이 복음 전파 방식에 미치는 영향의 정도는 사람마다 차이가 있다.

이번에는 번연의 『천로역정』에 관한 짧은 이야기 하나를 들어 보라. 나는 존 번연을 무척 좋아한다. 하지만 그가 절대 틀릴 리가 없다고는 생각하지 않는다. 일전에 그에 관한 아주 좋은 이야기 하나를 들었다. 에든버러에 선교사를 꿈꾸는 한 젊은 이가 있었다. 그는 지혜로운 젊은이라 이런 생각을 했다. '선교 사가 되기 위해 굳이 먼 곳으로 갈 필요는 없지. 에든버러에 서 선교사가 되는 편이 낫겠어.'

이 젊은이는 처음 만난 사람에게 복음을 전하기로 결심했 다. 얼마 뒤에 그는 등에 생선 바구니를 짊어진, 늙은 어부의 아내들을 만났다. 그 아낙네들은 누구나 한 번 보면 잊을 수 없을 만큼 특별한 사람들이었다.

젊은이는 한 여인에게 다가가 말했다.

"등에 짐을 지고 가시는군요. 혹시 또 다른 짐을 얻으셨나 요? 영적 짐이요."

"네? 존 번연의 『천로역정』에 나오는 짐 말인가요? 그거라면 진즉에 벗어버렸어요. 아마 총각이 태어나기도 전에 그랬을 거예요. 하지만 나는 순례자(Pilgrim)보다 훨씬 더 잘해냈답니 다. 존 번연의 이야기 속에서 복음 전도자(Evangelist)는 복음을 전하지 않는 목사랍니다. 왜냐하면 '저 불빛을 똑바로 바라보 며 좁은 문으로 달려가시오'라고 말했으니까요. 총각, 그곳으 로 달려가면 안 돼요! 복음 전도자는 '저 십자가가 보이나요? 당장 거기로 달려가요'라고 말했어야 해요. 하지만 대신 그는 불쌍한 순례자를 먼저 좁은 문과 그곳에서 얻을 수 있는 혜택들 쪽으로 보냈지요. 그 바람에 결국 그는 구렁텅이에 빠져 죽을 뻔했어요."

젊은이는 다소 당혹스러운 표정을 지으며 물었다.

"그렇다면 아주머니는 절망의 구렁텅이(Slough of Despond)를 맞닥뜨린 게 아닌가요?"

"아뇨. 만났지요. 하지만 짐을 지고 가는 것보다 벗고 가니까 훨씬 쉬웠어요!"

그 여인의 말이 참으로 옳다. 존 번연은 순례자가 여행을 시작하고 나서 너무 늦게 짐을 벗게 했다. 만약 대부분이 그런다는 뜻이라면 제대로 짚었다. 하지만 그렇게 해야 한다는 뜻이라면 잘못 짚었다. 십자가가 좁은 문 앞에 놓여야 하며 우리는 죄인에게 이렇게 말해야 한다. "저기에 누우면 안전해질 것이오. 하지만 짐을 벗고 십자가의 발치에 누워 예수님 안에서 평안을 찾기 전까지는 안전하지 않소."[2]

사실 『천로역정』의 주석가들은 이야기의 이 대목에서 번연의 정확한 의도를 놓고 논쟁을 벌여왔다. 그가 회심을 이야기한 것인가? 아니면 확신을 이야기한 것인가? 스펄전과 어부 아내는 번연의 이야기가 회심을 묘사한 것으로 이해한 것이 분명하다. 그렇다면 핵심을 정확히 짚었다고 볼 수 있다.[3] 이는 사람들을 죄의 자각으로 이

---

2 Charles Spurgeon, *Metropolitan Tabernacle Pulpit*, vol. 44: 211-212.
3 어떤 이들의 주장처럼 설령 여기서 번연이 확신에 관한 이야기를 한 것이라고 해도 스펄전의 글은 나의 요지를 잘 뒷받침해준다.

끄는 성령의 역사를 부인하는 것이 아니다. 하지만 죄를 자각하는 것이든 버리는 것이든 그것이 복음을 제시하는 근거가 될 수는 없다. 그리스도가 근거가 되신다. 그것은 그리스도가 그분께로 오는 모든 사람을 구원하실 수 있기 때문이다.[4] 그리스도는 조건 없이 제시되어야 한다. 우리는 그분께로 곧장 가야 한다! 그리스도를 사기 위해 그 어떤 돈도 필요하지 않다.[5]

복음의 중심축

이 문제의 본질은 청교도 시대의 양극단에서 만들어진 두 작품의 미묘한 차이에서 극명하게 나타난다. 하나는 윌리엄 퍼킨스(William Perkins, 1558-1602)의 작품이고 다른 하나는 존 번연(1628-1688)의 작품이다. 둘 다 퍼킨스가 "시각적 교리 문답서"라고 부른 것을 만들었다. 퍼킨스의 작품은 "구원의 황금 사슬"(The Golden Chain of Salvation)이라는 그림이고, 번연의 작품은 "구원과 지옥행의 순서와 원인을 보여주는 지도"(A Map Showing the Order and Causes of Salvation and Damnation)다.[6]

두 '그림'은 모두 구원 및 지옥행과 관련해서 하나님이 어떻게 역사하시는지를 시각적으로 보여주고 있다. 둘 다 진리를 시각적으로 보여주는 한 페이지짜리 설명서이지만 강해하려면 책 한 권을 써도

---

4 히브리서 7장 25절.
5 이사야서 55장 1-2장.
6 두 그림은 모두 인터넷에서 퍼킨스 차트와 번연 구원의 지도를 검색해보면 여러 웹 사이트에서 쉽게 구할 수 있다(어떤 경우에는 구입할 수도 있다).

모자라다. 둘 다 그림 형식으로 되어 있어서 글을 잘 읽지 못하는 사람들에게 큰 도움이 되었다. 심지어 전혀 읽지 못하는 사람들도 이해할 수 있다. 요컨대 이 둘은 청교도 시대의 파워포인트 프레젠테이션이라고 할 수 있다!

영원에서 영원까지 구원을 추적해가는 두 그림에는 같은 요소가 있다. 하지만 미묘하지만 결정적인 차이점이 하나 있다.

퍼킨스의 그림에서는 구원의 적용에 관한 모든 측면이 사도신경의 여러 조목과 관련하여 그리스도를 묘사하는 중심축과 연결되어 있다. 그런 의미에서 앞서 소개한 칼뱅의 글들이 그에게 깊은 영향을 미친 것으로 추측해볼 수 있다.[7]

하지만 번연의 그림에서는 성부와 성자, 성령이 구원의 근원으로 묘사되어 있다. 모든 것이 삼위일체 하나님에게서 흘러나온다. 그런데 번연의 지도에는 그리스도라는 중심축이 없다.[8] 분명 삼위일체 하나님을 구원의 근원이요 원인으로 보기는 한다. 하지만 구원의 다양한 측면이 그리스도와 직접 연결된 것이 아니라 '서로에게' 연결되어 있다. 퍼킨스의 비유를 빌자면, 사슬의 연결 고리들이 서로 연

---

[7] John Calvin, *Institutes of the Christian Religion*, F. L. Battles 번역, J. T. McNeill 편집 (Philadelphia: Westminster Press, 1960), 2.16.19. 반대 시각을 가진 학자들도 있었다. 그들은 퍼킨스의 신학이 칼뱅과 상반된 이후의 언약 신학에 중요한 영향을 미쳤고, 따라서 덜 그리스도 중심적이었다고 판단했다. 하지만 퍼킨스의 높은 칼뱅주의(high calvinism)는 그리스도의 중심적인 역할을 전혀 축소하지 않는다. 그런 의미에서 Richard A. Muller의 *Christ and the Decree: Christology and Predestination in Reformed Theology from Calvin to Perkins* (1986; repr. Grand Rapids, MI: Baker Academic, 2008)의 시각이 더 옳다.

[8] 여기서 번연이 이 그림의 논리적인 측면을 충분히 생각했는지는 논점이 아니라는 점을 강조하고 싶다. 나의 주된 관심사는 두 모델이 그리스도와 그분이 한 사역과 관련해 구원의 서정을 매우 다르게 배열하고 있다는 것 자체다.

결되어 있지만 근원적 연결 고리이자 제1원인인 그리스도에게는 잘 연결되어 있지 않은 모양새다.

물론 이런 차이와 관련된 모든 쟁점을 탐구하고, 이런 차이가 복음 전파에 어느 정도 영향을 미쳤는지를 판단하려면 철저한 학문적 분석이 필요하다.[9] 하지만 이런 차이가 번연이 복음을 전하는 데 얼마나 영향을 미쳤는지와 상관없이, 이 두 그림은 복음이 작용하는 방식에 관한 완전히 다른 해석을 보여준다. 퍼킨스의 '황금 사슬'의 경우, 그리스도와 그분과의 연합이 핵심이라는 점이 분명히 보인다. 하지만 번연의 그림에서는 그렇지 않다. 퍼킨스의 그림에서는 모든 영적 복이 그리스도와 연결되어 있다. 혜택들이 그 혜택을 주시는 분과 분리되어 있지 않다. 하지만 번연의 지도에서는 분명 분리되어 있다.

번연의 지도와 같은 사고방식에 빠지면 복음 전파의 초점이 그리스도와 별개인 복들로 옮겨질 수밖에 없다. 그렇게 되면 그 복들을 어떻게 받을지가 가장 중요해진다. "어떤 조건에서 혹은 어떤 조건을 통해 이런 복이 내 것이 될 수 있을까?" 그렇게 초점이 자신의 내부를 향하게 된다. 하지만 의로워짐의 근거는 우리 안에 있지 않다. 젊은 시절 루터는 이 점을 이해하지 못했다. 그런 의미에서 "그리스도의 상처에서" 예정된 운명을 찾으라는 슈타우피츠(Johann Von Staupitz)의 권고는 루터에게 너무도 중요한 것이었다. 덕분에 그는 복음의 근거가 우리 안이 아닌 밖에 있음을 깨닫게 되었다.

---

9   Pieter de Vries, *John Bunyan on the Order of Salvation*, C. Van Haaften 번역 (Bern: Peter Lang, 1995)를 보라.

'구원의 서정'에 관한 이런 사고방식은 때로 '구원의 단계들'로 불리는 것으로 흐를 수 있다. 이는 실제 믿음 이전에 일련의 경험이 순서대로 이루어진다는 것이다. 이는 결국 중세의 '구원의 서정'으로 회귀하는 것이다. 이 단계들은 순서대로 이루어진다. 즉, 한 단계가 완성되어야 다음 단계가 시작될 수 있다.[10] 바로 이 부분에서 질문이 발생한다. 죄를 얼마나 자각해야 혹은 얼마나 슬퍼해야 혹은 죄에서 얼마나 돌아서야 다음 단계로 넘어갈 수 있는가?

이와 관련해서 존 오웬(John Owen)은 다음과 같은 글을 썼다. 지혜로운 개혁주의 신학자와 목사들의 입장이 대개 이와 같다.

> 어떤 법칙이나 척도도 회심에 꼭 필요하거나 선행되어야 하는 것으로 규정될 수 없다…동요, 슬픔, 낙심, 공포, 두려움은 전혀 의무가 아니다…하나님은 이 모든 문제에서 특권과 주권을 발휘하시며, 인간의 영혼을 더없이 다양하게 다루신다. 어떤 이들은 죽음과 지옥의 문을 거쳐 그분의 사랑 안에서 쉬게 하신다…다른 이들의 길은 평탄하고 쉽게 만드신다. 어떤 이들은 오랫동안 어둠 속에서 걷거나 헤맨다. 그런가 하면 어떤 이들의 영혼 속에서는 은혜로운 첫 방문 때 그리스도가 형성된다.[11]

---

10 특히 이런 '사슬' 비유를 단순히 체험적으로가 아니라 해석학적으로 사용할 때 이렇게 되기 쉽다. 각 고리가 이전 고리를 감싸면서 진행되기 때문이다.

11 John Owen, *Pneumatologia or A Discourse Concerning the Holy Spirit* (London, 1674); *The Works of John Owen*, 24 vols., W. H. Goold 편집 (Edinburgh: Johnstone & Hunter, 1850-1855), 3:360-361. 이 인용문에서 마지막에서 두 번째 문장은 번연과 오웬에게 해당된다. 번연은 자신의 자전적 작품인 *Grace Abounding to the Chief*

베드로의 오순절 설교가 좋은 본보기가 된다. 베드로는 죄의 자각을, 그리스도를 제시하기 위한 조건으로 삼지 않았다. 그리스도 그분 자체가 믿음의 근거다. 그래서 그의 설교는 전적으로 그리스도 중심적이었다. 그는 그리스도를 죄의 용서라는 선물을 주시는 분으로 선포했다. 그에 대한 사람들의 반응은 어땠는가?

> "그들이 이 말을 듣고 마음에 찔려 베드로와 다른 사도들에게 물어 이르되 형제들아 우리가 어찌할꼬 하거늘 베드로가 이르되 너희가 회개하여 각각 예수 그리스도의 이름으로 세례를 받고 죄 사함을 받으라 그리하면 성령의 선물을 받으리니."[12]

'순서'는 다음과 같다.

1) 십자가에 못 박혔다가 살아나신(무죄가 입증되어 우리를 구원하실 수 있는) 구원자이자 주님으로서 그리스도를 온전히 선포

---

of Sinners (London: 1666)에서 자신의 여정을 상세히 묘사했다. 오웬은 자신의 경험을 작품에서 좀처럼 소개하지 않았고 소개하더라도 매우 조심스럽게 묘사했지만, 그의 경험도 고통스러운 경험이었다. 그는 자신에게 평안을 준 복음서의 구절을 언급하면서 그 사건을 넌지시 이야기한다. 그는 그리스도가 그 풍랑을 잠잠하게 해주셨다고 말한다. 하지만 그런 고통스러운 경험이 구원하는 믿음의 근거가 되어서는 안 된다. 그 근거는 오직 그리스도뿐이다. 하지만 안타깝게도 그런 일이 벌어지곤 한다. 그 때문에 그리스도께로 오는 것이 그분이 의도한 것보다 어려워진다. 그래서 스펄전은 *The Full Harvest* (Edinburgh: Banner of Truth Trust, 1973), 235에서 죄의 자각과 관련해 지혜로운 목회적 발언을 했다.

12 사도행전 2장 37-38절. 누가는 예수님이 자기들이 하는 것을 알지 못하는 자들을 위해 십자가 위에서 하신 기도(눅 23:34)에 대한 아버지의 응답을 기록한 것이다.

한다.

2) 성령이 죄를 자각하게 하신다.
3) 믿고(베드로의 말에 함축됨) 회개하며(신약에 나타나는 하나의 현실에 대한 두 가지 측면) 그리스도 안에서 발견되는(세례를 통해 상징적인 형태로 받는) 복들을 경험한다.

앞서 '퍼킨스 스타일'의 사고에서 '번연 스타일'로 변하는 일이 대개 부지불식간에, 무의식적으로 일어난다는 점을 지적했다. 그래서 반대로 '번연 스타일'에서 '퍼킨스 스타일'로 회복되기가 그만큼 어렵고 의식적인 인식과 자기비판까지 필요하다. 어떤 경우에는 성경 공부를 통해 다른 각도에서 상황을 보는 '깨달음'의 순간을 거쳐야만 이런 변화가 가능하다.

번연에게 "어쩌다가 윌리엄 퍼킨스의 '시각적 교리 문답'과 전혀 다른 '지도'를 그리게 되었습니까?"라고 물으면 필시 "내가 그랬나요?"라는 대답이 돌아올 것이다. 이런 패러다임의 변화는 복음을 바라보는 시각에 영향을 미칠 수밖에 없다. 그래서 부지불식간에 복음을 바라보는 시각이 변한다. 이런 변화는 우리가 생각하는 것보다 훨씬 더 미묘하게 이루어진다.

『현대 신학의 매로우』를 읽고 성경적인 복음 전파에 관한 새로운 시각을 얻기 전만 해도 보스턴은 자신의 설교가 어떤 상태인지를 제대로 파악하지 못했던 것으로 보인다. 그러다 그것을 파악하고 난 뒤에는 그의 설교에서 새로운 자유와 기쁨이 한껏 묻어나왔다. 그는 자신의 설교에 새로운 '색깔'이 입혀진 것을 느꼈고 남들도 그

것을 알아보았다.[13]

여기서 '색깔'이라는 표현이 매우 잘 어울린다. '색깔'(tincture)은 염색액으로 옷에 새로운 색을 입히는 염색 과정을 지칭하는 라틴어 '팅추라'(tinctura)에서 파생했다. 염색을 해도 옷은 그대로지만 색은 전혀 달라진다. 보스턴 자신과 다른 사람들도 그의 설교에서 그런 변화를 '느꼈다.' 이 비유를 확장하면, 보스턴이 설교를 통해 그리스도께 입혔던 복음의 옷이 이제 '당신에게 영적 복들을 제시한다'가 아니라 '그리스도 안에 모든 영적 복이 있다'라는 색으로 새롭게 염색되었다. 하지만 매로우 논쟁의 이면에는 더 근본적인 문제가 있었다.

하나님을 왜곡하다

오치터라더 신조의 요지는 목회자 후보가 하나님의 무조건적인 은혜, 충만하고 값없는 복음이 제시를 믿고 설교와 목회에 반영할지를 확인하는 것이었다. 바로 이런 정신이 매로우 형제들을 움직였다. 그들은 은혜가 아닌 다른 것을 조건으로 복음을 제시하는 것은 은혜의 진정한 본질을 왜곡하는 것이라는 점을 간파했다.[14]

'그리스도 안에서 구원의 완성'에 대해서도 마찬가지다. 매로우 신학은 구원이 은혜로 완성된다는 점을 강조했다. 로마서 5장 6-8

---

13 Thomas Boston, *Memoirs of Thomas Boston* (Edinburgh: Banner of Truth, 1988), 171.
14 그렇게 하면 복음적인 구원의 서정이 중세의 형태로 퇴보한다. '은혜로' 개인 속에서 이루지는 것이 추가적인 은혜와 궁극적으로 실질적인 칭의를 위한 근거가 되어버린다.

절과 같은 구절이 이 점을 강조한다. 하나님이 언제 어떻게 우리에게 은혜를 보여주셨는가? 우리가 그리스도의 은혜를 받기 전에 충족해야 할 조건들이 있었는가? 전혀 없었다.

> "우리가 아직 연약할 때에 기약대로 그리스도께서 경건하지 않은 자를 위하여 죽으셨도다."
> "우리가 아직 죄인 되었을 때에 그리스도께서 우리를 위하여 죽으심으로."
> "우리가 원수 되었을 때에 그의 아들의 죽으심으로 말미암아 하나님과 화목하게 되었은즉"[15]

하나님이 독생자를 세상에 보내 죄인들을 위해 죽게 하시기 전에 우리는 어떤 조건들을 충족했는가? 조건은 전혀 없었다. 아니, 조건이 있을 수가 없다. 보스턴은 "그리스도가 당신을 위해 죽으셨다"라는 표현의 가치를 이 부분에서 찾았다. 보스턴에게 이 표현은 이런 의미였다. '나는 당신이 회개했다는 사실을 근거로 당신에게 그리스도를 제시하지 않는다. 오히려 나는 허물과 죄로 죽었던 사람들에게 그분을 제시한다. 당신이 어떤 사람이든 상관없이 이 복음, 곧 예수 그리스도 자체를 당신에게 제시한다.'

보스턴이 감지한 위험 중 하나는 조건주의가 다시 역으로 하나님을 보는 시각을 변질시킨다는 것이다. 조건주의는 하나님의 성품을 왜곡한다. 즉, 우리가 은혜의 어떤 조건도 스스로 만족시킬 수 없다

---

[15] 로마서 5장 6-8, 10절을 보라.

는 점은 인정하면서도 하나님의 은혜 자체에는 미묘한 조건을 붙일 수가 있다.

이런 시각에서 복음을 전파하면 다음과 같은 표현이 나타날 수 있다.

> 그리스도가 당신을 위해 죽으셨기 때문에 하나님이 당신을 사랑하신다!

이 표현이 복음을 어떻게 왜곡하고 있는가? 이것은 그리스도의 죽음이 하나님이 우리를 사랑하시는 이유라는 점을 암시한다.

하지만 성경에는 반대로 하나님이 우리를 사랑하셨기에 그리스도를 죽게 하셨다고 나온다. 이것이 요한복음 3장 16절의 요지다. 하나님(=성부, 여기서 "하나님"은 "독생자"의 아버지이기 때문)이 세상을 이처럼 "사랑하사" 독생자를 우리에게 주셨다. 성자는 성부로 하여금 우리를 사랑하게 만들 필요가 없었다. 성부는 이미 우리를 사랑하고 계셨다!

여기에 우리가 빠질 수 있는 미묘한 함정이 분명히 있다. 그리스도의 십자가가 성부의 사랑에 대한 '이유'라고 말하면 그것은 곧 십자가 없이는 우리를 향한 하나님의 사랑도 없다는 뜻이다. 즉, 하나님이 우리를 사랑하시게 하기 위해 예수님이 몸값을 치르셨다는 뜻이다.[16] 하지만 하나님이 우리를 사랑하시게 하기 위해 그리스도의 죽

---

16 안타깝게도 이 왜곡된 가르침은 형벌 대속의 교리를 왜곡했다. 그래서 비판자들이 주로 비판하는 것은 어디까지나 이 교리 자체가 아닌 이 교리에 대한 왜곡된 시각이다. 잘 정립된 교리를 비판하려면 (1) 그 교리를 정확히 알아야 하고 (2) 그 교리의 가장 진정한 형태를 대상으로 삼아야 한다. 그렇지 않으면 그것은 가짜를 쓰러뜨리는 것에

음이 필요했다면("아버지, 제가 죽으면 비로소 저들을 사랑하시겠습니까?") 성부가 우리를 영원한 사랑으로 사랑하신다고 어찌 확신할 수 있겠는가. 물론 성부는 우리가 죄인이기 '때문에' 사랑하시는 것이 아니다. 우리가 죄인임에도 '불구하고' 사랑하시는 것이다. 하나님은 그리스도가 우리를 위해 죽으시기 '전에' 이미 우리를 사랑하셨다. 그리스도가 우리를 위해 죽으신 것은 성부가 우리를 이미 사랑하셨기 '때문이다.'

우리의 죄가 오직 그리스도의 죽음과 부활로 용서받는다는 것을 하나님이 그리스도의 죽음과 부활 때문에 우리를 사랑하신다는 것으로 오해해서는 곤란하다. 그렇지 않다. "그분은 처음부터 우리를 사랑하셨다."[17] 그래서 아들을 보내신 것이고, 그 아들이 기꺼이 우리를 위해 죽으신 것이다. 이렇게 그리스도의 사역을 올바로 이해하면 우리를 향한 성부 하나님의 비할 데 없는 사랑을 진정으로 이해할 수 있다. 삼위일체의 교제에는 그 어떤 기능 장애도 없다.

보스턴의 글을 보면 이 점을 이해하는 데 큰 도움이 된다. 그는 『회고록』(*Memoirs*)에서 자신이 처음에는 율법주의에 물든 채로 복음을 전했다고 고백했다. "나는 율법에 대한 몇 가지 확신으로 목회를 했다."[18] 1704년 그는 자신의 지난 목회를 돌아보며 그렇게 썼다. 하지만 나중에는 생각이 많이 바뀌었다. "은혜의 언약에 대한 조건부

불과하다. 그런 비판은 지적으로 불완전하다. 안타깝게도 비판자들의 머릿속에 있는 것은 주로 대속 교리의 왜곡된 형태다. 결국 그들은 대상을 잘못 알고서 비판하는 것이다. 그들은 자신들이 복음을 제대로 이해하지 못하고 가짜를 공격하는 것임을 모른 채 자신들의 비판을 통찰로 여긴다.

17 로마서 8장 31-39절을 바탕으로 한 스코틀랜드 찬양, "Let Christian faith and hope dispel."
18 Boston, *Memoirs*, 168.

의 교리가 썩 마음에 들지 않았다."¹⁹

흥미롭게도 보스턴은 '구속의 언약' 혹은 '평화의 언약'(pactum salutis)으로 알려진 것에 대해서도 깨달음을 얻었다. 이것은 우리의 구속에 대해 성부와 성자 사이에 이루어진 초시간적(supra-temporal) 언약의 개념을 말한다. 이와 관련해서 조너선 에드워즈(Jonathan Edwards)는 보스턴의 책 『은혜의 언약』(The Covenant of Grace)의 "생각의 구조를 이해할" 수 없지만 『인간 본성의 4중 상태』에 대해서는 "너무도 좋았다. 그 책에서 하나님이 스스로 진정 위대한 신임을 드러내고 계신다고 생각한다"라고 말했다.²⁰

보스턴의 견해는 은혜의 언약이 두 번째이자 마지막 아담인 그리스도와 맺어졌고, 그것이 그리스도 안에서 그분의 백성을 위해 이루어졌다는 것이었다. 그가 구속의 언약이라는 개념을 거부한 이유는 죄인들을 향한 성부의 사랑에 대한 약속이 성자의 순종이라는

---

19 상동, 170.

20 사실, 에드워즈는 보스턴을 이해할 수 없다고 말한 뒤에 곧바로 그를 "진정 위대한 신학자"로 여긴다고 말했다. 이런 말은 그가 1747년 9월 4일 스코틀랜드의 토머스 길레스피(Thomas Gillespie)에게 보내는 편지에 쓴 말이다. *The Works of Jonathan Edwards*, 2 vol. (1834; repr. Edinburgh: Banner of Truth, 1974), 1:xci를 보라. 당시 그는 많은 스코틀랜드 목회자와 서신을 주고받았다. 가끔 그 목회자들이 그에게 영국의 책들을 보내주었다. 그에게 처음 '기도 콘서트' 개념을 제안한 것은 이 목회자들이었다. 에드워드가 자신의 노샘프턴 교회에서 해고될 당시 랠프 어스킨(매로우 맨의 수장 격)은 그에게 스코틀랜드로 이민해서 장로교회에서 목회할 것을 제안했다. 그는 이 제안을 거절하는 과정에서 자신의 생각을 분명히 드러냈다. "웨스트민스터 신앙 고백의 본질에 대해 전적으로 동의합니다. 장로교회의 치리와 관련해, 이 나라의 불안하고도 독자적이고 혼란스러운 교회 치리 방식에 대해 오랫동안 환멸을 느꼈습니다. 예전부터 장로교회의 방식이 하나님의 말씀과 이성, 이치에 가장 부합한 것으로 보였습니다." 하지만 그는 스코틀랜드 목회자들이 이런 찬사에 자만하지 않도록 이렇게 덧붙였다. "하지만 스코틀랜드 장로교회가 완벽하다고는 생각하지 않습니다. 고쳐야 할 점이 전혀 없는 것은 아닙니다." 상동, I:cxxi.

배경 속에서 이루어진 것이 아니라 그 순종을 조건으로 이루어졌다는 뉘앙스를 풍기기 때문이다. 이는 성부와 성자 사이에 죄인들에 대한 '사랑의 격차'가 존재함을 암시한다. 이런 교리는 삼위일체 삶의 기능 장애를 암시할 뿐 아니라 특별히 그리스도인들의 마음속에서 성부의 성품을 왜곡한다.

우리는 우리를 향한 예수님의 마음이 사랑 자체라고 확신한다. 하지만 성부의 사랑은 직접적인 사랑이 아니라 설득의 결과라고 오해하곤 한다. 그리스도를 죽게 만들 정도면 마지못해 은혜를 베푸신 것은 아닐까?

우리가 이런 분위기 속에서 복음을 전하고 사람들이 거기에 반응하면, 성부에 대한 의심이 오랫동안 남아서 신앙생활을 심각하게 방해할 수 있다. 대개는 그런 의심이 우리 영혼 깊은 곳에 숨어 있지만 성부는 원래 성자처럼 우리를 사랑하시지 않을지 모른다는 생각이 때때로 고개를 쳐든다. 이런 생각은 자유와 기쁨의 영이 아닌 의심의 영, 심지어 속박의 영으로 이어진다. 하나님이 무한한 사랑의 아버지가 전혀 아니라는 의심에 시달리게 된다.[21]

거짓말을 믿다

사실상 이것은 하와를 꾀었던 거짓말이다.[22] 하와는 "하나님의 진리

---

21 이런 의심은 우리와 성부 하나님의 교제에 심각한 악영향을 끼친다. 또 삼위일체 하나님과 속죄의 관계에 관한 그릇된 시각의 폐해를 잘 보여준다.
22 이런 말은 주로 바울의 것(고후 11:3, 딤전 2:14)으로 여겨지지만 사실 그는 창세기 3장 13절에 기록된 하와의 말을 그대로 사용한 것이다("뱀이 나를 꾀므로").

를 거짓 것으로 바꾸"²³었다. 진실은 하나님이 아담과 하와에게 온 갖 좋은 선물을 주셨다는 것이다. 그리고 나서 하나님은 그들은 딱 하나의 '좋은' 법을 주셨다.²⁴ 그 법은 사랑의 아버지가 주신 명령이었는데, 그 명령은 언제나 그들에게 유익한 것이었다. 그들은 이 사랑에 근거하여 단 하나의 나무 열매를 먹지 않음으로써 그분께 사랑을 표현해야 했다.

뱀의 거짓말은 이중 암시에 싸여 하와에게 날아왔다.

1) 사실 이 아버지는 어떤 나무의 열매도 먹지 못하게 하기 때문에 제한하기를 좋아하고 자기중심적이며 이기적인 아버지다.²⁵
2) 불순종하면 죽는다는 말은 전혀 거짓이다.²⁶

따라서 사탄의 거짓말은 하나님의 너그러우심과 정직하심, 이 모두에 대한 공격이었다. 하나님의 성품도 말씀도 믿을 수 없다는 뜻이다. 사실 이것은 그 뒤로도 죄인들이 계속해서 믿어온 거짓말이다. 바로 하나님이 나를 사랑하시지 않는 거짓된 아버지이기 때문에 믿을 수 없다는 거짓말이다.

복음은 우리를 이 거짓말에서 구해낸다. 복음은 그리스도가 이

---

23 로마서 1장 25절.
24 이 법은 선과 악을 알게 하는 나무의 열매를 먹지 말라는 명령으로, 하나님의 형상을 따라 창조된 기질 자체에 새겨진 본능적인 순종 외에 추가로 더해진 명령이다.
25 창세기 3장 1절.
26 창세기 3장 4절.

땅에 오셔서 우리를 위해 죽으신 사건의 이면에 자신의 전부를 주시는 아버지의 사랑이 있음을 보여준다. 먼저 하나님은 아들을 보내 우리를 위해 죽게 하셨고 그다음에는 우리 안에 거하실 성령을 보내주셨다.[27]

매로우 형제들이 지적한 문제는 바리새인들의 문제와 동일했다. 예수님이 바리새인들에게 가혹한 말씀까지 서슴지 않으신 이유는 그들의 신학이 뱀이 말한 것과 같았기 때문이다.

"너희는 너희 아비 마귀에게서 났으니 너희 아비의 욕심대로 너희도 행하고자 하느니라 그는…진리가 그 속에 없으므로 진리에 서지 못하고 거짓을 말할 때마다 제 것으로 말하나니 이는 그가 거짓말쟁이요 거짓의 아비가 되었음이라."[28]

바리새인은 하나님의 거룩하심, 법, 초자연적인 현실, 예정과 선택을 믿는 자들이었다. 그들에게도 '은혜'는 중요한 개념이었다.[29] 하지만 그들은 조건적인 은혜를 믿었다(그들은 하나님이 자신들에게 은혜를 베푼 것이 자신들 안에 그 은혜를 받을 만한 무언가가 있었기 때문이라고 믿었다). 그들의 하나님은 조건적인 하나님이었다. 따라서 "너희 모든 목마른 자들

---

27 갈라디아서 4장 4-7절.
28 요한복음 8장 44절. 요한복음 1장 17절에 기록된 요한의 말은 이 구절의 관점에서 읽어야 한다. 마귀의 거짓말을 뒤집는 진리는 성육신을 통해 온전하게 드러났다.
29 이야기의 달인이셨던 예수님은 (바리새인과 세리의 비유 속에) 바리새인을, 자신과 세리를 주권적으로 구별하신 하나님께 감사하는 사람으로 묘사했다. 이는 은혜를 미묘하게 왜곡하는 것이다.

아 물로 나아오라 돈 없는 자도 오라 너희는 와서 사 먹되 돈 없이, 값없이 와서 포도주와 젖을 사라"와 같은 초대는 없었다.[30] 그런 무조건적인 은혜는 그저 마음에서 우러나와 사랑할 뿐 사랑에 대해 그 어떤 조건도 걸지 않는 아버지에게서만 나올 수 있다. 그래서 예수님은 바리새인에게 일곱 번의 저주를 퍼부으셨다.[31]

존 오웬의 다음 글을 보면 성부에 대한 이런 잘못된 시각이 목회에 어떤 영향을 미치는지 똑똑히 알 수 있다.

> 우리에게 임하는 긍휼, 우리의 특권을 잘 모르는 것은 죄일 뿐 아니라 우리 자신을 힘들게 만드는 길이다. 그런 사람은 "하나님께서 우리에게 은혜로 주신 것들을 알게 하려"(고전

---

[30] 이사야서 55장 1절. 토머스 보스턴이 좋아하던 구절.
[31] 마태복음 23장 13, 15, 16, 23, 27, 29절. 이 대목은 최근 학자들의 주장을 정확히 알고서 쓴 것이다. 최근 학자들에 따르면 (1) 구약의 종교는 은혜의 종교였고, (2) 바리새인의 율법주의를 지적한 위와 같은 진술은 그들에 대한 그릇된 시각에서 비롯된 것이다. 첫 번째 주장에 대해서 말하자면, 물론 바리새인의 종교는 가르침의 측면에서는 은혜의 종교였다. 하지만 구약 시대에 선지자들이 그토록 많이 활동했던 것은 바로 하나님의 백성이 은혜 안에서 살지 않고 툭하면 그 은혜를 교만이나 자격, 율법주의로 변질시켰기 때문이다. 두 번째 주장에 대해서는, 분명 하나님의 은혜에 감사하는 바리새인이 없지는 않았다. 하지만 예수님이 주로 마주치신 바리새인들은 하나님의 은혜를 왜곡했던 것이 분명하다. 누가가 아무 이유 없이 "자기를 의롭다고 믿고 다른 사람을 멸시하는 자들에게 이 비유로 말씀하시되"(눅 18:9)라고 말했을 리가 없다. 또한 누가가 "바리새인들은 돈을 좋아하는 자들이라"(눅 16:14)라고 말한 것은 그들이 하나님의 은혜와 상반되게 살았다는 뜻이다(디모데후서 3장 2절에도 같은 구절이 있다). 예수님은 "너희는 사람 앞에서 스스로 옳다 하는 자들이나 너희 마음을 하나님께서 아시나니"(눅 16:15)라는 말씀으로 이 점을 분명히 지적하셨다. 바리새인 사울(빌 3:5)은 "하나님께로부터 난 의"가 아니라 "율법에서 난" 자기 자신의 의로 살았다(빌 3:9). 물론 모든 바리새인이 그런 문제를 가지고 있지는 않았을지 모른다. 하지만 예수님은 그분이 마주친 바리새인들을 "독사의 자식들"(마 12:34, 23:33)이라고 부르셨다. 예수님의 말씀에 따르면 그들은 마귀의 자식들이었다(요 8:44).

2:12) 우리에게 주신 성령의 음성에 귀를 기울이지 않는다. 그래서 기뻐할 수 있을 때 축 처지고, 주님 안에서 강할 수 있을 때 약해진다.

계속해서 그는 날카로운 진단을 내놓았다. 이 진단이 어찌나 날카로운지 런던에 있는 그의 교인 중 상당수가 국경 북쪽에 있는 심프린이나 에트릭으로 가버렸을지도 모르겠다는 생각마저 든다.

사랑 안에서 성부와 친밀한 교제를 누릴 수 있다는 이 특권을 경험하는 성도가 얼마나 적은지! 그분에 대해 얼마나 불안해하고 의심하는지! 두려움은 얼마나 많은지! 그분의 선의와 자비를 얼마나 의심하는지! 많은 성도가 하나님 안에는 원래 우리를 향한 다정함이 전혀 없고 그 다정함은 단지 예수님의 피라는 비싼 값으로 산 것일 뿐이라고 생각한다. 물론 그렇게밖에 표현하기 힘들기는 하지만 아버지의 품 안에는 모든 것의 무한한 샘이 있다(요일 1:2).[32]

『현대 신학의 매로우』은 보스턴의 은혜의 신학을 위한 촉매제가 되었다. 이제 그는 성부의 사랑의 "샘"에서 흘러나오지 않은 무조건적인 선택을 믿을 수 없었다. '조건적인 은혜' 따위는 존재할 수 없었

---

32 John Owen, *On Communion with God* (1657), *Works* 2:32, 별색 강조. 흥미롭게도 옥스퍼드에서 오웬의 동료로 그보다 나이가 많았던 토마스 굿윈도 1650년에 발표된 *Encouragements to Faith*라는 설교에서 같은 마음의 문제를 지적했다. *The Works of Thomas Goodwin*, 12 vols. (Edinburgh: James Nicoll, 1861-1866), 4:208.

다. 그가 볼 때 매로우 논쟁의 근본적인 문제는 바로 성부 하나님의 성품이었다. 이 문제는 너무도 중요해서 그는 그것을 위해 자신의 평판 따위는 얼마든지 집어던질 수 있다고 여겼다. 성자가 성부의 사랑을 증명해 보이기 위해 "자기를 비워"(of no reputation) 낮아지신 것처럼 말이다.

목사들에게 악영향을 미치는 복음에 대한 잘못된 이해

이 점은 기독교 목회의 중요한 측면에 큰 영향을 미친다. 복음을 잘못 이해하면 목회자의 영, 나아가 그의 설교를 비롯해 모든 목회의 스타일과 분위기에 악영향을 미친다. 매로우 논쟁에서 밝혀진 것은, 신앙 고백의 진리를 토씨 하나까지 다 인정하면서도 복음에 나타난 하나님의 은혜를 깨닫지 못하면 그 진리들이 살아 움직이지 못할 수도 있다는 것이다. 그러면 그의 영은 무미건조해질 수밖에 없고, 그런 영은 다시 그의 설교와 목회에 고스란히 드러난다. 조직신학의 요점이나 구속 역사의 단계는 제대로 갖추어져 있지만, 팔다리와 몸통, 이목구비가 모두 갖추어진 것과 같은 전체적인 생명력은 부족한 정통 신학이 있다. 이 경우 몸 전체로서는 생명력이 부족하다. 경건의 모양을 갖추었다고 해서 꼭 능력이 있는 것은 아니다.

정통 신학을 갖추었다 해도 하늘 아버지의 사랑을 아들의 고난을 조건으로, 나아가 우리의 회개를 조건으로 한 사랑으로 본다면, 그렇게 보는 목회자가 전한 복음은 편협해질 수밖에 없다. 왜일까?

하나님의 마음을 작게 보는 만큼 설교자의 마음도 작아지기 때문이다. 그런 마음은 십중팔구 알렉산더 화이트(Alexander Whyte)가 말한 "식초에 의한 성화"(sanctification by vinegar) 과정을 겪은 마음이다. 이런 마음은 대개 고집이 세고 날카롭다. 조건적인 은혜에 기초한 목회는 그런 결과를 낳는다. 죄인에 대해서는 사랑이 없는 정론을, 의인에 대해서는 조건적인 사랑을 만들어낸다.

그리스도인에게는 하나님의 성품을, 자신이 듣는 설교의 성격과 결부하려는 심리적 경향이 있다. 설교의 내용만이 아니라 정신과 분위기를 통해 하나님의 성품을 가늠한다. 설교가 그들이 '하나님의 말씀을 듣는' 공개적이고도 주된 통로이기 때문이다. 하지만 하나님의 성품에 대한 설교자의 시각이 왜곡되어 있다면 어떻게 할 것인가? 그의 편협한 마음이 성부의 마음을 설명하는 분위기를 오염하고 있다면? 죄로 망가지고 수치심으로 가득하며 무력감을 느끼고 잘못으로 괴로워하고 있는 사람들은 신앙 고백의 교리만 강해할 뿐 복음의 은혜와, 죄인들을 무한히 사랑하시는 성부를 보여주지 못하는 설교를 원하지 않는다. 그들이 알기 원하는 것은 은혜와 사랑이 가득한 하늘 아버지다.

불쌍한 욥을 둘러싼 채 자신들의 교리로 공격하며 하나님이 그에게 벌을 주신 것이라고 주장한 사람들이 바로 이런 유의 목사였다. 그들의 입에서는 최고의 신학이 나왔다. 하지만 그 신학은 고통 중에 빠진 욥에게 생명이 되는 하나님의 사랑에서는 완전히 단절되어 있었다. 그들은 "하나님의 진리를 거짓 것으로 바꾸"[33]었다.

---

[33] 로마서 1장 25절을 보라.

복음을 전파하는 사역은 이러해서는 안 된다. 목사는 먼저 그 자신이 하나님의 무조건적인 은혜를 깊이 경험해야 한다. 그들은 자기 방어적인 바리새주의와 조건주의를 흔적조차 남기지 않고 버려야 한다. 우리 구주처럼 상한 갈대를 꺾지 않고 꺼져가는 등불을 끄지 말아야 한다.[34]

하나님처럼 은혜로운 마음을 품은 목사, 탕자들을 집으로 데려와 자격이나 조건 따위는 일체 따지지 않고 그저 안고 입을 맞추며 기쁨의 눈물을 흘리는 하나님을 볼 줄 아는 목사, 이런 목사야말로 경건한 목사가 아니고 무엇이겠는가.

이런 면에서 매로우 논쟁은 시대와 상관없이 모든 그리스도인에게 중요하다. 하지만 특별히 복음을 전하는 설교자와 목회자에게 더욱 중요하다.

그런 의미에서 목사들은 스스로 이렇게 물어야 한다.

나는 교인들에게 어떤 목사인가?

나는 아버지와 같은 목사인가?

혹시 잔치에 참여할 생각은 추호도 없는 탕자의 형과 같은 목사는 아닌가?

형은 방탕했던 동생이 죄를 충분히 뉘우쳤는지 따지고 있으니 잔치 자리에 가봐야 음식이 목구멍으로 넘어갈 리가 없다.[35]

---

[34] 이사야서 42장 3절.
[35] 내가 목회를 하면서 가장 안타까웠던 순간 중 하나는 새 신자 환영회에서 '과거'가 있는 한 젊은 유부남에 대해 모범적인 교회 생활로 존경받던 두 '교회의 기둥'이 "저 사람은 왜 왔지?"라고 말하는 것을 들은 순간이다. 옳은 교리를 알아도 탕자들을 조건적인 은혜의 태도로 대하기가 얼마나 쉬운지 모른다.

4장

율법주의의 위험

　　　　율법주의란 무엇인가? 복음주의 교인들은 으레 이런 대답을 내놓을 것이다. "선한 일로 자신의 구원을 얻으려는 것이다." 하지만 율법주의의 주변과 아래에는 훨씬 더 방대한 거미줄이 쳐 있다. 보이지 않는 거미줄이 촘촘하게 쳐져 있어 부주의한 자들을 옭아맨다. 이 거미줄은 언제나 우리가 상상하는 것보다 훨씬 더 강하다. 율법주의는 우리가 흔히 생각하는 것보다 훨씬 더 미묘한 상태이기 때문이다.

　　18세기 스코틀랜드 교회의 어떤 목사도 은혜로 구원을 받는다는 점을 대놓고 부인하지 않았다. 하지만 매로우 형제들은 율법주의의 거미줄이 스코틀랜드의 많은 장로교인, 심지어 목사들의 영혼을 촘촘히 옭아맨 것을 보고 안타까움을 금할 수 없었다. 토머스 보스턴 같은 사람들은 개인적인 경험을 통해 그들이 그 그물에서 벗어나려면 수년이 걸린다는 사실을 잘 알고 있었다.

하지만 이 문제를 제대로 파악하려면 18세기보다 더 이전으로 거슬러 올라가야만 한다.

성서신학, 언약, 율법

성서신학이 회복될 때마다 노아에서 모세, 그리스도의 신약에 이르기까지 하나님의 구속 역사의 '언약' 구조에 대한 재발견이 이루어진다. 이런 배경에서, 신약 시대를 사는 사람들의 삶 속에서 하나님의 율법이 어떤 역할을 하는지 의문을 생길 수밖에 없다. 바울도 모든 언약이 그리스도를 가리키고 그분 안에서 완성되었다는 사실을 깨닫고서 이런 질문을 마주했다. "그런즉 율법은 무엇이냐?"[1] 바울은 목회하는 내내 잘못된 두 가지 답을 만났다. 한 답은 율법이 복음 속으로 몰래 침투해 생겨난 율법주의다. 다른 답은 복음이 완전히 폐지되었다는 율법폐기주의로 이어졌다.

이런 패턴은 종교 개혁 시대[2] 그리고 이후 청교도 시대에 다시 등장했다. 1630년대와 1640년대, 영국과 미국 모두에서 율법의 역할

---

1 갈라디아서 3장 19절.
2 초기에 마르틴 루터가 율법을 우리를 책망하는 적으로 강조하는 모습을 보면, 때로 그 율법이 하나님의 법임을 잊은 것처럼 보인다. 나중에 오히려 그는 자신의 가르침을 그대로 받아들인 제자들의 율법폐기주의에 맞서 율법을 옹호했다.

을 놓고 뜨거운 논쟁이 벌어졌다.[3] 웨스트민스터 총회의 신학자들은 웨스트민스터 신앙 고백 중에서 "하나님의 율법"(Of the Law of God)에 관한 장에 큰 관심을 가졌다.

1645년 『현대 신학의 매로우』가 처음 세상의 빛을 본 것은 바로 이런 분위기 속에서였다. 당시는 율법주의와 율법폐기주의 모두에 대한 두려움이 팽배해 있었다.

(율법주의나 율법폐기주의 같은) '주의'는 그것을 옹호하는 사람만이 아니라 그런 범주를 사용하는 사람들에게도 매우 위험할 수 있다. '주의'는 너무 쉽게 '개인들을 하나로 뭉뚱그리는' 틀로 변해버린다. 그러나 개인들은 범주가 아니다. 개인들을 하나의 범주로 다루면 각 사람의 독특한 배경을 무시하게 되어 엉뚱한 결과가 나올 수 있다.

특히, 언어를 경멸적으로 사용하는 것을 조심해야 한다. '주의'나 '주의자'로 끝나는 단어들을 단순한 기술이 아니라 감정을 실어 사용하는 경향이 있다.[4] 『현대 신학의 매로우』의 시대에 '율법주의자'는 청교도를 경멸적으로 표현하는 용어였다. 셰익스피어가 율법주의저

---

[3] 뉴잉글랜드 논쟁은 1636년과 1638년 사이에 벌어졌다. 이 논쟁은 존 코튼의 교인 중 은혜와 성령의 사역에 관한 그의 설교에 은혜를 받았지만 그가 강조했던 균형을 잃고 특히 율법폐기주의자로 판명이 나서 축출되었던 앤 허친슨(Anne Hutchinson)의 역할에 초점을 맞추었다. 허친슨의 가족은 대가족이었고, 그래서 후손이 많았다. 그중에는 두 조지 부시 대통령 부자도 포함된다.

[4] 예를 들어, 나는 나이 지긋한 한 여인이 마치 전염병을 대하는 것과 같은 혐오감을 실어 '칼뱅주의자'라고 단어를 말하는 것을 들은 적이 있다. 그녀가 개인적으로 나에게 경멸을 표시한 것은 아니었지만 '칼뱅주의'에 대해 그토록 심한 적대감을 표시하면서 그리스도의 모든 제자를 사랑하고 포용한다는 식으로 말하는 것이 내게는 큰 충격이었다. 그녀는 바로 앞에 있는 장로교회 목사가 자신이 그토록 혐오하는 대상이라는 사실을 전혀 인식하지 못하고 있는 듯했다. 그녀는 '아르미니우스주의'에 대해서도 똑같은 혐오감을 표시했다. 아울러, 지금 우리가 집중적으로 다루고 있는 '율법주의'와 '율법폐기주의'에 대해서도 마찬가지였다.

인 말볼리오[Malvolio, 라틴어 말룸(*malum*)+볼레오(*voleo*)=나는 나쁜 마음을 품고 있다]를 얼마나 밉상으로 그렸는지 생각해보라. 그런데 반대로, 18세기 스코틀랜드에서는 '율법주의'를 두려워했던 매로우 형제들이 율법폐기주의에 빠져들기 시작했다는 오해를 받아 의심과 공격의 대상이 되었다. 총회가 『현대 신학의 매로우』 중에서 율법폐기주의로 판단되는 표현들을 모은 목록을 발표했기 때문이다.

신조는 폐지되었지만 교수는 살아남았다

오치타라더 신조는 1717년 총회에서 폐지되었다. 그런데 같은 날 오전 회의에서 글래스고 대학 신학 교수인 존 심슨(John Simson)의 거짓 가르침에 대해서도 의문이 제기되었지만 이 문제는 여러 실용적인 이유로 유야무야 넘어갔다. 그에 대한 판결은 1715년부터 수년간 지지부진 질질 끌었다. 총회 의사록에 따르면 심슨은…

> 정통 목회자들 사이에서 흔히 사용되는 것과 다르고 분명 성경에 기초하지 않는 가설, 자연적인 이성과 부패한 자연의 힘에 너무 많은 의미를 부여하는 가설을 채택했다. 이성과 자연의 위상을 지나치게 높이는 것은, 계시와 유효하고도 값없는 은혜에 대한 모욕이다.[5]

---

5 *Acts of the General Assembly of the Church of Scotland 1638-1842*, Church Law Society 편집 (Edinburgh: Edinburgh Printing & Publishing, 1843), 1717년 5월 14일 12차 회의.

이런데도 심슨은 사실상 가벼운 경고 정도만 받았다. 반면에 오치터라더 신조는 "불건전하고 몹시 혐오스러운 교리"라는 비난을 받았다. 율법폐기주의를 아르미니우스주의보다 더 심각한 문제로 본 것이다.

나중에 『현대 신학의 매로우』도 비슷한 취급을 받았다. 1720년 5월 20일, 총회는 다섯 가지 교리 영역에 대해 『현대 신학의 매로우』의 가르침과 "추하고 불쾌한" 표현들을 비난하면서 『현대 신학의 매로우』라는 책에 관한 결의안을 통과시켰다.

> 이로써 총회는 이 교회의 모든 목사가 설교나 글이나 인쇄물로 상기의 책을 추천하거나 대화 속에서 상기의 책을 좋게 말하는 것을 엄격히 금한다. 오히려 상기의 책을 가진 혹은 갖게 될 수 있는 교인들에게 그것을 읽거나 사용하지 말라고 경고하고 권고할 것을 명령한다.[6]

분명 총회에서 투표했던 사람 중에 상당수는 비판적인 글에 포함된 몇몇 인용문 혹은 '교회 교리의 순수성을 보전하기 위한 위원회'(Committee for the Preserving the Purity of the Doctrine of the Church)에서 제출한 장문의 비판 글을 읽은 것 외에 『현대 신학의 매로우』에 관해 제대로 아는 것이 없었을 것이다.

전체 글에서 따로 떼어낸 문장들은 쉽게 오용될 수 있다. 『현대 신학의 매로우』의 일부 문장도 그런 식으로 악용되었다. 매로우 맨

---

[6] 상동, 1720년 5월 20일, 5차 회의.

들의 전도 열정을 높이 샀던 사람들도 율법폐기주의의 증거로 제시된 글에 흔들릴 수밖에 없었다. 하지만 매로우 형제들은 비판이 아무런 근거가 없고 『현대 신학의 매로우』의 인용문이 맥락에서 벗어난 채로 제시되었다고 주장했다. 토머스 보스턴에게 『현대 신학의 매로우』를 소개받고 1718년 그 책의 재출간에 많은 힘을 보탰던 혈기왕성한 제임스 호그는 책을 그런 식으로 취급하면 어떤 책도, 심지어 성경도 살아남을 수 없다는 글로 울분을 토했다!

보스턴은 심슨 교수의 교리적인 탈선은 대충 다루면서 『현대 신학의 매로우』에 대해서는 맹렬한 비난을 퍼붓는 총회의 모습을 심각한 질병으로 보고 안타까워했다. 그는 이 질병이 사랑하는 스코틀랜드 교회 전역에 퍼지고 있다고 판단했다.

물론 복음주의적 신념이 있는 사람이라면 『현대 신학의 매로우』에 미심쩍은 내용이 포함되어 있다고 느낄 수 있다. 하지만 결과적으로 이런 미심쩍음에 대한 반응이 일종의 리트머스 시험지가 되었다. 즉, 똑같은 미심쩍은 상황에 보인 다른 반응은 총회에 참석한 목회자들의 마음 상태를 그대로 드러냈다. 총회의 대다수는 (비록 보스턴의 말대로 "표현은 좀 부족해도") 하나님 은혜의 값없음을 표현하려던 오치터라더 신조의 시도에 대해서는 가혹하게 굴면서 심슨의 탈선에 대해서는 훨씬 더 관대하게 굴었다. 심슨 교수가 빠진 것으로 의심을 받았던 아르미니우스주의는 구원의 적용에서 구원받는 자가 담당한 역할이 있을 것으로 인정했다. 오치터라더 신조는 비록 표현은 서툴렀지만 이런 면을 부정하기 위해 마련되었다.[7] 결론적으로,

---

7 나중에 보스턴은 심슨의 재판이 "그 교수에 대한 재판은 완전 솜방망이 처벌로 끝났

총회는 값없는 은혜를 말로는 강조하면서도 그것이 부인되는 상황과 율법주의의 정신을 용인했다. 매로우 형제들은 이것을 극심하게 반대했다.

그렇다면 이런 율법주의의 본질과 그 위험은 무엇이었을까?

절대 왕정 체제

매로우 형제들에게 율법주의는 한가로운 신학 토론을 위한 난해한 교리 문제가 아니었다. 특히 보스턴은 그것을 중요한 목회적 문제로 보았다. 그는 경험을 통해 '율법주의적인 틀' 혹은 율법주의적인 정신이 개인의 삶 전체에 스며들 수 있다는 점을 알고 있었다. 율법주의는 인간의 영혼을 뒤틀어 하나님의 은혜에서 멀어지게 한다. 특히, 설교와 목회를 하는 사람 속에 스며든 율법주의는 순식간에 증식하여 그가 목회하는 교회를 가득 채우고 만다.

율법주의의 뿌리는 거의 에덴만큼이나 오래되었다. 이것이 율법주의가 궁극적이지는 않더라도 매우 중요한 목회적 문제인 이유다. 율법주의에서 해방되기 위해서는 그 옛날 사탄의 작업을 무효화해

다"라고 썼다. 심슨의 재판은 결국 나중에 "기독교의 근간을 뒤흔들었다." 또한 보스턴은 오치터라더 신조가 "심슨 교수의 잘못된 교리에 반대하기 위해" 마련되었다고 믿었는데 꽤 일리가 있다. Thomas Boston, *Memoirs of Thomas Boston* (Edinburgh: Banner of Truth, 1988), 317. 결국 심슨의 가르침은 특히 얼스터 출신의 학생들에게 악영향을 끼쳐 아일랜드 장로교회에서 아리우스주의가 일어나게 되었다. 결국 1729년 총회는 심슨을 면직했지만 봉급은 계속해서 지급했다. 이에 보스턴은 홀로 오랫동안 총회의 결정에 맞섰다. 그는 총회의 결정이 "심슨 교수가 우리의 영광스러운 구속자에게 저지른 불충에 대한 교회의 의분을 보여주는 올바른 증거가 아니었다"라고 주장했다. 상동, 416.

야 한다. 에덴동산에서 뱀은 아담과 하와에게 하나님이 거의 악의에 가까운 좁은 마음으로 그들을 제한하려 한다는 거짓말을 했다. "정말로 하나님이 너희를 온갖 즐거움으로 가득한 동산에 두고 나서 그 모든 것을 너희에게 금하셨느냐?"

이 질문은 이중적인 의미를 품고 있다.

일단, 이것은 하와가 하나님의 말씀을 분명히 보지 못하게 하기 위한 질문이었다("하나님이 참으로…하시더냐?"). 이어서 공격의 초점은 하나님 말씀의 권위로 이동했다("너희가 결코 죽지 아니하리라"). 하지만 여기서 끝이 아니었다. 이 공격은 하나님의 성품에 대한 공격이기도 했다. 뱀의 질문 밑바닥에는 은근한 빈정거림이 흐르고 있었다. "사랑한다면서 기쁨과 즐거움을 금하는 하나님이 무슨 하나님이냐? 아무것도 허락하지 않고 그저 순종만 하라잖아."[8]

처음에는 저항했지만 이내 하와의 귀는 하나님의 말씀에 닫혀버렸다. 뱀의 전술은 귀(하나님이 나무에 관해 말씀하신 것)가 아닌 눈(자신이 나무를 봤을 때 보인 것)으로 세상을 보고 해석하게 만드는 것이었다. 그래서 하와는 하나님이 즐기라고 '명령하신' 수만 가지 선물에서 눈을 뗐다. 여기서 동사의 사용[9]이 매우 중요하다. 수만 가지를 즐기라는 명령이 첫 번째이고 하나의 나무를 금하는 명령은 두 번째였다. 뱀의 전술은 금지 명령 하나에 시선을 고정하게 만드는 것이었다. "선악을 알게 하는 나무의 열매는 먹지 말라 네가 먹는 날에는 반드시

---

8   창세기 3장 1-4절.

9   창세기 2장 16절. "여호와 하나님이 그 사람에게 명하여 이르시되 동산 각종 나무의 열매는 네가 임의로 먹되." 보다시피 이 명령은 부정문 못지않게 긍정문으로 이루어져 있다.

죽으리라"(창 2:17).

이제 하와의 눈에는 오로지 금지 명령 하나만 보였다. 작은 물체라도 그것이 바로 눈앞에 있으면 더 큰 물체가 하나도 보이지 않는 법이다. 금지된 나무가 하와의 시선을 막아 동산에 가득한 수만 가지 나무를 보지 못하게 만들었다. 이제 그녀의 눈에 하나님은 악한 입법자요 판관으로만 보였다. 그녀의 머리와 가슴에서 하나님의 법이 그분의 은혜로운 성품과 분리되었다. 이제 그녀는 하나님이 전혀 자신을 위하지 않는다고 생각하기에 이르렀다. 그녀는 늘 눈앞만 바라보는 근시안적인 사람으로 변해버렸다.

여기서 탄생하는 신학은, 사람을 싫어하는 이 신에게서 뭐든 받으려면 값을 치르고 얻어야 한다는 것이다. 하지만 성부가 실제로 하신 말씀은 다음과 같다.

> 너희에게 이 동산의 모든 것을 주마. 가서 즐겨라. 하지만 가기 전에 내가 너희를 사랑해서 이 모든 것을 주었다는 것을 알기 바란다. 너희의 이해와 나를 향한 사랑이 자라기를 원한다. 그래서 이렇게 하도록 하자.
>
> 여기 한 나무가 있다. '선악을 알게 하는 나무'다. 이 나무의 열매는 먹지 마라.
>
> 안다. 이유를 알고 싶겠지.
>
> 알다시피 나는 내 형상대로 너희를 지었다. 너희에게 내가 즐기는 것을 즐기려는 본능을 주었다. 그래서 어떤 면에서 너희는 자연스럽게 내가 즐기는 것을 하고, 동시에 그것을 하면

서 너희도 즐거워할 것이다.

하지만 나는 너희가 그런 것과 상관없이 단순히 나의 성품을 보고, 내가 스스로 있는 자라는 사실 때문에 나를 믿고 사랑하기를 원한다.[10]

본능이 아닌 의지로 내게 순종할 때만 그렇게 할 수 있다. 너희가 나를 믿고 사랑한다는 점을 보여주고 싶어서 순종하기를 원한다.

그렇게 할 때 너희는 더 강해지고 나를 향한 사랑은 깊어질 것이다.

나를 믿어라.

이것이 내가 거기에 그 나무를 둔 이유다. 너희에게 복을 주기 원해서 이 모든 나무의 열매를 먹고 즐길 것을 명했다. 이건 명령이다! 하지만 한 가지 명령이 더 있다. 너희가 간단한 것만 지키기를 바란다. 단 하나의 나무에서만은 열매를 따 먹지 마라.

그 나무가 추해서 그런 명령을 내리는 것이 아니다. 사실, 그 나무도 다른 나무들만큼이나 매력적이다. 나는 추한 것을 창조하지 않았다. 절대![11] 그 열매를 보고 '지독히 맛이 없을 거야'라는 생각이 들지는 않을 것이다. 오히려 보기 좋은 나무다. 자, 내 명령은 단순하다. 단순히 나의 성품을 보고 내가 너희

---

10 언약의 이름 YHWH의 의미(출 3:13-14).

11 실제로 그 나무도 동산 안의 다른 모든 나무와 비슷하게 묘사되었다. 예를 들어, 창세기 2장 9절과 3장 6절을 비교해보라.

에게 준 것을 충분히 즐겨라. 그리고 그 때문에 나를 믿고 사랑해라. 내게 순종해라. 그러면 너희는 자라게 될 것이다.

뜻밖의 뿌리

뱀과의 대화를 통해 하와의 머리와 가슴에 스며든 것은 하나님에 대한 깊은 의심이었다. 그리고 이 의심은 결국 하나님에 대한 반역으로 발전했다. 하와의 '율법폐기주의'(율법을 반대하고 어기는 것)의 뿌리는 사실상 '율법주의'였다. 그 율법주의 때문에 이해력이 떨어지고 감각이 무뎌지며 하늘 아버지를 향한 사랑이 식었다. 그녀는 더없이 후한 아버지를 두고도 투정을 부리는 아이처럼 굴었다. 그녀는 사실상 하나님께 이렇게 말한 것이다. "하나님은 제게 아무것도 주시지 않잖아요. 뭐든 스스로 얻으라고만 하시잖아요."

이것은 우리에게 익숙한 율법주의의 모습은 아니다. 하지만 그 뿌리에는 분명 율법주의가 있다. 뱀이 하와의 머리와 가슴, 의지 속에 일으킨 변화는 바로 하나님이 계시하신 뜻과 그분의 은혜롭고도 후한 성품을 분리시키는 것이었기 때문이다. '하늘 아버지의 은혜로운 입술에서 나오는 율법'을 듣지 않고 '율법 자체'만을 보자 하나님에 대한 믿음이 의심으로 변했다. 이제 하와에게 하나님은 '노력으로 사랑을 얻어야 하는 존재'가 되었다.

이렇게 하나님의 후하심과 우리의 삶을 향한 그분의 지혜롭고도 사랑 가득한 계획을 보지 못하는 것, 바로 이것이 율법주의의 뿌리다. 너무도 중요해서 다시 한번 반복한다. 하와의 경우, 율법폐기주의(율법을 반대하고 어기는 것)는 곧 율법주의의 표현이었다!

이렇게 하나님의 성품을 왜곡하면 필연적으로 그분을 불신하게 된다. 그분의 사랑과 은혜를 보지 못하고, 사실상 그분을 험악한 하나님으로 보게 된다. 게르하르두스 보스(Geerhardus Vos)는 또 다른 배경에서 이 점을 잘 표현했다.

> 율법주의는 하나님의 율법에 대한 특이한 종류의 순종이다. 규칙에 순종하기는 하되 그 규칙에서 더는 하나님의 만지심을 개인적으로 느끼지 못하는 것이다.[12]

율법주의는 단순히 하나님의 율법을 그분에게서 분리시키는 것이다. 하와는 하나님의 율법만 보고 참된 하나님 자체는 더 보지 못했다. 그분의 율법을 사랑 가득하고 후하신 하나님의 성품에서 떼어낸 결과, 그 율법을 하늘 아버지의 지혜가 아닌 제한과 박탈의 조건에서만 보게 되었다.

이 왜곡, '하나님에 관한 거짓말'이 인류의 핏속으로 들어왔다. 이 왜곡은 하나님에 대한 반역인 동시에 그에 대한 거짓 해독제의 형태로 율법폐기주의로 변해버리는 독이다. 누구든 그리스도인이 아닌 사람의 꺼풀을 벗겨내면 그 안에 바로 이 독이 있다. 그가 무슨 말을 하든지 상관없이 그의 마음 상태는 왜곡되어 있다. 그렇지 않다

---

12 Geerhardus Vos, *The Self Disclosure of Jesus*, J. G. Vos 편집과 교정 (1926; repr. Nutley, NJ, Presbyterian & Reformed, 1953), 17, 별색 강조. Geerhardus Vos, *The Kingdom and the Church* (Philipsburg NJ: Presbyterian & Reformed, 1972), 60-61도 보라.

고 말하는 것은 더 심한 형태의 자기기만일 뿐이다.

따라서 본질적으로 율법주의는 단순히 율법을 바라보는 우리의 시각이 아니라 그 율법을 주시는 분인 하나님에 대한 왜곡된 시각에서 비롯한다. 율법주의는(지성만이 아니라-지성은 우리 존재의 다른 부분들과 따로 떨어진 것이 아니다) 인간의 정신 속에서 진리를 거짓과 바꾸는 결과다. 율법주의에 빠지면 하나님이 우리에게 좋은 것을 빼앗아가는, 특히 우리의 기쁨을 파괴하는 거대한 경찰처럼 보인다. "하나님을 영화롭게 하는 것"이 "그분을 영원히 즐거워하는 것"이 아니라 모든 기쁨을 잃는 길이라는 '거짓말'을 믿게 된다. 진리를 거짓말과 바꿨을 때 단 한 명만 빼고 아담과 하와 그리고 그들의 모든 자손이 "나의 큰 기쁨의 하나님"을 말하고 믿으며 경험할 본능을 잃어버렸다.[13] 다음과 같은 단순한 믿음의 고백을 할 본능을 잃어버린 것이다.

"주께서 생명의 길을 내게 보이시리니 주의 앞에는 충만한 기쁨이 있고 주의 오른쪽에는 영원한 즐거움이 있나이다."[14]

하나님이 결합시키신 것들, 그래서 어떤 인간도 분리해서는 안 되는 것들, 다시 말해 그분의 영광과 우리의 기쁨이 분리되었다. 따라서 복음을 통하지 않고서는 더는 사람이 자신의 '주된 목적'을 아는 것이 불가능하다.

그러고 보면 율법주의와 율법폐기주의는 사실상 같은 자궁에서

---

13 시편 43편 4절.
14 시편 16편 11절.

나온 이란성쌍둥이다. 하와가 하나님의 율법을 거부한 것(율법폐기주의)은 사실 하나님에 대한 왜곡된 시각(율법주의)의 열매였다.

따라서 진짜 '하나님에 관한 진리'를 알 때만 율법주의를 몰아낼 수 있다. 하나님을 영화롭게 하는 것이 곧 "그분을 영원히 즐거워하는 것"이며, 우리가 그분 안에서 받은 모든 것을 누리는 길이라는 것이 바로 진리다.[15] 불신자들은 이 말을 이해할 수 없을 것이다. 하지만 이것은 신자의 삶을 위한 첫 번째 원칙이다.[16]

한 번 인간 유전자에 침투한 하나님에 관한 "거짓 것"[17]은 인간 정신 깊은 곳에 아예 자리를 잡아버렸다. 이것이 육에 속한 사람의 기본적인 마음 상태다. 또한 이것이 신학과 목회에서 의미하는 바는 매우 크다. 신자든 불신자든, 우리가 흔히 '율법주의'로 생각하는 것은 사실 율법의 역할에 관한 문제보다 훨씬 더 근본적이고 포괄적인 문제의 증상이다. 바깥으로 드러난 차원에서는 율법주의와 율법폐기주의가 정반대처럼 보인다. 그래서 우리에게 필요한 것은 올바른 교리가 전부인 것처럼 보인다. 하지만 더 기본적인 문제는 이것이다. 나는 하나님에 관해 어떻게 생각하는가? 그 생각이 내 안에 그분에 대해 어떤 감정을 일으키는가? 이런 맥락에서 율법주의와 율법폐기주의는 뿌리가 같다. 이 뿌리는 우리의 정신만이 아니라 마음과 감정, 의지에까지 침투했다. 우리가 고백하는 하나님에 관한 교리만이 아니라 하나님에 대한 감정까지 영향을 받았다.

---

15 디모데전서 6장 17절.
16 물론 이것은 웨스트민스터 소요리 문답 1번 항목의 내용이다.
17 로마서 1장 25절.

따라서 율법주의는 단순히 지성의 문제가 아니다. 물론, 지성의 문제이기도 하다. 생각이 삶을 결정하기 때문이다. 하지만 율법주의는 하나님을 향한 마음이나 감정과도 연관되어 있다. 우리는 감정 없이 뇌로만 하나님과 관계를 맺지 않고 정도에 차이는 있겠지만 마음과 의지, 성향, 동기, 감정까지 온 존재를 다 동원해서 그분과 관계를 맺는다.

이런 면에서 율법주의는 본질적으로 하나님을 향한 제한된 마음을 품게 한다. 금지하는 율법의 렌즈를 통해 하나님을 봄으로써 거룩한 사랑이라는 더 큰 배경을 보지 못하는 것이다. 이것은 치명적인 병이다.

역설적으로, 율법폐기주의의 뿌리에도 하나님에 대한 이런 시각이 존재한다. 율법폐기주의도 하나님의 율법을 그분의 성품과 분리해 볼 때 발생한다. 그런 의미에서 율법주의와 율법폐기주의의 뿌리는 같은 것이다. 이것이 복음이 두 증상 모두에 대한 해법인 이유다. 보스턴은 이 점을 정확히 꿰뚫고 있었다.

> 믿음으로 완벽하게 의로워진 사람은 율법을 지키고 선한 일을 하려고 애쓸 필요가 없다는 율법폐기주의 원칙은, 사람의 부패한 본성에 율법주의가 깊이 박혀 있다는 확실한 증거다. 믿음으로 진정으로 그리스도 앞에 나아오기 전에는 율법적인 성향이 여전히 그의 안에서 다스릴 것이다. 그가 어떤 모습을 하고 있든 종교 안에서 어떤 원칙을 따르든지 상관없다. 율법폐기주의에 빠져도 그의 안에는 여전히 율법주의적인 정신이 흐

르고 있다. 그 정신은 언제나 노예와 같고 불경한 정신이다.[18]

율법주의는 사실상 인간이 지어진 순간부터 마음속에 뿌리내리고,[19] 잉태된 순간부터 우리 안에 존재했다.

그런데 목사 자신이 하나님을 향한 왜곡된 감정에서 흘러나온 율법주의에 빠져 그 감정을 복음의 진리와 혼동하면, 문제는 훨씬 더 복잡해진다. 그렇게 되면 진리를 거짓과 바꿀 뿐 아니라 거짓을 진실처럼 다루게 된다. 또 그리스도와의 은혜의 연합이라는 복음의 해독제가 아닌 율법폐기주의로 율법주의를 치료하고, 율법주의로 율법폐기주의를 치료하려는 실수를 범하게 된다.

매로우 논쟁에서 제기되었던 문제들이 목회의 밑바탕에 흐르게 되는 것이다. 목회자가 율법주의적인 정신에 빠지면 상담을 비롯해 모든 목회 활동에서 율법주의가 묻어나온다. 이것이 문제의 핵심이다. 보스턴은 『현대 신학의 매로우』를 통해 이 점을 깨달았다.

따라서 모든 사람의 마음속에는 율법주의자가 있다. 그리고 율법폐기주의자 속에는 오히려 더 심한 율법주의자가 있다.

율법주의의 본질

사전들은 '율법주의'를 외적인 조건에서 정의하는 경향이 있다. 예를

---

18 Edward Fisher, *Marrow of Modern Divinity* (Ross-shire, UK: Christian Focus, 2009), 207.

19 『현대 신학의 매로우』의 저자는 타락이 창조와 같은 날에 이루어졌다고 주장했다. 보스턴 그리고 그가 인용한 다른 신학자들도 같은 입장이었다. 상동, 67.

들어 『옥스포드 사전』(Concise Oxford Dictionary)에서는 율법주의를 다음과 같이 정의한다.

> **율법주의**: (신학) 복음보다 율법을 선호하는 것, 행위로 의로워진다는 교리, 율법이나 공식, 형식을 중시하는 것.[20]

하지만 인생은 사전의 정의처럼 단순하지 않다. 율법주의에 대해서도 마찬가지다. 율법주의는 단순히 은혜가 아닌 행위로 의로워진다는 '교리' 정도가 아니다. 그렇지 않다면 율법주의가 상대적으로 쉽게 치유되었을 것이다. 1717년 총회에서 보스턴은 존 드러먼드에게 단순히 이런 식으로만 말할 수도 있었다. "제게는 신앙 고백 11장(칭의)과 19장(하나님의 율법)이 매우 도움이 되었습니다. 두 장을 꼭 공부해보십시오!"

하지만 율법주의는 목회자와의 5분 만남으로 쉽게 해결될 만큼 긴단힌 병이 아니다.

> **목회자 의사**: 무슨 문제로 오셨나요? 뭘 어떻게 도와드릴까요?
> **율법주의자 씨**: 제가 율법주의의 병에 걸린 것 같아요. 조언을 좀 해주실 수 있나요? 처방전을 좀 써주세요.
> **목회자 의사**: 물론이죠. 흔한 문제랍니다. 행위로 의로워질 수 있다고 착각하고 계시는군요. 다행히 즉효약이 있습니다. 먼

---

20 *The Concise Oxford Dictionary of Current English*, 5th ed, H. W.와 F. G. Fowler 편집, E. McIntosh와 G. W. S. Friedrichson 교정 (Oxford, UK: Oxford University Press, 1964), s.v. "legalism."

저 제 진단을 설명하고 나서 약을 처방해드릴게요. 우리는 죄인이기 때문에 스스로 의로워질 수 없습니다. 하지만 방법이 있습니다. 환자분께 복된 소식을 전해드릴 수 있어서 얼마나 좋은지 모르겠습니다. 그리스도가 선생님의 죄를 위해 돌아가셨습니다. 그분이 하신 일을 믿기만 하면 행위가 아닌 은혜로 구원을 받습니다. 그러니 이제 자신의 노력을 그만 믿으십시오. 아시겠습니까?

율법주의자 씨: 아, 그렇군요. 알겠습니다.

목회자 의사: 좋습니다. 예후가 좋군요. 이제 선생님은 더는 율법주의자가 아닙니다. 치료되셨습니다! 하지만 혹시 재발할 수도 있으니 제가 지금까지 드린 말씀을 꼭 기억하십시오.

율법주의자 씨: 그런데….

목회자 의사: (율법주의자 환자의 미심쩍은 미소를 보고서 서둘러 입을 열어) 제가 도움이 되어서 다행이네요. 이제 행복한 나날이 되길 바랍니다. 다음 환자를 좀 봐도 될까요? 다음 환자분의 이름은 율법폐기주의자 양이랍니다. 혹시 이분을 만난 적이 있나요? 혹시라도 마주쳐도 이분과 말을 섞지 마세요. 제가 만난 가장 까다로운 환자 중 한 명이랍니다!

물론 이것은 풍자다.[21] 어쨌든 실제로 목회를 해보면 율법주의가

---

21 『현대 신학의 매로우』의 대화 형식을 따라한 것에 대해 그 책의 저자 에드워드 피셔에게 사과한다.

간단한 질병이 아니라는 사실을 알게 될 것이다. 헤라클레스가 열두 가지 일을 처리하던 중 죽인, 머리가 여러 개인 히드라에 가깝다.[22] 그만큼 율법주의에는 여러 차원과 층, 여러 형태와 얼굴이 있다. 진단과 분석, 치료가 매우 어려운 증상을 보이고, 다루기 힘들다. 요즘에는 기복신앙에 빠진 서적들을 통해 이런 율법주의를 스스로 치료해보려고 시도하는 사람이 많다. 그 때문에 복음의 약에 면역이 되어 더더욱 치료가 어려워졌다.

하지만 앞서 살폈듯이 율법주의의 본질은 하나님의 은혜와 은혜의 하나님에 대한 왜곡된 마음 상태다. 이런 이유로 율법주의는 복음에 대한 왜곡일 뿐 아니라 근본적으로는 율법에 대한 왜곡이기도 하다.

이것이 바울이 율법주의를 다루되 율법 자체를 폄하하지 않은 이유다. 그 대신 그는 복음의 배경 속에서 율법의 올바른 역할을 설명한다. "우리가 믿음으로 말미암아 율법을 파기하느냐?" 그는 이렇게 묻고 나서 스스로 강한 어조로 대답한다. "그럴 수 없느니라 도리어 율법을 굳게 세우느니라."[23]

복음은 절대 하나님의 율법을 파기하지 않는다. 이유는 간단하다. 율법과 복음 둘 다 하나님의 은혜가 표현된 것이기 때문이다. 따라서 반대로, 은혜도 율법을 인정하고 그 근본적 특성을 밝혀 준다.

은혜를 왜곡하는 율법주의는 율법도 왜곡하여 하나님이 주신 원

22　로마 신화의 헤라클레스.
23　로마서 3장 31절.

래의 특성과 기능에서 벗어나게 한다. 그것은 곧 그 율법을 주신 하나님의 성품을 왜곡하는 것이다.[24] 바리새인들이 예수님을 반대한 상황의 핵심에 바로 이런 문제가 있다.

새 관점이 도움이 될까?

바리새인을 예로 들어보자. 전통적으로 그들은 교과서적인 율법주의자의 대명사로 불려왔다. 우리는 으레 그들의 교리가 무조건 행위로 의를 얻는다는 율법주의의 정석이라고 생각했다. 하지만 특히 1970년대 말부터[25] 이런 인상을 바로잡기 위한 많은 학문적 연구가 이루어졌다. 그 결과에 따르면 유대교(따라서 바리새주의도)는 은혜의 종교였다. 그래서 어떤 이들은 다소의 사울의 '회심'이 사실상 회심이 아니라 '부름'이었다고 주장한다. 굳이 회심이라는 표현을 쓴다 해도 '행위'에서 '은혜'로 이동한 회심은 단연코 아니었다. 왜냐하면 구약의 종교인 유대교는 정의상 처음부터 끝까지 은혜의 종교였기 때문이다. 이것이 '바울에 대한 새 관점'(New Perspective on Paul)이다. 다만 바울을 넘어 유대교에 관한 (최소한 비유대인의 입장에서) 새 관점까지 아우르기는 한다. 이 관점은 학계에서 큰 반향을 얻어 NPP라는 약어까지 생겼다.

---

24 같은 이치로, 다음에 논하게 될 율법폐기주의도 은혜와 하나님의 법을 모두 왜곡하는 것이다.

25 E. P. Sanders, *Paul and Palestinian Judaism* (London: SCM, 1977)가 이 문제에 관한 현대 토론의 촉매제가 되었다는 것이 중론이다. 단, 그 이전에도 논쟁은 있었다.

여기서 이 관점을 자세히 논할 필요는 없을 것 같다.[26] 단순히 구약에서 가르친 종교가 은혜의 종교였다는 '새 관점'의 주장이 옳다는 점만 짚고 넘어가자. 개혁신학은 칼뱅 때부터 계속해서 이런 관점을 취해왔다. 신앙 고백은 여러 대목에서 구약과 신약의 일치, 곧 하나님이 언약을 통해 그분의 백성을 다루신 방식과 그리스도를 통한 구원의 방식이 동일하다는 점을 보여준다.[27] 성경은 처음부터 끝까지 하나님의 은혜에 관한 이야기다.

하지만 하나님의 계시가 실제 종교 활동에서 꼭 그대로 나타나는 것은 아니다. 구약 시대와 신약 시대 모두 '은혜의 종교'는 형식주의와 율법주의로 흐를 때가 너무 많았다. 하나님이 자기 백성의 행위 때문에 은혜를 베푸셨다는 그릇된 생각으로 흐를 때가 많았던 것이다. 구약 시대 내내 은혜가 실제로 '넘쳤다면' 하나님의 은혜에 먹칠을 한 사람들을 훈계하는 선지자들이 별로 필요하지 않았을 것이다.

나아가, 사복음서를 보면 바리새인과 그들의 영향을 받은 사람들은 말로는 '은혜'를 외치면서 실제 삶에는 율법주의적인 정신이 가득했다. 그래서 예수님은 가장 강력한 비유 중 하나를 "자기를 의롭다

---

[26] 이 문제에 관한 가장 쉽고도 포괄적인 연구서는 두 권으로 이루어진 *Justification and Variegated Nomism*이다. D. A. Carson과 P. T. O'Brien, M. A. Seifrid 편집 (Grand Rapids, MI: Baker Academic, 2001-2004); vol. 1, *The Complexities of Second Temple Judaism* (2001); vol. 2, *The Paradoxes of Paul* (2004). 이 책들의 참고 문헌은 '새 관점'이 하나의 작은 산업 분야로 발전했음을 보여준다. 중세 신학자들이 피터 롬바드(Peter Lombard)의 *Four Books of Sentences*에 관한 주석을 씀으로써 자신의 배짱을 증명해 보인 것처럼, 당시 신약 학자들도 '바울에 관한 새 관점에 관한 자신들의 시각'을 표현해야 한다는 거의 필연성에 가까운 것을 느꼈다.

[27] 신앙 고백, 7.5.6, 8.6, 19.6.3,7.

고 믿고 다른 사람을 멸시하는 자들"에게 하셨다.[28] 다른 비유 속의 한 인물은 주인에게 이렇게 말했다. "당신이 엄한 사람인 것을 내가 무서워함이라 당신은 두지 않은 것을 취하고 심지 않은 것을 거두나이다."[29] 이 말은 단순히 예수님의 풍부한 상상에서 나온 것이 아니었다. 이 말이 실제로 입 밖에 나오지 않았다 해도 그분의 민감한 귀에는 마음에서 하는 소리까지 똑똑히 들렸다. 이것은 뱀의 신학, 곧 율법주의다. 이 율법주의는 하나님의 진리를 거짓과 바꾼다.[30] 예수님은 이런 바리새인을 부를 때 "회칠한 무덤"이나 "독사의 새끼들"[31]과 같은 표현까지도 서슴지 않으셨다. 그런데 예수님이 하나님의 은혜 속에서 사는 사람들에게는 그렇게 심한 표현을 사용하신 적이 없다.

바울은 '사울에 관한 옛 관점'을 이렇게 기술하고 있다. "나도 육체를 신뢰할 만하며…율법의 의로는 흠이 없는 자라." 하지만 이제는 전혀 다른 고백을 하고 있다. "내가 가진 의는 율법에서 난 것이 아니요 오직 그리스도를 믿음으로 말미암은 것이니 곧 믿음으로 하나님께로부터 난 의라."[32]

---

28 누가복음 18장 9절.

29 누가복음 19장 21절.

30 바리새인과 세리의 비유는 이 율법주의를 절묘하게 드러낸다. 이 비유에서 바리새인은 자신이 세리보다 우월해질 수 있도록 성과를 이루게 해주신 하나님께 감사(은혜에 대한 인정!)를 표시한다. "불행한 죄인"이라는 고백이나 자신이 "모든 바리새인 중에 가장 낮은 자요 죄인 중에 괴수"라는 의식은 전혀 없다. 말은 '은혜'를 운운하지만 속은 철저히 율법주의자다.

31 마태복음 23장 27, 33절.

32 빌립보서 3장 4, 6, 9절. 바울에게 무슨 일이 일어났는지는 그의 서신들과 그의 삶에 관한 사도행전의 기록(누가는 처음에는 바울과 함께 있지 않았기 때문에 아마도 바울

바울에 관한 새 관점의 주창자 중 일부는 우리가 종교 개혁의 색깔을 입힌 안경을 통해 사도 바울의 글을 읽어왔다는 점을 지적했다. 다시 말해, 우리가 마치 종교 개혁자들과 로마 가톨릭교회 사이의 문제가 예수님과 바리새인 혹은 바울과 유대교인 사이의 문제와 동일한 것처럼 생각해왔다는 것이다. 우리는 종교 개혁자와 로마 가톨릭교회의 문제를 은혜와 행위의 충돌로 봐왔다. 한쪽은 '은혜로 구원'을 외치고 다른 쪽은 '행위로 구원'을 외치는 것으로 여겼다.

하지만 역사적으로나 목회적으로나 현실은 전혀 달랐다. 실제 상황은 이보다 훨씬 더 복잡하고 미묘했다. 종교 개혁자들은 중세 교회 신학의 자궁에서 잉태되었다. 중세 교회 신학은 은혜에 깊이 사로잡혀 있었다. 교회 역사상 '어떻게 은혜를 받는가?'라는 질문에 이렇게 많은 관심이 쏠린 적은 없었다. 하지만 종교 개혁자들은 은혜의 언어가 가득한 곳에서 율법주의가 더 판을 칠 수도 있다는 점을

이 한 말을 토대로 기록했을 것이다)을 보아 판단할 수 있다. 바울은 갈라디아 교인들에게 "내가 내 동족 중 여러 연갑자보다 유대교를 지나치게 믿어 내 조상의 전통에 대하여 더욱 열심이 있었으나"(갈 1:14)라고 말했다. 또래들보다도 자신이 낫다는 은근한 자신감이 있었다는 뜻이다. 그러던 어느 날 그의 길리기아 동포들이 자주 가던(따라서 아마도 그 자신도 자주 갔을) 회당에서 스데반을 보았는데 "지혜와 성령으로 말함을 그들이 능히 당하지 못하"(행 6:9-10)는 사람이었다. 마침내 자신보다 더 나은 사람을 만났다! 하지만 이것은 라이벌을 의미하기도 한다. 그가 처음으로 열 번째 계명을 어기게 된 것일까(롬 7:7-8)? 꼭대기에 있을 때는 탐심이 있을 필요가 없기 때문이다. 그런데 자신에게는 없는 것을 스데반에게서 발견했다. 사울은 스데반이 자신보다 낫다는 것을 알았다. 비록 미워하는 사람이지만, 그가 가진 것을 부러워하는 질투심이 일어났다. 두 가지 선택 사항(스데반을 따라 그리스도를 믿든가 그를 제거하든가) 앞에서 사울은 후자를 택했고, 로마서 7장 7-12절에서 말했듯이 그는 자신이 영적으로 죽었다는 사실을 발견했다. 다소의 사울의 이야기에는 새 관점 이론에서 허용되는 것보다 더 많은 죄의 자각이 담겨 있다.

잘 알고 있었다. 다들 말로는 '은혜'를 외쳤지만 그것은 전혀 은혜가 아니었다. 은혜는 하나의 성례적인 현상이 되어버렸다. 즉, 개인이 주입된 은혜와 협력하면 언젠가 그의 믿음이 완벽한 사랑으로 꽉 찰 수 있다고 여겼다.[33] 그 순간, 은혜가 그 사람을 완벽하게 의인으로 만든다는 것이다.[34]

하지만 은혜는 주입된 약물이 아니다. 그리고 신약에서 칭의는 각 신자가 은혜와 협력하면 얻을 수 있는 최종 산물이 아니다. 칭의는 그리스도인의 삶이 시작될 때 이루어지는 하나님의 선포다. 중세 신학의 관점에서 구원의 확신은 사실상 불가능한 일이 되어버렸다. 하지만 종교 개혁을 통한 성경적인 관점으로 그런 불가능의 벽이 부서졌다.

사로잡힘이 없는 고백

하나님의 은혜는 본질상 우리 안이 아니라 오직 하나님 안에서 발휘된다. 하나님은 이스라엘 백성의 모습을 보고서 그들을 자신의 백성으로 삼으신 것이 아니다.[35] 하지만 하나님의 은혜로운 선택을 받은 것이 점점 특권 의식으로 변해 그분의 은혜를 무색하게 해버렸다. 구약 시대의 백성, 바리새인, 종교 개혁 이전의 교회 그리고 안타깝게도 종교 개혁 이후 스코틀랜드 교회도 그런 상황에 빠져

---

33 *Fides formata caritate.*
34 이에 대해 로마라는 개혁자들이 칭의를 '법적 의제'(legal fiction)로 가르친다고 비난했다.
35 신명기 7장 7절.

있었다.[36]

교회의 신앙 고백은 변하지 않았다. 하지만 목회자가 '전하는' 대로 성도들이 '고백한다는' 생각, 나아가 성도들이 목회자가 '전하는' 것에 '사로잡혀' 있다는 생각은 지극히 순진한 생각이다. 모든 목회자는 이 점을 알아야 한다. 자신의 설교를 듣는 사람이 설령 교회의 신조를 말로 고백한다 해도 모두 하나님 은혜의 경이에 사로잡혀 있다고 단정해서는 안 된다. 바울에서 오늘날의 목회자들까지 복음을 전하는 많은 사람이 인정했듯이, 은혜의 고백에 율법주의적인 마음과 교묘하게 섞인 것만큼 포착하기 힘든 목회적 문제도 별로 없다. 그렇게 되면 '은혜'를 부인하지는 않지만 희석하거나 왜곡하거나 무력화한다.『현대 신학의 매로우』는 이런 영적 현실을 보여주는 일종의 리트머스 시험지 역할을 했다.

산고 끝에 탄생한 '매로우 맨'인 리스의 존 콜크혼(John Colquhoun)은 다음과 같이 날카로운 지적을 했다.

> 자신의 순종이 완벽한 척하지 않는다 해도 영생의 권리를 얻기 위해 조금이라도 자신의 순종에 의존한다면 그 사람은 율법주의자 혹은 자기 의에 빠진 사람으로 봐야 한다. 어느 시대나 자기 의에 빠진 사람들은 하나님이 아담과 맺으신 행위 언약의 조건을 스스로 충족하기 불가능한 것으로 여겨 한쪽으로 치워버리고, 제멋대로 그 언약의 다양한 본을 만들었다.

---

36 성공회 속의 이런 이야기에 관해서는 C. Fitzsimons Allison, *The Rise of Moralism: The Proclamation of the Gospel from Hooker to Baxter* (New York: Seabury Press, 1966)를 보라.

이 본보기들은 하나님의 제도와 거리가 멀고 완벽한 순종보다 낮은 조건들을 내세우지만 본질상 행위의 언약이다. 율법의 행위로 의를 추구했던 믿지 않는 유대인들은 완벽한 순종을 실천하는 척할 만큼 무지하거나 뻔뻔하지 않았다. 율법 아래에 있고 율법으로 의로워지기를 원했던 탓에 바울에게서 "은혜에서 떨어진 자"(갈 5:4)라는 말을 들었던 갈라디아의 그리스도인들도 스스로 완벽한 순종을 행할 수 있다고 주장할 정도로 건방지지 않았다.

오히려 그들이 공개적으로 고백하는 기독교를 보면 분명 그리스도의 의가 필요하다는 점을 어느 정도 인식하고 있었다. 하지만 그들이 한 큰 실수는 그리스도의 의만으로도 의를 얻기에 충분하다는 사실을 믿지 못하고 부분적으로 도덕률과 의식법에 순종하여 의를 얻으려 한 것이다. 바울이 행위의 율법을 고수하고 율법의 행위에서 칭의를 기대한다고 책망한 것은 바로 이 때문이었다. 그들이 완벽한 순종을 실천하는 척했기 때문이 아니었다.

바울이 지적했듯이 그들은 부분적으로 도덕률과 의식법에 대한 순종의 행위에서 의를 찾으려 한 탓에 은혜에서 떨어졌다. 그들에게는 그리스도가 아무런 소용이 없었다. 그래서 그들은 "율법 전체를 행할 의무를 가진 자"(갈 5:3)였다.

바울은 갈라디아 교인들에게 행위와 은혜를 뒤섞은 결과가 무엇인지를 깨우쳐주고자 했다. 콜크혼의 말을 계속해서 들어보자.

그들은 부분적으로 율법에 대한 순종을 통해 의를 추구함으로써 율법을 행위의 언약으로 변질시켰고, 그런 행위의 언약은 완벽한 행위가 아닌 불완전한 행위를 허용하고 그리스도의 의에 부분적으로만 의존함으로써 칭의와 관련해 율법과 복음을, 행위와 믿음을 뒤섞었다. 그렇게 그들은 율법과 복음을 모두 왜곡하고 제멋대로 뒤죽박죽인 행위의 언약을 만들어냈다.[37]

육에 속한 사람이 복음을 들을 때도 똑같은 왜곡이 일어난다. 보스턴은 "이제 더 열심히 노력하겠어, 더 잘하겠어"라고 말하는 것이 각성한 사람의 본능이라는 것을 너무도 잘 알고 있었다. 그렇게 말하는 것이 얼핏 옳아 보인다. 생각해보라. 자신이 실패했다는 것을 깨달으면 더 잘해서 실패를 만회하는 것이 옳지 않겠는가. 하지만 이것은 뱀의 논리다. 이것은 낡은 율법주의 정신을 더 배가한 것일 뿐이다. 아버지의 사랑 속으로 돌아가기 위해 스스로 노력해야 한다고 생각하는 것이 한때 율법폐기주의자였던 탕자의 자연적인 본

---

[37] John Colquhoun, *A Treatise on the Law and Gospel*, D. Kistler 편집 (1859; repr., Morgan, PA: Soli Deo Gloria, 1999), 18-19. 콜크혼(1748-1827)는 고향 스코틀랜드 밖에서 별로 주목을 받지 못했다(심지어 고향에서도 별로 주목받지 못했다). 교회 역사 인명사전이나 전기에 좀처럼 등장하지 않는다. 하지만 그는 당대 스코틀랜드 교회를 (어쩌면 가장 선두에서)이끄는 복음주의적인 목사였다. 오늘날 그는 책을 추천해달라는 학생들에게 지혜로운 답변을 해준 사람으로만 기억되고 있다.
"총회에서 금한 『현대 신학의 매로우』를 차마 내가 읽으라고 조언하지는 못하겠다. 하지만 총회에서 '매로우'에 관한 태머스 보스턴(Tammas Bowston)의 주해를 금하지는 않았다!"

능이다.[38]

복음을 선포하는 것은 곧 교리적인 율법주의를 거부하는 것이다. 하지만 귀로 복음을 들어도 '마음의 소리'('지금까지 실패했으니 이번에는 더 노력해야 해!')가 이겨 경험적인 율법주의를 만들어내는 일이 비일비재하다. 율법주의적인 머리와 율법주의적인 가슴을 가진 사람도 많지만 '복음주의적인 머리'와 '율법주의적인 가슴'을 가진 사람도 그에 못지않게 많다. 바로 이것이 매로우 맨들이 발견한 문제였다. 그들 중 상당수는 자신들 안에서도 그런 문제가 있음을 발견했다. 그들은 사람의 거룩함이 커질수록 그의 의가 강화된다는 생각이 부지불식간에 병처럼 사람들 속에 깊이 파고들어 있다는 사실을 발견했다. 성화로 의를 확인할 수 있을까? 그렇다. 하지만 성화로 의를 강화할 수 있을까? 절대 아니다. 이 말이 약간은 율법폐기주의처럼 들리는가? 물론 그럴 수 있다. 단, '율법주의자의 귀'로 들을 때만 그렇다.

매로우 맨들의 반대자들이 개혁주의 신앙 고백을 통해 정통 교리를 고백했기 때문에 상황은 더욱 복잡했다. 하지만 오치터라더 신조에 대한 한 가지 고집스러운 진술과 『현대 신학의 매로우』 같은 날카로운 책 한 권이 율법주의적인 마음을 밝히는 초에 불을 붙였다. 때로는 이럴 수 있다. 오치터라더 신조와 『현대 신학의 매로우』는 그 자체로서는 크게 중요하지 않았지만 살짝 닿기만 해도 머리와 가슴이 산성인지 알칼리성인지, 즉 그 안에 율법주의가 있는지 은혜가 있는지를 보여주는 리트머스 시험지 역할을 했다. 사실 매로우 형제들은 율법폐기주의자들이 아니었지만 그들의 가르침을 통

---

38 "나를 품꾼의 하나로 보소서"(눅 15:19).

해 신자나 불신자나 할 것 없이, 모든 사람 안에는 율법주의적인 '기질'이 있음이 분명하게 드러났다.

율법주의는 에덴동산만큼이나 오래되었다. 본질적으로, 하나님의 후하신 사랑과 그분의 값없는 은혜를 축소하거나 왜곡하는 가르침은 무엇이든 율법주의다. 율법주의는 하나님의 율법에 계시된 은혜를 왜곡하고, 율법을 구속의 역사라는 올바른 배경 속에서 은혜로우신 아버지가 표현하신 것으로 보지 못하게 한다. 이것이 율법주의의 본질이다. 아니, 율법주의의 '본질들'이라고 말하는 편이 더 적절하겠다.

5장

은혜의 순서

오지터라더 신소가 그토록 큰 반향을 일으킨 것은 회개가 그리스도께로 오기 위한 자격이 아니라는 점을 지적함으로써 영적 신경을 아프게 건드렸기 때문이다. 『현대 신학의 매로우』는 성화가 칭의에 전혀 영향을 미치지 못한다는 점을 강조함으로써 이 신경을 더욱 긁어댔다. 그런데 과연 오치터라더 신조와 『현대 신학의 매로우』가 율법폐기주의와 하나님의 율법에 무관심한 삶을 조장한 것일까?

배경 이야기

매로우 논쟁의 의미는 더 넓은 신학적 배경에서 보면 더욱 분명해진다. 토머스 보스턴은 회개가 '구원의 서정'(구속을 적용하는 다양한 측면에 대한 순서)에서 논리적이 아니라 시간 순서로 믿음에 우선한다는 입장에 특히 안타까움을 느꼈다. 스코틀랜드 등지의 개혁교회에서 '구원의 서정'은 수년에 걸쳐 미묘한 변화를 겪었다. 이런 상황에서 오치터라더 신조는 십자가에서 돌아가셨다가 살아나신 그리스도의 구원을 제시하는 데 그 어떤 전제 조건도 붙지 않았다는 관점을 드러냈다. 죄인과 구주 영접 사이에 중간 단계 따위는 없다. 개인이 그리스도께로 가기 위해 회개가 선행되어야 하는 것은 아니다.

구원의 서정[1]

'구원의 서정'이라는 개념은 오랫동안 개혁주의 신학과 연관되었다. 하지만 종교 개혁 이후 이 개념이 가장 먼저 나타난 것은 루터교회에서였던 것으로 보인다. 그런데 이 표현 자체는 그보다 훨씬 더 일찍 나타났다. 최소한 10세기 클루니 수도원장 오도(Odo)의 시적인 글로 거슬러 올라간다.[2] 종교 개혁 이후 신학에서는 '구원의 서정'이 그리스도의 사역이 개인에게 적용되는 문제와 관련해 점점 더 자주 사용되었다. 원래 '구원의 서정'의 의도는 이 문제의 다양한 측면의

---

1 조직신학의 측면에서 구원의 서정 개념을 살펴보려면 Sinclair B. Ferguson, *The Holy Spirit* 중에서 Contours of Christian Theology (Downer's Grove, IL: IVP Academic, 1996), 94-113을 보라.

2 오도(879-942)는 구속의 완성이라는 배경 속에서 이 표현을 사용했다.

내적 논리와 상관관계를 정리하는 것이었다. 개인이 한 단계에서 다른 단계로 넘어가는 임시 과정을 기술하는 것이 목적이 아니었다.

앞서 우리는 선택, 중생, 믿음, 칭의, 죽임과 살림, 회개, 새로운 순종이 그리스도와의 관계 속에서 서로 어떻게 연관되는지를 보여주는 윌리엄 퍼킨스의 '사슬' 비유를 보았다.[3] 이 비유는 복음주의 신학에서, 특히 로마서 8장 29-30절과 관련해 자주 사용되었다. 그 과정에서 이 비유가 말 그대로 비유라는 점을 망각하는 상황이 벌어지곤 했다. 그로 인한 폐해 중 하나는 사슬의 각 고리로 볼 수 있는 구속의 다양한 측면이 순서대로 진행된다는 그릇된 사고가 나타난 것이다. 이 비유가 논리적인 개념에서 시간 순서적인 개념으로 변질되었고, 특히 초점이 그리스도에게서 복음의 혜택으로 이동했다.[4]

믿음과 회개 사이의 관계에 관한 질문들이 대두된 것은 바로 이런 배경 속에서였다. 이어서 회개가 믿음의 전과 후 중 언제 나타나느냐, 그리고 왜 그러한가 하는 질문에 관심이 쏠렸다.

---

[3] 여기서 퍼킨스는 테오도르 베자(Theodore Beza, 1519-1605)의 저작의 영향을 받았다. 제네바에서 칼뱅의 동료이자 후계자였던 베자는 칼뱅의 가르침에 반대한 제롬 볼섹(Jerome Bolsec)의 시각에 반박하기 위해 *Tabula Praedestionis* (Geneva, 1555)를 썼다. 퍼킨스의 '표'는 한때 존 녹스의 동료였던 윌리엄 휘팅엄(William Whittingham)의 번역본을 통해 1575년 잉글랜드에 처음 소개되었다.

[4] 요한계시록 20장 2절에 비유적인 혹은 상징적인 '사슬'이 나타난다고 볼 수도 있다. 하지만 사슬 비유에 역사가 있음에도, 로마서 8장 29-30절에는 그 비유가 아예 함축되어 있지도 않다. 그리고 바울이 실제로 한 말과 비유를 혼동하지 않는 것이 중요하다.

고해 성사인가 회개인가?

종교 개혁의 이면에는 은혜를 받는 방법에 관한 중세 말의 논쟁이 있었다. 제롬의 라틴어 성경(불가타 성경) 안에 갇혀 있던[5] 교회는 "회개하라"는 예수님의 명령을 "고해 성사하라"(*paenitentiam agite*)로 읽었다.[6] 그 때문에 사제가 성례로 규정한 구체적인 행동으로 회개가 제한되지는 않더라도, 그 행동과 연관은 되었다. 죄인들이 은혜를 더 받기 위해서는 이 단계가 필수적이었다. 세례식 때 처음 주입된 은혜가 성례를 통해 천천히 (하지만 드물게) 발전하여 완전한 칭의에서 완성되는 것으로 보았다.[7] 우리의 협력으로 우리 안에 하나님을 향한 완벽한 사랑(*fides formata caritate*)이 가득 차면 '은혜'가 우리 안에 칭의에 합당한 의를 형성한 것이기 때문에 마침내 우리는 의인이 될 수 있다고 보았다.

그렇다면 하나님은 은혜로 '이미 의로워진' 사람들을 의인으로 부

---

5 AD 404년에 완성된 불가타 성경은 종교 개혁을 반대하는 트리엔트 공의회에서 "공개적인 읽기, 토론, 설교, 강해에서 사용할 수 있는 진짜"로 인정되어 "어떤 이유로도 거부하지 말아야" 하는 대상이 되었다. 1546년 4월 8일, 트리엔트 공의회 4차 회의, P. Hünermann 편집 및 교정의 *Compendium of Creeds, Definitions, and Declarations on Matters of Faith and Morals* 43판 (San Francisco: Ignatius Press, 2012), 369의 "Decree on the Vulgate Edition of the Bible and on the Manner of Interpreting Sacred Scripture."

6 마태복음 4장 17절.

7 이런 구원의 서정에서 회개는 "두 번째 판자"로 묘사되었고 지금도 묘사되고 있다. 그리스도가 죄를 짓는 모든 교인을 위해 고백 성사를 제정하신 것으로 여겨졌다. 특히, 이것은 세례 이후에 중한 죄에 빠져 세례 당시의 은혜를 잃어버리고 교회 전체에 상처를 준 자들을 위한 성사다. 그들에게 고해 성사는 새롭게 회심하여 칭의의 은혜를 회복할 수 있는 새로운 기회가 된다. 교부들은 이 성사를 "은혜의 상실이라는 난파 이후 (구원의) 두 번째 판자"로 제시했다. J. Ratzinger and Christoph Schönborn, *Introduction to the Catechism of the Catholic Church* (San Francisco: Ignatius Press, 1994), 363.

르시는 것이다. 이런 의미에서도 칭의가 '은혜'로 된 것은 맞다. 하지만 오직 은혜(sola gratia)로는 아니다. 수혜자가 협력하는 장기간의 내적 과정 끝에서야 비로소 칭의가 이루어진다. 그런데도 교회는 엄연히 은혜가 의를 낳는 것이며, 그 방식은 '은혜로 의로워진 사람들의 칭의'를 통해 하나님의 의가 드러나는 것이라고 주장했다.

갓 태동한 종교 개혁의 최전선에 섰던 젊은이들은 에라스무스의 헬라어 신약 성경을 통해 예수님의 메시지가 '고해 성사하라'가 아니라 '회개하라'였음을 깨달았다.[8] 회개는 한 차례 외적인 행동을 하는 것이 아니라 그리스도를 믿음으로 삶 전체가 변하는 것이다.

루터는 비텐베르크의 95개조 반박문을 통해 이 차이점을 분명하게 보여주었다. 그의 첫 번째 명제는 이것이었다. "우리 주 예수 그리스도가 '회개하라'고 말씀하신 것은 그리스도인의 삶 전체에서 회개해야 한다는 뜻이었다." 회개는 순간의 결심이 아니라 삶 전체를 바꾸는 근본적인 마음의 변화다. 그렇게 회개한 죄인은 즉시 완전히 의로워진다. 즉, 그리스도인으로서의 삶이 시작되는 순간부터 의인이 된다. 그러니 처음부터 기쁨이 솟아나고 확신이 흘러넘칠 수밖에 없다.

믿음이 먼저인가?

하지만 질문은 여전히 남아 있었다. 복음주의적인 회개는 믿음과 어떻게 연관되는가? 중세 신학의 이런 배경 속에서 칼뱅은 믿음을

---
8   마태복음 4장 17절.

더 우선시했다. 우리가 하나님의 은혜를 발견할 수 있는 분, 바로 그리스도를 믿는 믿음 안에서만 회개가 복음주의적일 수 있다. 따라서 논리나 시간 순서로나 회개가 믿음보다 먼저일 수는 없다. 그렇게 되면 회개가 믿음 이전의, 믿음과 동떨어진 행위가 되기 때문이다. 칼뱅은 언제나 고해 성사로서의 회개를 경계했다.[9]

1세기 뒤 웨스트민스터 총회의 신학자들은 '생명을 얻는 회개'에 대한 배경으로 특히 은혜를 강조했다.

> 생명을 얻는 회개는 복음에서 비롯한 은혜다…회개를 통해 죄인은 자신의 죄가 위험할 뿐 아니라 더럽고 추악하여 하나님의 거룩하신 성품과 율법에 반하다는 사실을 보고 깨달으며, 회개하는 자들에게 그리스도 안에서 하나님의 긍휼이 임한다는 사실을 깨닫고 나서 자신의 죄를 슬퍼하고 미워하여 하나님께로 향하게 된다. 그리하여 하나님의 모든 계명을 좇아 그분과 동행하기로 작정하고 노력하게 된다.[10]

보스턴이 속했던 고백적 전통에서는 회개가 그리스도 안에서 임하는 하나님의 은혜를 믿을 때 이루어진다. 회개가 믿음을 낳는 것이 아니라 믿음이 회개를 일으킨다.

보스턴은 이 점을 강조했다. 믿음과 회개를 나눌 수는 없지만 둘

---

9   John Calvin, *Institutes of the Christian Religion*, F. L. Battles 번역, J. T. McNeill 편집 (Philadelphia: Westminster Press, 1960), 3.3.1-2.
10 Westminster The Confession of Faith, 15.1-2, 별색 강조.

을 신중하게 구분할 수는 있다.

> 한마디로, 복음의 회개는 순서상 죄 사함 이전이 아니라 이후에 온다.[11]

그래서 보스턴은 누구에게나 마음껏 복음을 전할 수 있게 되었다. 그리스도와 그분의 사역을 모든 사람에게 전해야 한다. 그래서 믿는 사람은 그 즉시 하나님의 긍휼을 받는다. 그리고 그 열매로서 회개하는 삶이 시작된다.[12]

그 전에 이미 피셔는 『현대 신학의 매로우』에서 율법주의자 노미스타와 목사 에반젤리스타의 대화를 통해 이 점을 지적했다.

> 노미스타: 하지만 목사님, 그리스도는 목마름[13]을 요구하시잖아요. 사람이 그분께로 가기 전에 목마름이 있어야 해요. 하지만 진정한 회개 없이는 목마를 수 없다고 생각해요.
> 에반젤리스타: 요한계시록 마지막 장의 17절에서 예수님은 "목마른 자도 올 것이요"라고 똑같은 일반적인 선포를 하십니다. 그리고 나서 곧바로 다음 구절이 이어집니다. "원하는 자는 값없이 생명수를 받으라." 심지어 목마르지 않아도 "내게 오는 자는 내가 결코 내쫓지 아니하리라"(요 6:37)고 말씀하셨지요.

---

11 Thomas Boston, *The Whole Works of the Late Reverend Thomas Boston*, S. M'Millan 편집, 12권 (Edinburgh, 1848-1852), 6:109; cf. 6:77-78.
12 상동, 6:78.
13 이사야서 55장 1절.

마치 성령님이 이미 오래전에 당신의 물음에 답하신 것 같지 않습니까? 하지만 당신은 사람이 믿기 전에 먼저 회개해야 한다고 생각하는 것 같군요. 그렇다면 당신은 회개가 무엇이라고 생각합니까? 혹은 회개가 무엇으로 이루어진다고 생각합니까?

노미스타: 음, 저는 회개가 하나님 앞에 자신을 낮춰 자신이 죄로 그분을 슬프게 한 것에 슬퍼하고 한탄한 뒤에 그 모든 죄에서 그분께로 돌아서는 것이라고 생각합니다.

에반젤리스타: 사람이 믿음으로 그리스도께로 가기 전에 정말로 그 모든 것을 해야 한다고 생각합니까?

노미스타: 그럼요. 반드시 그래야 한다고 생각합니다.

에반젤리스타: 음, 하지만 그것은 그 사람에게 불가능한 일을 시키는 꼴입니다. 첫째, 경건한 겸손과 진정한 회개는 선한 아버지이신 하나님에 대한 사랑과 그분이 싫어하시는 죄에 대한 미움에서 나오기 때문입니다. 그런데 믿음이 없이는 그렇게 할 수 없습니다.

둘째, 하나님이 싫어하시는 죄에 대해 슬퍼하고 한탄하려면 반드시 하나님을 사랑해야 합니다. 그런데 자신이 하나님께 사랑받고 있음을 믿음으로 알기 전에는 그분을 사랑하는 것이 불가능합니다.

셋째, 먼저 하나님으로 말미암아 변화되기 전에는 누구도 그분께로 돌아설 수 없습니다. 변화된 뒤에야 회개할 수 있습니다. 그래서 에브라임은 이렇게 말했습니다. "내가 돌이킨 후에 뉘우쳤고"(렘 31:19). 회개한 죄인은 하나님이 약속하신 대로 먼저 죄를 사하고 없애주신다는 사실을 믿고 나서 그 소망 안에서 쉽니다. 그로 인해 죄를 떠나게 됩니다. 하나님이 싫어하시는 옛길을 버리고 하나님이 기뻐하고 용납하시는 것을 하게 됩니다. 따라서 무엇보다도 하나님의 은혜를 이해하고 죄 사함을 받는다는 것을 믿어야 합니다. 거기서 삶과 대화가 변화됩니다.[14]

보스턴은 이 말에 전적으로 동감했고, 긴 주들에서 자신도 구원을 이런 식으로 이해하고 있다는 점을 분명히 밝혔다.[15] 회개는 믿음으로 이루어진다. 그렇지 않은 회개는 율법주의일 뿐이다. 하지만 믿은 뒤에도 회개가 없다면 그 믿음은 착각일 뿐이다.

매로우 형제들이 율법폐기주의자로 의심을 받았지만 보스턴의

---

[14] Edward Fisher, *Marrow of Modern Divinity* (Ross-shire, UK: Christian Focus, 2009), 162. 노미스타는 그리스도가 회개가 믿음에 선행한다고 가르쳤다고 말하고, 이에 대해서 에반젤리스타는 장황하게 답변한다. 상동, 162-164.

[15] 스스로 복음주의자면서도 『현대 신학의 매로우』를 율법폐기주의로서 반대한 사람들이 빠졌던 착각 중 하나는 '그리스도께 오기 위해 죄를 버리는 것'의 유일한 대안이 그리스도께 와서도 계속해서 죄를 지어도 된다고 말하는 것뿐이라는 것이다. 바울은 로마서 6장 1절의 상반절에서 바로 이런 생각을 반박했다. 보스턴은 이런 이분법이 잘못된 양자택일의 일례라는 점을 간파했다. 제3의 길이 있다. 즉 죄를 버리는 것은 그리스도께 오기 위해 반드시 따라야 하는 것이지만 그분을 믿기 위한 선행 조건은 아니다. 어떻게 그럴 수 있는가? 로마서 6장을 보면 칭의를 위해 죽고 부활하신 그리스도와 믿음으로 연합한 사람은 그 연합으로 말미암아 죄의 지배에 대해 죽었다. 그래서 계속해서 죄를 짓는 것은 그리스도 안에 있는 그의 새로운 정체성에 반하는 것이다. 다시 말하지만 그리스도와의 연합은 기초다. 이것을 빼먹으면 건물 전체가 무너진다. 그리스도와의 연합에 관한 보스턴의 간결한 설명을 보려면 Philip G. Ryken, *Thomas Boston as Preacher of the Fourfold State*, Rutherford Studies in Historical Theology (Carlisle, UK: Paternoster, 1999), 184-220을 보라.

교인들은 그를 조금도 의심하지 않았다. 사실, 오치터라더 신조가 총회에서 조사받고 폐기되던 해에 보스턴은 그 전에도 이미 자주 다루었던 주제에 관해 집중적으로 설교했다. 그 주제는 바로 회개의 필요성과 회개를 미룰 때의 위험성이었다. 특히 그는 "십자가 위의 강도라는 놀라운 사례, 회개를 미루면 안 되는 이유"라는 제목의 강력한 설교를 했다.[16]

이 점에서 보스턴과 매로우 형제들은 칼뱅과 의견을 같이하는 것으로 보인다.

믿음과 회개를 시간 순서에 따라 나눌 수는 없다. 진정한 그리스도인은 회개하면서 믿고 믿으면서 회개한다. 이런 이유로, 신약에서 두 차원을 모두 함축할 때 두 용어를 번갈아 사용하기도 하며, 사용되는 순서도 다양하다. 하지만 굳이 따지자면 회개가 믿음에 선행한다고 말할 수 없다. 회개는 믿음의 울타리 밖에서 이루어질 수 없다.[17]

---

16 Boston, *Works*, 6:468. 보스턴은 *Works*, 6:76-99에서 "양심의 증거"로서 회개의 필요성이라는 문제도 다루었다. 회개에 관한 설교 시리즈는 *Works*, 6:377-481을 보라. 십자가 위의 강도에 관한 두 설교는 1717년 6월에 했으며, 바로 직전에 다른 설교들을 한 것이 분명하다. 이는 보스턴이 에든버러의 총회에 가서 오치터라더에 관한 비판을 들었을 때("나는 우리가 그리스도께로 나아오고 하나님과 언약을 맺기 위해 죄를 버려야 한다고 가르치는 것이 건전하거나 정통하지 않다고 믿는다.") 사실 회개가 절대적으로 필요하며 회개를 미룰 수 있다는 생각은 잘못이라는 내용의 강력한 설교 시리즈를 진행하고 있었다는 뜻이다.

17 복음 선포에 따르는 부름은 다음과 같다. (1) 회개하라! 마태복음 3장 2절에서 예수님은 하나님의 나라를 선포하고서 사람들에게 회개를 촉구하셨다. 사도행전 2장 38절에서는 베드로의 설교에 사람들이 회개하고 예수 그리스도의 이름으로 세례를 받았다. 사도행전 17장 30절에서 이제 하나님은 모든 사람에게 회개를 명령하신다. (2) 하지만 때로는 믿으라는 부름이 나타나기도 한다. 예를 들어, 요한복음 3장 16절이 그렇다. 사도행전 16장 30-31절을 보면 어떻게 해야 구원받을 수 있느냐는 물음 뒤에 주 예수

사실, 칼뱅에게는 회개하라는 복음의 명령이 고해 성사를 의미한다는 종교 개혁 이전의 관념이 있었다. 하지만 그의 사고는 거기서 더 멀리까지 뻗어나갔다.

> 회개와 죄의 용서(즉, 새로운 삶과 값없는 화목)는 둘 다 그리스도가 우리에게 주시며, 믿음으로 얻을 수 있다…
>
> 회개가 믿음 뒤에 꾸준히 나타날 뿐 아니라 믿음에서 태어난다는 것은 이제 논쟁의 여지가 없는 명백한 사실이다. 죄인이 사탄의 지배, 죄의 멍에, 악의 불행한 속박에서 해방되어 하나님의 나라로 들어갈 수 있도록 복음 전파를 통해 용서가 제시되기 때문에, 복음의 은혜를 받아들이면 지난 삶의 과오를 벗고 최선을 다해 회개할 수밖에 없다. 하지만 회개가 믿음에서 흘러나온다거나 나무 열매처럼 믿음에서 생기는 것이 아니라 믿음보다 먼저 나타난다고 생각하는 이들이 있다. 이런 사람은 아직 회개의 힘을 모르는 사람이다. 이는 전혀 근거 없는 주장이다…
>
> 하지만 회개가 믿음에서 난다고 해서 회개로 믿음이 생기는 데 어느 정도 시간이 걸리는지 상상할 수 없다. 이는 다만

그리스도를 믿으라는 대답이 나타난다. 회개를 요구한 사도행전 17장 34절(위의 17장 30절과 비교)에서 몇몇 회심자의 반응이 '믿는 것'으로 묘사되고 있다는 점은 주목할 만하다. (3) 그런가 하면 회개하고 믿으라는 부름도 있다. 예를 들어, 마가복음 1장 15절을 보면 하나님 나라의 복된 소식이 선포된 뒤에 이에 대한 반응으로 회개하고 믿으라는 부름이 나타난다. 이것으로 볼 때, 믿음과 회개가 회심의 다른 요소이긴 하지만 둘 다 회심에 필수불가결해서 서로 동떨어져 존재할 수 없다. 따라서 둘 중 하나가 사용될 때도 둘 모두를 함축한다. 즉, 믿음이든 회개든 둘 다를 포함한 회심 전체를 의미한다. 믿음은 언제나 회개하고, 회개가 진짜라면 믿을 수밖에 없다.

자신이 하나님께 속했다는 사실을 모르고서는 진정한 회개가 불가능하다는 뜻일 뿐이다. 그리고 먼저 하나님의 은혜를 깨닫지 않고서는 자신이 하나님께 속했다는 진정한 확신을 얻을 수 없다.[18]

귀향, 달려가는 아버지, 거부하는 큰아들

물론 이런 시각은 이미 예수님의 탕자 비유에 나타나 있다. 흔히 이 비유를 한 가지 관점에서만 보지만 그 외에도 여러 가지 관점이 존재한다. 우리의 논의를 위해서는 '값없는 은혜의 구주'나 '은혜를 입은 율법폐기주의자' 혹은 (아마도 이번 논의와 가장 어울리는) '은혜를 놓친 율법주의자'라는 세 가지 관점을 찾을 수 있겠다.

탕자는 아버지의 집에서 자신의 필요를 채울 수 있다는 사실을 알기에 집으로 돌아갈지 고민하기 시작한다.

> "내 아버지에게는 양식이 풍족한 품꾼이 얼마나 많은가 나는 여기서 주려 죽는구나!"(눅 15:17).

하지만 아버지의 집이 풍요로운 것은 사실이지만 탕자는 여전히

---

18 Calvin, *Institutes*, 3.3.1-2. 나아가, 칼뱅에게 회개는 중생의 증거였다. 그리고 그에게 중생은 죽임과 살림을 통해 삶 전체가 전환되는 것이었다. 그래서 『기독교 강요』 3.3의 제목은 "믿음을 통한 우리의 중생: 회개"다(나중에 개혁신학에서는 "믿음을 통한 중생"이라는 표현이 믿음을 중생보다 먼저 보는 아르미니우스주의의 색깔이 있는 것으로 판단했다).

에덴의 독에서 완전히 해독되지 않은 상태다. 여전히 자신의 힘으로 하나님의 은혜를 얻어내야 한다는 거짓말에 빠져 있다. 아버지가 그토록 악한 자식에게 공짜로 은혜를 베풀 리가 있겠는가. 바로 이것이 우리의 자연스러운 생각이다.

> "내가 일어나 아버지께 가서 이르기를 아버지 내가 하늘과 아버지께 죄를 지었사오니 지금부터는 아버지의 아들이라 일컬음을 감당하지 못하겠나이다 나를 품꾼의 하나로 보소서 하리라"(18-19절).

탕자가 집에 이르자 한때 그토록 싫어했던 아버지가 모든 사회적 관습을 깨뜨린다(관습대로라면 탕자는 푸대접을 받아야 마땅하다). 오히려 아버지는 아들에게 달려간다. 이제 탕자는 아버지의 포옹과 키스 세례 속에서, 연습해왔던 말을 더듬더듬 읊는다.

> "아버지 내가 하늘과 아버지께 죄를 지었사오니 지금부터는 아버지의 아들이라 일컬음을 감당하지 못하겠나이다"(21절).

하지만 "나를 품꾼의 하나로 보소서"라는 마지막 말은 아버지의 품에 묻혀버린다. 아버지는 아들에게 '고해 성사'라는 조건을 내걸지 않는다. 스스로의 힘으로 자신의 은혜 속으로 돌아오라고 말하지 않는다. '충분한 회개'가 끝난 뒤에야 받아주겠다고 매정하게 말하지도 않는다.

한편, 아버지는 큰아들이 마음에 걸린다. 그래서 그를 찾기 위해 다시 집을 나선다. 누가복음에서 이 비유의 도입부는 이야기의 클라이맥스를 형성하는 것이 탕자가 아닌 형이라는 점을 분명히 보여 준다. "바리새인과 서기관들이 수군거려 이르되 이 사람이 죄인을 영접하고 음식을 같이 먹는다 하더라"(2절). 이 불평은 이야기 속의 맏아들을 통해 다시 한번 재현된다.

"그가 노하여"(28절).
"내가 여러 해 아버지를 섬겨 명을 어김이 없거늘 내게는 염소 새끼라도 주어 나와 내 벗으로 즐기게 하신 일이 없더니"(29절).

이에 대해 아버지는 사랑으로 반응한다.

"얘…내 것이 다 네 것이로되"(31절).[19]

예수님이 여기서 드러내신 것은 율법주의적인 마음, 곧 에덴의 독을 마신 마음이다.[20] 이것은 주님을 은혜로운 아버지가 아닌 노예주로, 후한 아버지가 아니라 통제하는 아버지로 본다. 사실, 아버지가 가진 것은 다 맏아들의 것이다. 하지만 그 아들의 마음은 닫혀 있

---

19 누가복음 15장 1-2, 11-32절. 아버지는 이미 "그 살림을 각각 나눠주었"(12절)다. 또 형이 탕자를 '이 동생'이 아닌 "이 아들"로 불렀다는 점에서도 이것을 알 수 있다.
20 이 이야기는 뱀이 하와를 유혹하던 창세기 3장 1절과 하나님의 창조의 질서를 드러내는 창세기 1장 26-30절을 떠올리게 한다.

다. 그가 볼 때 자신의 것은 아무것도 없다. 그는 몸은 집에 있었지만 마음은 동생보다 훨씬 더 먼 곳에 있었다. 그는 은혜로만 즐길 수 있는 것을 노력으로 얻어야 한다고 생각했다.

여기서 특히 주목할 점은, 은혜가 충만한 상황에서 형의 율법주의적인 기질이라는 숨은 독이 온전히 드러났다는 것이다. 바리새인들도 그렇지 않았는가? 마찬가지로, 『현대 신학의 매로우』의 가르침에 가득한 은혜도 심한 분노를 일으켰다.

탕자의 비유는 예수님이 가장 사랑하신 비유로 여겨진다. 아마도 그것은 우리의 시선이 탕자와 아버지를 향해 있기 때문일 것이다. 하지만 농담이든 비유든 핵심은 으레 끝에 등장한다. 그런 의미에서 이 비유에서도 후반부를 주목해야 한다. 우리가 후반부에서 발견할 수 있는 두려운 메시지는, 형과 같은 율법주의적인 정신이 돼지우리에서보다 아버지의 집 근처에서 더 발견되기 쉽다는 것이다. 쉽게 말해, 교회 안에, 믿는 자들 속에 율법주의가 더 판을 친다. 그리고 때로는 (과연 때로일까?) 설교단, 곧 목회자의 마음속에서도 율법주의가 발견된다.

그러면 율법주의는 위험천만한 전염성을 발휘한다.

이렇게 되는 원인은 무엇일까?

매로우 논쟁과 거기서 파생한 저작들을 가만히 살펴보면 율법주의적인 정신은 어떤 가면을 쓰고 있는지에 상관없이 거의 똑같은 기본 원칙에서 비롯한다.

오직 은혜로만 의로워진다!

이신칭의에 교회의 성패가 달렸다는 생각은 주로 마르틴 루터에게서 비롯된 것으로 알려져 있다. 그런데 이 이신칭의는 그리스도인 개인의 성패도 좌우한다. 이신칭의 개념을 얼마나 잘 이해했느냐는 그리스도 안에서 누리는 자유, 기쁨과 직접적으로 연관된다.[21]

오직 그리스도에 대한 믿음을 통해 은혜로 값없이 의로워진다는 개념은 구속을 적용하는 핵심에 있다. 우리를 그리스도께로 연합하게 하는 믿음은 그분 안에 있는 모든 영적 복도 불러들인다. 예를 들어, 하나님과의 화평, 하나님의 영광에 대한 소망으로 인한 기쁨, 고난 속에서 붙드는 소망, 하나님 안에서 품은 소망이 그 복들이다. 또한 믿는 자에게는 정죄가 없다. 믿는 자는 감옥과도 같은 삶을 살지 않는다. 율법이 육신을 통해서는 연약해서 할 수 없는 것을 하나님이 해주셨다. 즉, 하나님이 죄로 말미암아 자기 아들을 죄 있는 육신의 모양으로 보내어 육신에 죄를 정하사 육신을 따르지 않고 그 영을 따라 행하는 우리에게 율법의 요구가 이루어지게 하려 하셨다. 종의 영은 사라졌다.[22]

바울은 로마서의 이전 구절에서 복음을 흥미롭게 풀어냈다.[23]

---

21 여기서 내 관심사는 구속의 적용에서 칭의나 그리스도와의 연합 중 무엇이 기초인가 하는 오랜 논쟁에 관해 이야기하는 것이 아니다. 신약에서 둘은 서로 뗄 수 없다. 믿음과 은혜, 칭의는 모두 '그리스도 안에' 있기 때문이다. 칭의와 연합, 전가(imputation)와 분여(impartation)는 서로 배타적인 것이 아니다. 둘은 하나가 없으면 다른 하나도 존재할 수 없는 관계다. 둘을 양립할 수 없는 것으로 다루어서는 안 된다.

22 로마서 5장 1, 3, 11절, 8장 1-4, 15절.

23 로마서 3장 27절.

질문: 칭의가 은혜로만, 믿음으로만, 그리스도안에서만 이루어진다면 우리가 자랑할 거리는 무엇인가?[24]

답: 자랑은 배제된다.

질문: 어떤 원칙에 따라 그러한가? 행위의 원칙에 따라 그렇게 되는가?

바울의 대화를 더 읽기 전에 잠시 멈추어 생각해보자. 물론 여기서 답은 '그렇다'이다. 바울은 우리 모두가 죄를 지어 하나님의 영광에 이르지 못했기 때문에 자랑이 배제된다고 주장했다. 우리는 행위로는 의로워질 수 없다. 그런데 우리는 창조 때 하나님의 형상에 각인된 율법과 시내산에서 계시된 율법 같은 하나님의 율법을 어겼다. 따라서 행위의 원칙에 따라 자랑이 배제된다. 우리에게는 자랑할 만한 행위가 없다. 하지만 궁극적으로 바울이 제시한 답은 이것이 아니다. 그는 전혀 다른 논리를 제시한다.

질문: 어떤 원칙에 따라 자랑이 배제되는가? 행위의 원칙에 따른 것인가?

답: 그렇지 않다. 행위의 원칙에 따라서는 아니다.

질문: 그렇다면 무슨 원칙에 따라서인가?

답: 은혜의 원칙에 따라서다.

---

[24] 여기서 그리고 나중에 그가 자신의 목소리로 말하는지 혹은 대화 상대의 목소리로 말하는지를 구분하는 것은 별로 중요하지 않다.

바울의 추론은 뜻밖인 동시에 심오하다. 우리의 행위가 부족해서 자랑할 수 없는 것도 사실이다. 하지만 행위의 원칙이나 법은 자랑을 선험적으로 배제하지 않는다. 그래서 혹시라도 우리가 이 법을 지킬 경우 '나 스스로 해냈다'라고 말할 수 있다. 잠재적으로는 자랑할 거리가 생길 수 있는 셈이다. 행위의 원칙이나 법은 실제로 자랑하는 행위를 배제한다. 자랑을 선험적이 아니라 후험적으로 배제한다.

하지만 은혜의 원칙 혹은 법은 자랑할 가능성 자체를 선험적으로 배제한다! 이 법은 칭의에 대한 모든 기여를 전적으로 우리의 손에서 하나님의 손으로 넘긴다. 은혜는 모든 자격을 원천적으로 배제한다. 자랑의 싹 자체를 잘라버리고, 우리가 기여할 여지를 처음부터 없애버리는 것이다. 우리는 어떤 수단, 어떤 행위로도 스스로 은혜받을 자격을 얻을 수 없다.

이런 식으로 하나님의 은혜를 이해하면, 다시 말해 하나님을 이해하면[25] 율법주의가 파괴된다. 은혜는 율법주의가 쓸모없고 무의미하다는 점을 적나라하게 드러낸다. 은혜 앞에서 율법주의는 무기력하게 죽어버린다.

때로 그리스도인들은 그리스도인의 삶에 관한 '더 깊은 진리'를 발견하기 위해 애를 쓴다. 물론 성숙해질수록 이해의 깊이가 더해지는 것은 사실이다.[26] 하지만 사실상 우리에게 필요한 것은 복음의

---

25 성경에서 '은혜'가 '레스'(*res*, 것)가 아니라는 사실은 아무리 강조해도 지나치지 않다. 은혜는 하나님 밖에 있는 물질이나 상품이 아니다.
26 예를 들어, 히브리서 5장 11-14절에서 저자의 탄식을 보라.

첫 원리를 더 깊이 파헤치는 것이다. 그런데 율법주의적인 정신이 우리의 사고에 너무도 쉽게 파고든다. 특히, 다음 두 가지 영역에서 그렇다.

1) 복음의 제시에 관한 생각

사무엘 러더포드(Samuel Rutherford)는 『죽고, 죄인들을 가까이 부르신 그리스도』(Christ Dying and Drawing Sinners to Himself)라는 책에서 충격적이고, 어떤 이들에게는 두렵기까지 한 메시지를 던졌다.

> 불경한 사람도 선택된 자만큼이나 그리스도를 믿을 가능성이 있다.[27]

이 말을 거부하면 하나님의 객관적인 사역과 주관적인 사역을 혼동해서 사람 안에 있는 것을 근거로 그리스도를 제시하게 된다.

러더포드보다 젊은 동시대 인물인 제임스 더럼(James Durham)은 이런 시각이 복음 전파에서 어떻게 표현되는지에 관한 좋은 예를 제공해준다. 그는 마태복음 22장 4절("모든 것을 갖추었으니 혼인 잔치에 오소서")을 본문으로 한 "복음의 준비는 가장 강력한 초대다"라는 성찬식 설교를 통해 '복음 제시의 대상'이라는 문제를 다루었다.

> 부름을 받은 사람은 한두 명이 아닙니다. 몇 명도 아닙니다.

---

[27] Samuel Rutherford, *Christ Dying and Drawing Sinners to Hemselfe* (London, 1647), 442.

위대한 자나 작은 자만 받는 것도 아닙니다. 또 거룩한 자나 불경한 자만 받는 것도 아닙니다. 우리 모두가 초대를 받았습니다. 가난하든 부유하든, 지위가 높든 낮은, 거룩하든 불경하든 상관없이 모든 사람이 부름을 받았습니다.

더럼은 계속해서 다음과 같이 말한다.

무신론자나 비열한 사람이나 무지한 사람이나 위선자나 게으른 사람이나 미지근한 사람이나 공손한 사람이나 불경한 사람이나 상관없이 여러분 모두에게 이 복음을 제시합니다. 모두 혼인 잔치에 오시기를 간청합니다. (주님은 말씀하셨습니다) 눈먼 사람과 불구, 다리를 저는 사람까지 모두 오게 불러야 합니다. 강권해야 합니다. 은혜는 사람들을 부를 뿐 아니라 그보다 훨씬 더 큰 기적을 일으킵니다. 은혜는 사람들에게 혼인 잔치를 열 뿐 아니라 그들과 그리스도를 혼인하게 해줍니다.

여러분이 모두 그리스도를 남편으로 얻을 것이라고 말할 수는 없습니다. 하지만 여러분 모두에게 그분을 제시합니다. 그분과 함께하지 않는다면, 그것은 여러분 자신의 잘못입니다. 그래서 무엇보다도 오늘 여러분이 이 초대를 받았음을 하나님과 그분의 아들 예수 그리스도 앞에서 엄숙히 선포합니다. 여러분이 아무리 불경하고 악해도 주 예수 그리스도와 혼인하기를 원한다면 그분은 기꺼이 혼인해주십니다. 그분이 여

러분을 혼인 잔치로 진심으로 초대하고 계십니다.[28]

이런 글들은 그리스도를 믿기 위한 근거가 우리 안이 아닌 그리스도 안에 있다는 원칙을 강조하고 있기 때문에 우리가 그리스도의 복음의 의미를 온전히 이해하고 있는지를 점검할 수 있는 계기를 마련해준다.

---

[28] James Durham, *The Unsearchable Riches of Christ, and of Grace and Glory in and through Him* (Glasgow: Alexander Weir, 1764), 58-59. 값없는 복음 제시에 관한 이 열정적인 실례는 보스턴이 좋아하는 구절인 이사야서 55장 1절을 바탕으로 쓰였다. 필립 라이큰(Philip G. Ryken)은 보스턴의 장서들을 목록으로 정리한 적이 있다. 보스턴이 이 책을 읽었다는 증거는 없지만 더럼의 다른 책 몇 권에 관해서는 잘 알고 있었다. Philip G. Ryken, *Thomas Boston as Preacher of the Fourfold State*, 312-320. 보스턴과 마찬가지로 더럼은 복음을 제시받기 위해 우리 안에 필요한 조건이나 자격은 없다고 믿었다. '조건'이란 단어는 너무 탁해졌기 때문에 믿음의 역할을 논할 때는 아예 사용하지 않는 편이 현명하다. 혹시 이 표현을 사용하더라도 우리의 기여를 함축하지 않도록 조심해야 한다. 존 플라벨(John Flavel)은 *The Works of John Flavel* 중 *Planēlogia, A Succinct and Seasonable Discourse of the Occasions, Causes, Nature, Rise, Growth, and Remedies of Mental Errors* (1691; repr. Banner of Truth, 1968), 3, 420-421에서 율법폐기주의를 비판하면서 '조건'이란 단어의 사용을 옹호했다. 보기 드물게도, 그 책의 19세기 편집자는 이견의 각주를 달았다. 그 이전의 개혁주의 저자들이 하나님의 언약이 확정되기 위해 우리의 반응을 필요한다는 점에 '조건적'인 것이 아니라 복과 저주에 관한 확정된 약속이 믿음과 순종 혹은 불신과 불순종에 따라 이루어진다는 점에서 '조건적'인 것이라는 개념을 좀 더 분명하게 표현했으면 좋았을 뻔했다. 하나님의 언약은 기초는 일반적이고 그 외곽은 쌍방적이다. 더럼의 인용문에서 강조되는 것은 보스턴이 값없고도 열정적인 복음 선포라는 스코틀랜드의 좋은 전통을 잘 이어받았다는 것이다. 더럼의 설교 '복음의 준비'는 위의 호소에서 끝나지 않고 15페이지가 더 이어진다. 그 설교에서 그는 마지막 호소 전에 우리로 하여금 도저히 그리스도를 반대하거나 거부할 수 없게 만든다. "이제 마무리하면서 묻고 싶다. (즉 결혼식장으로) 와야 할 필요성, 큰 필요성이 있지 않은가? 와야 할 충분한 근거가 있지 않은가?…당신을 꾸밀 예복이나 반지, 보석이 없다면 그분이 주실 것이다. 그러니 오라. 어서 오라. 이날을 그분과 언약을 맺는 날로 삼으라. 그리고 그 표징으로 당신의 이름을 버리고 그분의 이름을 받으라. 그리고 확정을 위해 당신의 손으로 그분의 언약의 인을 받는 성례를 치르고, 마음으로 그분을 송축함으로 기꺼이 그분을 받아들이라. 그러면 그에 따라 하나님의 축복이 당신에게 임할 것이다." *Unsearchable Riches*, 73-74. 이 글을 읽고서도 성찬의 자리에 앉기를 바라지 않을 사람이 있을까?

17세기에 와서 로버트 트레일(Robert Traill)도 비슷한 말을 했다.

최악의 죄인들에게는 그리스도 안에서 받는 하나님의 은혜를 값없이 제시하지 않는 것이 옳은가? 그렇지 않다. 왜냐하면 예수 그리스도는 죄인들, 심지어 죄인 중에 괴수까지 구원하기 위해 이 세상에 오셨다고 말하는 것이 올바른 복음(그래서 올바른 설교)이기 때문이다(딤전 1:15). 사도들은 그런 복음을 전했다… 그들은 예루살렘에서 시작했다. 생명의 주님이 그들에게 잔인하게 학살을 당하셨던 곳 말이다. 하지만 그 피 안에서, 그 피를 통해 많은 사람이 생명을 받고 받아들이며 얻게 되었다…

사람들에게 거룩하지 않으면 예수 그리스도를 믿을 수 없다고 말할 것인가? 그리스도가 환영받을 자격을 얻기 전에는 감히 구원을 기대조차 할 수 없는 것인가? 그런 식으로라면 복음을 아예 전하지 않거나 누구에게도 그리스도를 믿는 것을 허락하지 말아야 한다. 왜냐하면 어떤 죄인도 그리스도를 받을 자격이 없기 때문이다. 고린도전서 1장 30절에 따르면 그분은 우리에 대해 충분한 자격이 있으시다. 하지만 죄인 스스로는 그리스도를 받을 자격이 없고 오히려 죄와 불행에나 어울린다. 그리스도 안에서, 그리스도로부터가 아닌 다른 곳에서 더 좋은 자격을 얻을 수 있을까? 그럴 수 없지만, 만에 하나라도 스스로 그리스도를 받을 자격이 있는 사람이 있다고 해보자. 하지만 그런 사람은 그리스도를 믿지도 않을 것이고 믿을 수도 없다. 믿음이란 죽어 마땅한 죄인이 구원을 받기 위해 전적으로 그리스도를 의지하는 것이기 때문이다. 자격이 있는 사람은 그럴 수 없다.

사람들에게 그리스도를 너무 빨리 믿어서는 안 된다고 경고할 것인가? 그리스도를 너무 빨리 믿는다는 것은 불가능하다. 사람이 위대한 복음의 계명에 너무 빨리 순종한다는 것이 가능한가(요일 3:23)? 하나님의 위대한 일을 너무 빨리 한다는 것이 가능한가(요 6:28-29)?[29]

율법주의는 다음과 같은 사고 속에도 은밀히 파고든다.

2) 성화와 칭의의 관계에 관한 생각

이 생각은 젊은 갈라디아 교회를 위협했다. 율법이 요구하는 것들을 성령이 가득 채우면서 그리스도와 함께 시작했던 갈라디아 교회가 이제는 그리스도에 다른 것들을 더하면서 육신으로 흐르고 있었다. 자격, 새로운 추가, 개인적인 기여라는 옛 유혹이 갈라디아 교회를 흐리고 있었다.[30]

골로새 교회도 복음을 희석하는 가르침으로 위기에 처해 있었

---

[29] Robert Traill, *The Works of the Late Reverend Robert Traill* 2 vols (1810년 초판은 4vols) (Edinburgh: Banner of Truth, 1975) 중 *A Vindication of the Protestant Doctrine concerning Justification*. 트레일(1642-1716)은 철저한 '서약자'(Covenanter)였다. 1661년, 십대 후반의 그는 제임스 거스리(James Guthrie)의 처형장에서 그의 곁을 지켜주었다. 나중에 그는 네덜란드에서 아버지와 합류했다가 나중에 런던으로 돌아가 목회를 했다. 1677년에는 스코틀랜드를 방문하던 중에 체포되어 배스록에 잠시 구금되었다. 그는 죽을 때까지 런던에서 장로교회 목사로 목회했다.

[30] 갈라디아서 3장 1-6절.

다. 그리스도를 받고 그분 안에서 충만한 삶으로 나아간 뒤로 그 교회는 의롭게 하는 믿음으로는 알지 못했던 새로운 복, 새로운 충만함을 받았다. 하지만 이 충만함에 이르기 위해서는 조건이 있었다. 또 취급하거나 먹지 말아야 할 것들이 있었다.[31]

자격의 기준은 낮았으나 성화의 고지는 높았다. 그렇다면 어떻게 해야 이 성화를 이룰 수 있을까? 바울은 다음과 같이 말한다.

> 충만함의 자격을 갖추어야 하지만 칭의와 성화를 이루는 힘은 당신에게 있지 않다. 이것들은 그리스도 안에서 당신의 것이다. 당신은 그분 안에서 죽고 장사되었다가 부활했다. 그리스도의 승천으로 우리는 천국 영생으로 들어갈 수 있게 되었다. 하지만 이제 당신은 그리스도 안에 있기 때문에 그분 안에서의 삶과 어울리지 않은 것을 모두 버리고 그분을 닮은 삶을 향해 점점 자라야 한다.[32]

복음 제시에 뭔가를 더하는 것은 붕괴할 수밖에 없는 조건주의다. 그래서 바울은 우리가 처음 그리스도를 받을 때와 똑같은 방식으로 그분 안에서 살라고 말한다. 즉, 행위가 아니라 사랑으로 역사하는 믿음을 통한 은혜로 그렇게 살 수 있다.[33]

---

31 골로새서 2장 6-23절.
32 골로새서 3장 1-17절.
33 골로새서 2장 6-7절, 갈라디아서 5장 6절.

행위의 언약? 삶의 규칙?

율법을 '행위의 언약'이나 '삶의 규칙'으로 이야기하는 것은 현재가 아니라 17세기와 18세기의 신학적 언어다. 이것은 『현대 신학의 매로우』와 매로우 맨들, 웨스트민스터 신앙 고백의 언어다. 그래서 우리 귀에는 생소한 범주에 속한 생소한 언어로 들릴 수 있다. 하지만 이 언어는 중요한 진리를 담고 있다. 하나님의 율법이 하는 기능은 칭의를 위해 도달해야 할 기준이 아니라 그리스도인의 삶을 위한 지침이다. 그래서 웨스트민스터 신앙 고백에는 다음과 같은 말이 나온다.

> 참된 신자는 행위의 언약인 율법 아래에 있지 않으므로 율법에 따라 의롭다 칭함을 받거나 정죄를 받지 않는다. 하지만 율법은 불신자에게뿐 아니라 신자에게도 삶의 규칙으로서 큰 유익이 된다.[34]

'행위의 언약'이라는 오랜 언어를 사용하든 사용하지 않든[35] 이 요지는 매우 중요하다. 율법주의는 하나님의 은혜를 왜곡하는 데서만 비롯하는 것이 아니라 하나님의 율법에 대한 왜곡된 관점에서도 비롯하기 때문이다. 다시 말해, 하나님의 율법을, 은혜롭게 우리에게 주어진 언약이 미치는 영향이 아니라 조건 있는 계약으로 볼 때 율

---

34 Westminster Confession of Faith, 19.6.
35 여기서 명명법은 전혀 관심사가 아니다. 소요리문답 12번에는 이것이 "삶의 언약"이라고 나온다.

법주의가 나타나기 시작한다.

하나님의 언약은 값없이 주어진 주권적이고도 무조건적인 약속이다. "내가 너희의 하나님이 될 것이다." 이 약속은 모든 면에서 우리에게 영향을 미친다. '그래서' "너희는 내 백성이 될 것이다."[36]

반면, 계약은 다른 형태를 띤다. "'만약' 너희가 내 백성답게 살면 내가 너희의 하나님이 돼줄 것이다." '그래서'와 '만약' 사이에는 분명한 차이가 있다. '그래서'는 이미 이루어진 관계의 '영향'을 의미한다. 하지만 '만약'은 관계가 이루어지기 위한 '조건'을 의미한다.

신학의 역사, 교리의 정의, 성경 강해에서 "언약은 곧 계약"이라는 표현이 자주 사용되어 혼란을 불러일으켰다. 물론 뛰어난 저자들은 하나님의 언약은 상업적인 계약과 다르다는 단서를 붙인다.[37] 하지만 두 개념을 분명히 구분할 필요성이 있다. '계약'은 계약자의 주권적인 행위나 은혜로운 성품을 함축하지 않는다. 계약에는 언약과 달리 무조건적이며 생명을 주는 요소('나는…가 될 것이다')가 **빠져** 있다. 계약을 맺을 때는 협상을 통한 조건이 명시된다. 반면, 언약은 조건 없이 이루어진다. 하나님의 언약은 영향을 미치지만 그 영향은 하나님과 인간 사이의 협상의 결과가 전혀 아니다. 성경에서 발견되는 다음 두 가지 사실에서 이 원칙을 확인할 수 있다.

> 1) 신약의 기자들은 히브리어 '베리스'(*berith*, 언약)를 헬라어로 번역할 때 두 가지 선택 사항 앞에 놓여 있었다. '쉰데이케

---

[36] 출애굽기 6장 7절; 신명기 7장 6절; 14장 2절; 룻기 2장 16절 참조.
[37] 예를 들어, 청교도 문학 이후로는 자주 그렇다.

이'(*synthēkē*)와 '디아데이케이'(*diathēkē*)가 그것이다. 신약의 기자들은 이 중에서 '디아데이케이'를 선택했다. '쉰데이케이'에서 접두사 '쉰'(sun, 함께)은 그럴듯한 이유의 의미를 함축한다. 이 단어는 한 사람이 다른 사람에 대해 취하는 일방적 입장보다는 한 사람이 다른 사람과 함께(쉰) 맺는 계약이나 합의로 해석하는 편이 더 옳다. 하나님의 언약은 양 당사자의 조건 협상으로 도달한 합의가 아니다. 하나님의 언약은 선물이다.

2) 하나님의 언약 하면 가장 먼저 생각나는 성경의 비유는 바로 결혼이다. 결혼의 언약에 조건('만약')은 없다. 부부는 서로 무조건적인 서약을 한다. "좋을 때나 나쁠 때나, 부유할 때나 가난할 때나, 아플 때나 건강할 때나, 죽음이 우리를 갈라놓을 때까지." 이렇게 자신을 내어주는 무조건적인 언약만이 상대방에게 큰 영향을 미칠 수 있다. 조건이 없는("만약 네가 …을 하면 내가 …을 해주겠다"가 없는) 언약은 큰 영향("그가 …했다. 그래서 나는 …을 해야 한다")을 미친다.

마찬가지로, 하나님이 백성과 언약을 맺으실 때 그분의 행동과 그들의 행동을 연결해주었던 고리는 '만약'이 아니라 '그래서'였다. 요즘 표현을 쓰자면 하나님은 그분의 백성에게 '서술문'(indicative, 백성을 향한 약속)을 말씀하셨다. 여기서 '명령문'(imperative, 백성의 삶에 미치는 영향)이 나왔다. 영향은 선포의 결과다.

모세 언약의 본질은 『현대 신학의 매로우』가 쓰일 당시에 논의되었다.[38] 이 문제에 관해 모든 신학자와 목사가 똑같은 견해를 주장했던 것은 당연히 아니다. 하지만 웨스트민스터 신앙 고백은 시내산 언약을 아브라함이 하나님과 맺은 은혜의 언약의 연장선이라는 다수의 의견을 채택했다. 그것은 원래 십계명이 주어진 배경 때문이다. 그 배경은 이렇다. (1) 하나님은 아브라함과 이삭, 야곱과 맺은 언약을 기억하고 계셨다.[39] (2) 출애굽 사건을 통한 하나님의 구속 역사가 하나님의 율법의 서문이요 배경이었다. 따라서 하나님의 은혜에 관한 서술문이 율법에 관한 명령문의 근거요 기초였다.

> 서술문: "나는 너를 애굽 땅, 종 되었던 집에서 인도하여 낸 네 하나님 여호와니라."
>
> 명령문: "너는 나 외에는 다른 신들을 네게 두지 말라."[40]

보스턴의 예외

이 시점에서, 보스턴이 『현대 신학의 매로우』에 대해 밝혔던 (여러) 이견 중 하나를 살펴보고 넘어가는 편이 좋을 듯하다. 그가 이견을 밝힌 데는 다른 이유는 없었다. 단지, 개혁신학 내에 언제나 다양한 관점이 존재해왔다는 점을 보여주기 위해서였다. 이 점을 알고 나면 "개혁신학의 관점은…"이라는 식의 순진한 (하지만 독단적인)

---

38 Singclair B. Ferguson, *John Owen on the Christian Life* (Edinburgh: Banner of Truth Trust, 1987), 20-32에서 자세히 논의.
39 출애굽기 3장 6, 16절; 4장 4-5절; 6장 1-8절.
40 출애굽기 20장 2-3절.

말을 하지 않게 된다. 우리는 그저 "여러 개혁주의 저자가 표방하고 내가 동의하는 관점은…"이라는 식으로만 말할 수 있을 뿐이다.[41]

『현대 신학의 매로우』의 관점은 시내산에서 받은 율법이 행위 언약의 재판이라는 것이었다. 에반젤리스타는 그 관점을 다음과 같이 표현한다.

> 그것은 은혜의 율법을 더 촉진하고 효과를 더하기 위해 부차적이고 보조적으로 더해진 것입니다. 따라서 아담과의 언약이 시내산에서 새로워진 것이지만 같은 목적은 아니었다고 말할 수 있습니다.[42]
>
> [그래서] 십계명은 두 언약 모두의 문제였습니다. 두 언약은 형태만 달랐을 뿐입니다.[43]

보스턴은 육신에 속한 사람이 행위의 언약 '아래에' 있다고 주장했다. 즉, 육신에 속한 사람은 여전히 행위의 언약을 지켜야 하며, 그것을 어겼을 때 책임을 져야 한다. 하지만 그것은 시내산 때문이

---

[41] 그렇다고 해서 신학적인 무질서 상태가 옳다는 말은 아니다. 개혁주의 신앙 고백은 만장일치는 아니지만 다수가 합의한 진술이 포함된 문서들이었다. 예를 들어, 웨스트민스터 총회에서도 불필요한 논쟁으로 분열이 일어나지 않도록 위원들이 합의할 수 있는 진술을 만들려는 바람이 표현되었다. 다만 언약 신학의 특정한 표현이 웨스트민스터 신앙 고백 안에서 사용되었다고 해서 17세기의 모든 정통 신학자들이 그 관점에 동의했다고 생각하는 것은 잘못된 생각이다. 이 점을 인식하는 것이 교회의 공동체 삶에 매우 중요하다.

[42] Fisher, *Marrow*, 84.

[43] 상동, 96.

아니라 에덴 때문이다. 그 사람은 '모세 안'이 아니라 '아담 안'에 있
다. 그럼에도 특히 갈라디아서 4장 24절(시내산은 종들을 낳는다)을 근거
로 그는 시내산의 언약이 은혜의 언약이지만 특별한 부차적 목적을
위해 행위 언약의 내용이 반복되었다고 주장했다.

> 은혜의 언약과 행위의 언약, 이 두 가지를 혼동해서는 안 됩니
> 다. 하지만 그들의 시선을 약속 혹은 은혜의 언약으로 돌리기
> 위해 후자가 전자에 부차적으로 추가된 것이다.[44]

따라서 모세 언약에서 행위 언약(즉 율법)의 내용이 더 눈에 띄지
만 어디까지나 은혜가 주된 부분이다. 그러므로 모세 언약을 행위
언약으로 봐서는 안 된다.

시내산 언약의 기본 구조는 에덴에서의 삶과 동일하다. 하나님은
언제나 은혜로우시다. 하나님은 주권적으로 역사하시며 자신의 백
성에게 은혜롭게 주신다.[45] 이 은혜에 대한 반응으로 백성은 그분을
기쁘게 해드리고 그분께 순종하며 그분을 슬프게 하지 않으려는 열

---

[44] 상동, 77.
[45] 보스턴은 그 전의 수많은 개혁주의 신학자(특히 폴 베인스, 사무엘 러더포드, 스테
판 차르녹, 앤서니 버지스, 토머스 왓슨, 존 오웬)과 마찬가지로 하나님과 인간의 첫
관계를 은혜로운 관계로 제시했다. "땅과 하늘이 연합했다는 것이 사소한 일처럼 보
이는가? 다른 사람들에게는 아무것도 아닐 수 있지만 하늘의 왕께서 기꺼이 높여주
신 자에게는 그렇지 않다. 그것은 그를 총애했던 은혜로우신 하나님께 걸맞은 은혜
의 행위였다. 첫 언약에는 은혜와 값없는 총애가 있었다. 다만 사도 바울이 말한 그
은혜의 지극히 풍성함은 두 번째 언약에 대해 준비되어 있었다." *Human Nature in Its
Fourfold State* (London: Banner of Truth, 1964), 48 [*Works*, 8:18]. 그는 창조에 은혜
가 있었다고 보았다. 다만 이 은혜를 '구원하는' 은혜와 혼동해서는 안 된다.

정을 품는다. 따라서 율법과 순종을 그 율법을 주신 분의 성품과 분리해서는 안 된다. 시내산에서 받은 옛 언약뿐 아니라 그리스도 안에서의 새 언약도 마찬가지다. 갈보리에서 하나님의 언약과 그것이 우리에게 미치는 영향이 분명히 나타났다. "내가 너희를 이처럼 사랑했다. 이것이 내 약속이니 너희도 나를 믿고 사랑하라. 그리고 내가 너희를 사랑한 것처럼 너희도 서로 사랑하라. 이것이 내 명령이다."[46] 그래서 그리스도의 사랑으로 말미암아 형제를 사랑하라는 신약의 명령이 여전히 남아 있는 것이다. 사랑은 율법을 무시하지 않고 오히려 완성하기 때문이다.[47]

따라서 율법으로 우리의 죄가 드러나기는 하지만, 십계명을 그저 죄인의 등을 때리기 위한 채찍으로만 여겨서는 안 된다. 물론 "율법으로 말미암지 않고는 내가 죄를"[48] 알지 못할 수 있는 것은 사실이다. 하지만 (루터 그리고 그 이후에 많은 이가 그랬듯이) 율법을 이런 관점에서만 보면 에덴의 독에 다시 넘어갈 수밖에 없다.

하나님을 오로지 우리의 죄를 드러내는 데만 혈안이 되신 분으로 보면 근시안이 되어 그분의 은혜를 볼 수 없다. 우리에게 좋은 선물을 주시는 빛의 아버지를 믿지 못하는 의심의 영에 빠질 수밖에 없다.[49] 또 부자 간의 사랑 안에서 그분께(그리고 그분의 율법에) 반응하지 못하게 된 자신을 발견할 것이다. 그래서 보스턴은 율법이 죄

---

46 요한복음 15장 12절. 요한이서 1장 4-6절도 보라.
47 로마서 13장 10절. 마찬가지로, 구약 시내 법에 대한 순종도 하나님에 대한 사랑에서 비롯해야 했다. 사실, 이것이 가장 큰 계명이었다(신명기 6장 4-6절).
48 로마서 7장 7절.
49 야고보서 1장 17절.

를 드러내는 데 더 큰 목적이 있음을 강조했다. 그 목적은 바로 아버지의 은혜와 용서가 필요하다는 점을 깨닫게 하고, 우리가 그 은혜와 용서 안에서 기쁨을 발견하도록 돕는 것이다. 하나님, 은혜 그리고 율법에 대한 올바른 관점을 얻으려면 이런 균형이 중요하다.

웨스트민스터 신앙 고백은 행위 언약으로서의 율법과 삶의 규칙으로서 율법을 구분할 때 바로 이 점을 지적하고 있다. 그리스도 안에 있기 전에 우리가 율법을 통해 보는 것은 정죄뿐이다. 하지만 바울이 힘주어 강조했듯이 율법은 선하고 의로우며 거룩한 것이다.[50] 그리고 우리는 '율법의 은혜'를 이해하고 느끼며 그 안에서 기뻐해야 한다.[51] 하나님이 자신의 아들만이 아니라 율법을 통해서도 은혜를 보여주셨다는 확신을 얻지 않으면, 우리가 시내산에서 듣고 보게 되는 것은 오로지 천둥과 번개뿐일 것이다.

존 콜크혼의 말을 다시 들어보자.

> 하나님의 법을 특히 행위의 언약과 삶의 규칙으로 구분하는 것은 매우 중요하다. 이것은…성경적인 구분이며, 신자들이 율법에서 요구하는 모든 의무를 이행하기 위한 적합한 방법인데, 복음의 은혜와 영광을 분명히 이해하려면 성령의 역사가 필요하다. 루터의 표현을 빌자면, 언약인 율법과 규칙인 율법

---

[50] 로마서 7장 12절.

[51] 이 제목을 단 어니스트 케번(Ernest Kevan)의 연구서는 웨스트민스터 신앙 고백 당시 개혁주의 가르침을 포괄적으로 정리한 책으로 그 가치를 여전히 인정받고 있다. E. F. Kevan, *The Grace of Law: A Study in Puritan Theology* (London: Kingsgate, 1964).

을 제대로 구분하는 것은 '복음의 숨은 보고를 여는 열쇠'다. 루터는 진리의 성령을 통해 그 구분을 엿보자마자 낙원에 들어간 것 같았다고, 성경의 얼굴 전체가 자기 앞에서 변한 것 같았다고 말했다. 실제로, 그 구분에 관한 영적이고도 참된 지식이 없으면 예수님 안에 있는 진리를 분간하거나 사랑하거나 그것에 제대로 순종할 수 없다.[52]

그리스도가 우리의 칭의를 위해 율법을 지키셨다는 의미는 제외하고, 율법은 칭의의 수단이 아니다. 하지만 분명 율법의 본질은 구원에 필요한 도덕적 형태다. 성령이 주시는 복음의 선물을 통해 우리의 마음에 쓰이는 것은 엄연히 '법'이다. 단, '행위의 언약'이 아니라 '삶의 규칙'으로서 쓰이는 것이다. 이런 용어는 익숙하지 않더라도 이것이 표현하려는 성경 진리에는 익숙해져야 한다.

진단과 처방

로마서 7장 14절에서 사도 바울은 깊은 슬픔과 안타까움을 표현하고 있다. "우리가 율법은 신령한 줄 알거니와 나는 육신에 속하여 죄 아래에 팔렸도다."

이 가르침이 보스턴과 친구들의 시각과 무슨 상관인가? 이제 신자들은 '행위의 언약'인 율법에서 해방되었다. 그리스도가 우리를

---

52 John Colquhoun, *A Treatise on the Law and Gospel*, D. Kislter 편집 (1859; repr. Morgan, PA: Soli Deo Gloria, 1999), 40.

위해 하나님의 명령을 완벽히 지키시고 우리가 지은 죄의 대가를 대신 치르셨기 때문이다. 우리는 죄의 정죄와 지배에서 해방되었다. 바울은 로마서 3장 21절-6장 23절에서 이 점을 분명히 밝혔다.

하지만 우리는 아직 죄의 존재에서 해방되지 못했고, 그 해방의 날이 오기 전까지 여전히 정죄하는 율법의 망령에 수시로(예전에는 율법을 '항상' 그런 식으로만 봤지만) 시달린다. 물론 한때 죄 아래 팔리고 죄에 저당 잡혔던 우리를, 지금은 예수 그리스도가 보혈의 피로 사셨다. 우리는 더는 율법 아래 있지 않다. 이제는 은혜 아래 있다. 하지만 율법이 우리 삶의 죄를 밝히는 한[53] 우리는 틈만 나면 예전으로 돌아가 율법주의적인 시각으로 우리 자신을 볼 수밖에 없다.

이것이 옛 삶의 정신이 신학보다 변하는 데 더 오랜 시간이 걸리는 이유다. 머리로는 복음을 이해하지만, 율법의 정죄 아래 살면서 그리스도 안에서 하나님의 율법을 전혀 몰랐던 삶의 흔적은 여전히 남아 있다. 우리는 값을 다 치른 새집으로 이사했다. 하지만 옛 주인의 흔적을 완전히 지우려면 꽤 시간이 걸린다. 우리 안에는 묵은 율법주의적인 본능을 자극하는 것이 여전히 많이 남아 있다. 그래서 하나님의 은혜의 햇빛을 보는 눈이 어두워져 빛이 아닌 어둠 속에서 확신 없이 살아가는 그리스도인이 많다. 그들은 예수님이 "내 안에 죄가 가득한 것보다 더욱 은혜로 충만하신 분"이라는 사실을 배워야 한다.[54] 길에서 벗어나 '율법주의자'의 집으로 빠졌던 사람은

---

[53] 바울이 로마서 5장 12절-7장 24절에서 죄를 의인화한 것처럼 로마서 7장에서 이것도 사실상 의인화했다는 점을 눈여겨봐야 한다.

[54] John Wesley의 찬송 "O Jesus full of truth and grace", 1절에서.

존 번연의 순례자만이 아니었다.[55]

이것이 토머스 보스턴의 중요한 관심사였던 것이 분명하다. 그리스도인들은 분명 "율법에 대해서 죽은" 것이 맞다. 하지만 보스턴은 존 오웬 같은 통찰력으로 다음과 같이 말했다.

> 가장 훌륭한 하나님의 백성에게도 율법적 성향과 행위 언약으로 기운 마음이 있다. 그들은 최상의 섬김을 행할 때조차 그런 성향에서 완전히 자유롭지 못하다. 그래서 때로 그들의 섬김에서는 율법의 냄새가 진동한다. 그런 모습을 보면 율법에 대해 살아 있고 여전히 그리스도에 대해 죽은 것처럼 보인다. 그리고 때로 주님이 그들을 바로잡고 시험하며 믿음의 연습을 시키시는 것이, 행위 언약인 율법이라는 죽은 남편의 망령이 그들의 영혼 속으로 들어가 요구와 명령, 협박, 위협을 가하는 것처럼 보인다는 오해를 받는다. 그럴 때면 그들이 아직 율법에 대해 살아 있고 율법이 그들에 대해 살아 있는 것만 같다. 이럴 때 율법에 대해 죽는 것은 실천적 종교의 가장 어려운 부분 중 하나다.[56]

바울이 로마서 7장 1-6절에서 사용한 결혼 비유를 보면, 율법과의 옛 결혼은 끝났다. 하지만 그리스도와 재혼한 상태에서도 많은

55　John Bunyan, *The Pilgrim's Progress* (1678), Roger Sharrock 편집 (Harmondsworth, UK: Penguin, 1965), 50-55.

56　Fisher, *Marrow*, 176.

그리스도인이 전남편의 기억에 시달린다. 치료약은 하나뿐이다. 학대하는 전남편의 정죄보다 새 남편의 은혜가 더 차고 넘친다는 사실을 늘 의식하며 살아가는 것이다. 그렇게 할 때 토머스 차머스(Thomas Chalmers)가 말한 "새로운 사랑의 폭발력"이 발생한다. 이것이 복음적인 그리스도론, 복음적인 신학, 더 나아가 복음적인 심리학이다.

6장

율법주의의
의심 증상들

───── 율법주의의 위험은 그리스도가 허무신 것을 다시 세운다는 것이다.[1] 율법주의는 복음을 왜곡하고 실제로 파괴한다. 또 그리스도 안에서 나타나는 하나님의 은혜에 해롭다. 율법주의는 여러 목회적 문제의 중심에 있으며 가장 흔한 영적 질병 가운데 하나다. 안타깝게도 이 병은 전염성이 있으며, 특히 목사나 설교자가 이 병에 걸리면 전염성이 걷잡을 수 없이 강해진다. 따라서 이 질병의 흔한 증상을 미리 알고 있는 것이 매우 중요하다.

---

1 갈라디아서 2장 18절.

자기 의의 '기질'

율법주의는 자기 의의 '기질'을 낳는다. 이 기질은 담배나 향수 냄새처럼 숨길 수가 없다. 이 기질은 여러 가지 모습으로 나타나며, 때로는 미묘하게 나타난다.

바리새인과 세리에 관한 예수님의 비유에서 바리새인에 관해 생각해보라.[2] 바리새인들은 "우리 종교의 가장 엄한 파를 따라"[3] 살았다. 바리새인이란 이름 자체가 '구별되다'라는 어원에서 나왔다고 추정된다. 바리새주의의 본질은 보수적인 '성결 운동'이었다. 따라서 바리새인들은 삶의 지극히 작은 부분에서까지도 철저히 거룩하게 살고자 했던 사람들이다. 실제로 예수님의 비유에 나오는 성전에서 기도하는 바리새인은 율법을 지나칠 정도로 지키는 사람이었다. 그는 자신을 다음과 같이 생각했다.

- 남들과 같지 않다(그럴 수밖에, 그는 바로 바리새인이니까).[4]
- 십계명을 완벽히 지키는 사람(그는 최소한 세 가지 계명을 언급했다).
- 누구와 비교해도 밀리지 않을 자신이 있다(특히, 같은 시간에 성전에 들어온 세리와 비교했을 때는 더더욱 그렇다).
- 영적 훈련을 철저히 하는 사람(그는 일주일에 두 번 금식했다. 반면, 율법에는 금식보다 절기에 관한 내용이 더 많이 포함되어 있었으며, 1년에 한 번 속죄일에만 금식해야 한다는 규정이 있었다).[5]

---

2 누가복음 18장 9-14절.
3 사도행전 26장 5절.
4 추정되는 어원은 '구별된 사람'이다.
5 레위기 16장 29, 31절. 스가랴서 8장 19절은 다른 금식들도 소개하고 있지만 결국 그것이 축제로 바뀌어야 한다는 점을 강조하고 있다.

- **자기희생적인 사람**(그는 모든 것에 대한 십일조를 했다. 반면, 율법에서는 오직 농작물, 열매, 가축에 대해서만 십일조를 하라고 나온다.[6] 이 바리새인의 십일조는 분명 소득을 넘어 전 재산에 대해 이루어졌을 것이다).

그는 어떤 사람인가? 누가복음에는 예수님이 "자기를 의롭다고 믿고 다른 사람을 멸시하는 자들에게" 이 비유를 말씀하셨다고 나온다.[7] 하지만 예수님은 눈앞의 청중에게는 이 점을 언급하지 않으셨다. 필시 이 청중은 오히려 "이 세리와도 같지 아니"하다는 바리새인의 말에 고개를 끄덕였을 것이다. 그들이 볼 때 바리새인은 엄연한 하나님의 사람이었다. 그는 하나님 앞에서 의롭다는 확신을 품고 성전을 나설 자격이 있는 의로운 사람이었다. 그러나 파렴치한 세리는 절대 그럴 수는 없었다. 왜냐하면 죄인인 세리는 이런 사람이었기 때문이다.

- 기도 예절에 따라 하늘을 향해 눈을 들 수조차 없었다.[8]
- 자신의 명백한 죄 때문에 가슴을 두드렸다.
- 하나님께 "불쌍히 여기소서"(문자적으로는 '노여움을 푸소서')라고 울부짖었다. 왜냐하면 그의 엄청난 죄를 사해주는 규정된 제사가 없었기 때문이다.
- 자신을 '죄인'이라고 인정했다.

---

6   레위기 27장 30-32절.
7   누가복음 18장 9절.
8   요한복음 17장 1절을 보라.

"자, 이 두 사람 중에 누가 그날 거룩하신 하나님의 눈에 의로운 모습으로 예배를 마치고 집에 돌아갔을까?" 이 비유에 함축된 예수님의 질문에 대한 답은 뻔하다. 우리는 이 비유에 너무 익숙하며 이미 '옳은 답'을 알고 있다. 그래서 뜻밖의 진리, 아니 충격적인 진리 앞에서도 별로 놀라지 않는다.

답은 물론 세리다.

어떻게 하면 현대의 그리스도인들이 이 비유가 주는 충격을 경험할 수 있을까? 어떤 의미에서 답은 간단하다. 현대의 복음주의 교인들이 세리보다 바리새인을 더 닮았다는 사실을 보면 충격을 받을 수밖에 없다. 은혜로 의로워진다는 사실을 가슴 깊이 새긴 사람은 다음과 같다.

- 그리스도인을 포함해 다른 사람들을 깔보지 않는다. 남들을 깔보는 것은 마음에서 율법주의를 완전히 몰아내지 못했다는 가장 확실한 증거다. 남들을 깔보는 것은 자신이 남들보다 은혜받을 자격이 더 많다고 생각했기 때문이다.
- 하나님이 충성하는 자신을 덜 충성하는 다른 사람들보다 더 받아주셔야 한다고 생각하지 않는다.
- 하나님이 자신을 받아주신 것이 자신의 결심이나 오랜 충성 때문이라고 생각하지 않는다.
- 예절에서 벗어나 노골적으로 슬픔을 표현하는 사람을 경멸(누가의 표현에 따르면 "멸시")하지 않는다.

자, 당신은 언제 마지막으로 가슴을 치며 "하나님이여, 불쌍히 여기소서. 나는 죄인이로소이다"라고 말했는가?

은혜의 폭로

예수님은 하나님 은혜의 거대한 분출을 반문화적인 방법으로 묘사하는 비유를 통해 율법주의 정신을 드러내신다. 그분의 가르침에서 은혜는 예기치 않게 나타난다. 그래서 은혜가 나타날 때 우리는 깜짝 놀라고 자신도 모르는 사이에 본능적으로 반응하며 진정한 마음의 상태를 드러낸다. 예를 들어, 아버지가 탕자를 은혜로 환대해 주자 형의 율법주의적인 기질이 드러났다. 마찬가지로, 의로워진 사람은 바리새인이 아니라 세리였다. 율법은 이렇게 할 수 없다. 이 병을 드러내는 것은 우리가 율법과 상관없이, 아무 조건 없이 의롭다 칭함을 받는다는 복음의 메시지다.

포도원 일꾼의 비유에서도 비슷한 증상이 나타난다.[9] 일꾼들은 3시와 6시, 9시, 11시, 이렇게 하루 중 각기 다른 시간에 고용되었다. 그리고 일이 끝나고 나서는 고용된 순서와 반대로 임금을 받았다. 즉, 가장 오래 일한 사람들이 가장 늦게 돈을 받았다. 그래서 그들은 주인이 나중에 온 자들에게 줄 임금이 얼마일지 계산할 수 있었다. 그런데 나중에 온 자들이 자신들에게 약속된 똑같은 임금을 받는 것이 아닌가! 그래서 그들은 약속된 돈보다 더 많이 받으리라 기대했다. 보너스가 어느 정도일지 계산하기 시작한 것이다.

---

[9] 마태복음 20장 1-16절.

"먼저 온 자들이 와서 더 받을 줄 알았더니 그들도 한 데나리 온씩 받은지라 받은 후 집주인을 원망하여 이르되."[10]

원래 이 비유의 요지는 이방인까지 아우르는 구속 역사의 흐름이다. 하지만 이 배경에서 예수님은 인간의 마음을 꼬집어내신다. 온종일 일한 일꾼들이 나중에 온 일꾼들이 품삯을 받는 모습을 보지 못했다면 필시 자신들의 품삯을 군말 없이 받아들였을 것이다. 그들의 '의로운' 분노를 자극한 것은 주인이 보여준 은혜였다. 그들은 자신들이 수고하여 당연히 받아야 할 것과 남들이 은혜로 받은 것을 비교하면서 불만을 쏟아냈다.

이것이 은혜의 폭로다. 은혜의 시험이 아니었다면 그들의 진정한 마음 상태는 드러나지 않았을 것이다. 물론 나중에 평소라면 그렇게 불평하지 않았을 것이라고 변명할지도 모른다. 하지만 무의식적인 반응이야말로 진정한 마음 상태를 드러낸다. 그 마음이 전에는 드러나지 않은 것은 단순히 그들이 전에는 그런 은혜를 만나본 적이 없었기 때문이다.

'율법주의적인 기질'에는 많은 얼굴이 있다. 때로 이 기질은 하나님을 섬기는 가운데서도 드러난다. 다른 사람들(재능과 경험, 준비가 나보다 부족한 사람들)이 교회에서 높은 자리를 받고 자신에게는 아무런 자리도 돌아오지 않으면 화를 낸다. 이때 우리를 화나게 만드는 것은 하나님의 은혜다. 내면 깊은 곳에서 공로의 가치에 따라 은혜를 받아야 한다고 생각하기 때문에 이런 대우를 견디지 못한다. 우리는

---

10 마태복음 20장 10-11절.

이전까지 보여준 충성스러운 섬김에 대한 보상이나 인정으로서 은혜받는 것을 마땅하다고 생각한다. 작은 일에 충성한 사람이 더 많이 받아야 한다는 것이다.

모든 형태의 질투, 하나님이 남들에게 주신 것에 대한 시기, 하나님의 선물을 아버지가 순수한 기쁨으로 주시는 선물이 아니라 성과에 대한 보상으로 보는 것 등은 율법주의에 감염되어 있다는 증거다. 이는 자신의 정체성과 가치를 그리스도와 공로를 따지지 않고 주시는 은혜가 아닌, 성과와 인정에서 찾는다는 뜻이다. 이런 모습도 역시 미묘한 형태의 율법주의다. 이 모습은 우리의 영혼 속에서 나온다. 하나님이 남들에게 주시는 은혜가 마치 강력한 자석처럼 우리 안에서 이런 모습을 끌어낸다.

때로 율법주의는 순종 이면의 동기를 통해 드러난다. 존 콜크혼의 말을 다시 들어보자.

> 복음에 드러난 하나님의 사랑에 대한 믿음 때문이 아니라 율법에 나타난 하나님의 진노를 두려워하여 순종할 때, 하나님의 선하심 때문이 아니라 그분의 권능과 공의 때문에 그분을 두려워할 때, 하나님을 사랑 많은 친구요 아버지보다 복수심에 불타는 심판관으로 여길 때, 또 하나님을 은혜와 긍휼이 무한하신 분이 아니라 무시무시한 위엄이 있는 분으로 생각할 때, 그렇게 하는 사람은 율법주의 정신의 지배 아래 있는 사람이다…그는 이 혐오스러운 기질의 영향력 아래 있는 사람이다…복음 안에서 주어진 값없고 풍성한 구속의 은혜

가 아니라 자신의 충성에서 하나님의 자비를 기대할 때 혹은 예수 그리스도를 통한 하나님의 선물이 아니라 자신의 순종과 고난에 대한 보상으로 영생을 기대할 때, 그런 기대를 품은 사람은 율법주의 정신의 힘 아래에 있는 사람이다.[11]

율법주의에는 이외에도 많은 얼굴이 있다. 『현대 신학의 매로우』의 저자들과 그 책을 높이 평가한 사람들은 율법주의에 찌든 정신과 의지, 마음을 재조정하기 위해 때로 '충격 요법'이 필요하다는 사실을 알고 있었다. 그리고 그들은 바울도 율법폐기주의자로 오해를 받은 적이 있기 때문에 자신들도 옳은 길을 걷고 있다고 확신했다.[12]

속박의 영

율법주의는 우리의 영을 속박하기도 한다. 존 번연은 개인적인 경험과 복음의 약을 찾아 자신을 찾아온 사람들을 오래 관찰한 데서 이것을 깨달았다. 『천로역정』에서 그는 크리스천의 친구인 충실(Faithful)의 시련을 묘사했다.

---

11 John Colquhoun, *Treatise on the Law and Gospel*, D. Kistler 편집 (1858; repr. Morgan., PA: Soli Deo Gloria), 143-144.

12 예를 들어, 마틴 로이드 존스(D. M. Lloyd-Jones)가 그러했다. "구원을 통한 하나님의 이 값없는 은혜는 언제나 율법폐기주의라는 비난을 받기 쉽다…가끔 사람들에게 이런 말을 듣지 않거나 율법폐기주의라는 오해와 비난을 받지 않는다면, 복음을 진정으로 믿거나 선포하지 않기 때문일 것이다." *Romans 2:1-3:20: The Righteous Judgment of God* (Edinburgh: Banner of Truth, 1989), 187. 그의 책 *Romans 6: The New Man* (Edinburgh: Banner of Truth, 1972), 9-10도 참조하라.

충실은 "매우 나이 많은 남자…첫 아담"(Adam the Frist)을 만난다. 아담은 충실에게 자신과 함께 기만(Deceit)의 마을에서 살자고 말하면서 (그의 세 딸과의 결혼을 포함한) 온갖 즐거움을 제안한다. 나중에 크리스천이 그때 어떻게 했냐고 묻자 충실은 더없이 솔직히 말해준다.

휴, 처음에는 그 사람과 함께 가고 싶은 마음도 들었지. 그럴듯하게 들렸거든. 하지만 대화를 하다가 그의 이마를 보니까 "옛 사람과 그의 행위를 버리라"고 쓰여 있지 않겠어.

충실은 도망을 친다.

그가 내 몸을 잡는 것이 느껴지더군. 그러더니 나를 홱 잡아끌었지. 그가 나의 일부를 떼어간 것만 같았어. 그 바람에 나는 비명을 질렀지. "이런 나쁜 놈!" 그러고 나서 언덕 위로 계속 달렸어.

하지만 그가 언덕을 반쯤 올라갔을 때 또 다른 극적인 만남이 이루어진다.

뒤를 보니까 한 사람이 바람처럼 빠르게 나를 쫓아오더군. 그가 곧 나를 따라잡았어…그 남자는 나를 따라잡자마자 갑자기 한마디 말과 함께 나를 때렸지. 나는 거기에 맞아 기절했어. 잠시 뒤 겨우 정신을 차린 나는 도대체 왜 그러냐고 물었지. 그러자 그는 "남몰래 첫 아담에게 끌리는 나의 성향 때문"이라고 말했어. 그리고 나서 그가 다시 내 가슴에 치명타를 날렸지. 나는 뒤로 넘어져 전처럼 그의 발아래에 죽은 듯이 쓰러졌지. 잠시 후 나는 다시 정신을 차리고 그에게 자비를 호소했어. 하지만 그는 "나는 자비를 베푸는 법을 모른다"라고 말하면서 다시 나를 때려눕혔어. 그가 나를 완전히 끝장냈지만 그 사람이 와서 그를 말렸지.

이에 크리스천은 "그를 말린 사람이 누구였지요?"라고 묻는다. 그러자 충실은 다음과 같이 대답한다.

처음에는 누구인지 몰랐어. 그런데 그가 지나갈 때 그의 손과 옆구리에 난 구멍을 보았어. 그때 그가 우리 주님이라는 결론을 내렸지. 그래서 나는 계속 언덕을 올라갔어.

그러자 크리스천은 상황을 설명해준다.

자네를 따라잡은 남자는 바로 모세였어. 그는 아무도 봐주지 않지. 그는 자신의 법을 어긴 자들에게 자비를 베풀 줄 몰라.

그러자 충실은 다음과 같이 말한다.

잘 알고 있네. 그를 만난 것은 그때가 처음이 아니었거든.[13]

여기서 번연이 말한 "남몰래 첫 아담에게 끌리는 성향"은 우리와 첫 남편의 결혼이라는 바울의 비유와 관련이 있다. 흉가의 유령처럼 자꾸만 다시 출몰하는 첫 남편에 대한 기억, 첫 결혼에서 입은 영구적인 상처 때문에 불쑥불쑥 느끼는 욱신거림, 우리가 새 남편인 예수 그리스도께 매력적으로 보일 수 없다는 의기소침, 불쑥불쑥 떠오르는 이전의 '학대적인 관계'에 관한 악몽…. 이것들이 우리를 죄책감으로 몰아간다. 그리고 이 죄책감이 주님과의 관계를 방해하고 용서의 확신을 약화한다. 죄책감과 좌절감, 창피함이 몰려온다. 그리스도의 은혜로 돌아가야 하건만 자꾸만 실패한다. 율법을 향해 자비를 베풀어달라고 외치지만 율법 자체는 자비를 모른다. 율법은 용서할 힘이 없다. 이런 의미에서 모세는 우리를 때려눕혀 우리 영을 속박되게 할 뿐이다.

유일한 소망은 충신처럼 우리의 두 번째 남편 예수 그리스도의 손과 옆구리에 난 못 자국을 분명히 보는 데 있다. 복음은 우리가 아직 약하고 죄인이었을 때, 우리가 원수였을 때, 그리스도가 우리를 위해 죽으셨다고 말하기 때문이다.[14] 우리는 두 번째 남편이요 마지막 아담인 예수 그리스도의 값없고도 참을성 많고 사랑 가득한 은혜를 통해서만 속박의 영에서 해방될 수 있다. 율법은 그렇게 할

---

13 John Bunyan, *The Pilgrim's Progress* (1678), 104-106. Roger Sharrock 편집 (Harmondsworth, UK: Penguin, 1965), 104-106.
14 로마서 5장 6-10절.

수 없다. 개인적, 영적, 정신적, 감정적, 기질적 해방은 율법이 그 해방을 줄 수 없다는 사실을 이해할 때만 찾아온다. 우리의 약한 육신 때문에 하나님이 그리스도 안에서 우리를 위해 그 해방을 이루어주셨다. 학대를 당한 신부는 새 남편의 사랑을 마시고 그분께 시선을 고정해야 한다.

사실, 율법주의에 대한 이런 우려는 『현대 신학의 매로우』가 탄생하게 된 결정적인 계기였다. 저자는 이 책에서 다음과 같은 개인적인 간증을 했다.

> 솔직히 고백한다. 나는 최소한 12년 넘게 종교 교수로 가르친 뒤에야, 비로소 도드[15]를 비롯한 신실한 사람들이 가르쳐준 대로, 내 죄에 대해 안타까워하고 용서를 구하며 율법을 이루고 십계명을 지키기 위해 애를 쓰는 것 외에 영생으로 가는 다른 길이 있다는 사실을 깨달았다. 마침내 나는 율법을 완벽히 성취할 수 있다는 소망을 얻었다. 한편으로, 하나님이 내 의지를 봐주셨고 내가 할 수 없는 부분을 그리스도가 이미 대신 해주셨다는 사실을 깨달았다.
>
> 또 토머스 후커[16]와의 개인적 대화로, 주님은 내가 그저 교

---

[15] 존 도드(John Dod, 1549-1645)는 장수하고, 그가 지닌 영적 은사 덕분에 '생전에 전설'의 반열에 올랐으며, 17세기 청교도들에게 널리 존경을 받았다. 그는 '믿음과 회개의 도드'와 [친한 목사 로버트 클리버(Robert Cleaver)와 함께 쓴 베스트셀러 *A Plaine and Familiar Exposition of the Tenne Commandements* (London, 1604)으로 인해] '십계명 도드'를 비롯해 다양한 별명으로 불렸다.

[16] 토머스 후커(Thomas Hooker, 1586-1647)는 소위 '청교도주의의 온상'로 불렸던 케임브리지 엠마누엘 칼리지의 교수였다. 엠마누엘 칼리지는 1584년 엘리자베스 1세의

만한 바리새인이었을 뿐임을 깨우쳐주셨다. 그리고 오직 그리스도를 통한 믿음과 구원의 길을 보여주시고 그 길을 어느 정도 받아들일 수 있는 마음을 주셨다(주셨기를 소망한다). 하지만 믿음이 약해서 지금도 틈만 나면 행위의 언약으로 돌아간다. 많은 성도가 이생에서 이룬 그리스도를 향한 믿음과 사랑의 수준을 생각할 때 내가 그들의 발치에도 미치지 못한다는 사실을 절감한다. 주님, 저를 긍휼히 여기시어 제 믿음을 키워주소서!17

남몰래 첫 아담에게 끌리는 성향 때문에 충실을 때린 것이 모세였다는 번연의 말이 옳을지도 모르지만 궁극적으로 그것은 사탄의 역사다. 그런 의미에서 로마서 7장 11절에 기록된 바울의 말 "죄가 기회를 타서 계명으로 말미암아 나를 속이고 그것으로 나를 죽였는지라"를 창세기 3장에 비추어 읽어야 한다. 바울이 말하는 "죄"의 배후에는 사악한 존재가 도사리고 있다. 뱀은 정확히 바울이 묘

신하 월터 마일드메이 경(Sir Walter Mildmay)이 설립했다. 엘리자베스 1세는 이 학교에 허가증을 하사하면서 이렇게 말했다. "월터 경이 청교도 재단을 세웠다고 들었소." 이에 월터는 자신이 상수리를 심었다고 대답했다. "이것이 상수리나무가 되면 거기서 어떤 열매가 열릴지는 오직 하나님만이 아십니다." 그로부터 20년 뒤 '엠마누엘 맨'이 되면 무조건 청교도적 성향을 지닌 것으로 여겨졌다. 후커는 첼름스퍼드 대성당에서 강사(lecturer, 성경 해석자)로 일했다. 윌리엄 로드(William Laud) 대주교에게 핍박을 받던 그는 1629년 결국 로테르담을 거쳐 매사추세츠만 식민지로 가서 케임브리지 뉴턴 제일교회의 목사가 되었다. 거기서 그는 강력하고도 광범위한 목회를 했다. 그는 "주님의 일을 할 때는 왕을 호주머니에 넣는 사람"이라는 평가를 받았다. Cotton Mather, *Magnalia Christi Americana*, 2 vols. (1852; repr. Edinburgh: Banner of Truth Trust, 1979), 1:53.

17 Edward Fisher, *Marrow of Modern Divinity* (Ross-shire, UK: Christian Focus, 2009), 41.

사한 그 짓을 저질렀다. 즉, 계명을 사용하여 하와로 하여금 그 계명을 주신 분의 성품을 오해하게 만든 것이다. 이것이 하와 속에 죽음에 이르는 율법주의적인 속박의 영을 만들어냈다. 하와는 금지의 법 하나만을 보고 다른 긍정적인 명령들은 보지 않았다.[18] 지혜와 사랑으로 충만한 하늘 아버지를 보지 않고 금지 명령만을 본 것이다. 그 옛날 하와를 공격한 사탄은 지금도 우리를 공격하고 있다. 더욱이 그는 뱀에서 용으로 성장해 사악한 기만전술을 펼치고 있다.[19]

하와 이후로 사탄은 사람들을 일종의 계약인 율법으로 몰아갔다. 사탄은 율법을 지키지 못한 우리를 비난하고, 하나님과의 관계에서 우리가 품은 가장 큰 두려움을 부추기며, 공감을 통해 점점 더 율법주의에 속박되게 했다. 보스턴의 말을 다시 들어보자. 마지막 문장을 눈여겨보라.

> 율법에 여전히 사람에 대한 지배력이 있고, 죽음에 쏘는 것이 있으며, 죄에 사람을 괴롭힐 힘이 있지만, 일단 율법에 대해 죽은 사람은 행위 언약인 율법에서 완전히 해방되었다. 이제 죄는 힘을, 죽음은 쏘는 것을, 사탄은 그 사람을 참소할 힘을 잃었다.[20]

---

[18] 창세기 1장 28-31, 2장 16절.

[19] 요한계시록 12장 9절. 여자를 꾀었던 뱀이 이제는 "천하"를 꾀는 "큰 용"으로 자랐다 (계 12:3, 9).

[20] Fisher, *Marrow*, 178, 별색 강조.

사탄은 계속해서 하나님의 자녀에게 속삭인다. "봐라, 너는 죄를 지었다. 너는 하나님의 법을 어겼다. 너는 유죄다. 너는 신자가 될 자격이 없다." 사탄의 속삭임을 한 번도 듣지 않은 목회자가 과연 있을까? "너는 목사가 될 자격이 조금도 없어." 사탄은 하나님의 백성이 받은 구원을 취소할 수 없다는 것을 알고 있다. 그래서 에덴에서처럼 대신 하나님 안에서 누리는 평안과 자유, 기쁨을 무너뜨리기 위해 발악을 하고 있다.

그렇다면 우리는 어디서 피난처를 찾을 수 있을까? 탁월한 영적 상담자인 존 뉴턴(John Newton)이 그 답을 알려주었다.

> 죄의 짐으로
> 심하게 짓누르는 사탄에게
> 내 밖의 전쟁과 내 안의 두려움에 쓰러진 채로
> 쉼을 찾아 당신에게 나아갑니다.
> 내 방패와 피난처가 되어주소서.
> 당신의 품에 숨으리.
> 나의 맹렬한 참소자를 만나도
> 그에게 이미 죽었노라 말하리라.[21]

오직 여기에서만 속박된 데서 벗어나 자유를 얻을 수 있다.

---

[21] John Newton의 찬송가 "Approach My Soul the Mercy Seat"에서.

치료제는 무엇인가?

그렇다면 율법주의의 치료제는 무엇인가? 지금쯤이면 굳이 말하지 않아도 알리라 믿는다. 치료제는 바로 은혜다. 단, 상품으로서의 '은혜'가 아니라 실체로서의 은혜다. 이 은혜는 바로 그리스도 안에 있는 은혜다. 우리를 향한 하나님의 은혜는 바로 그리스도 자체시다. 그렇다. 이 은혜는 바로 속죄다. 단, 이론이나 추상적인 현실로서의 속죄가 아니다. 이것은 예수 그리스도와 별개인 속죄도 아니다. 그리스도 자신이 바로 속죄다. "그는 우리 죄를 위한 화목 제물이니."[22]

따라서 치료제는 율법이란 병에 중하게 걸렸던 바울을 치유했던 분이다. 바울은 모세에게 얻어맞는 것이 어떤 것인지를 누구보다도 잘 알았던 사람이다. 그는 "죄인 중에…괴수"[23]였기 때문이다. 하지만 바울은 결국 다음과 같은 사실을 깨달았다.

> "그러나 무엇이든지 내게 유익하던 것을 내가 그리스도를 위하여 다 해로 여길뿐더러 또한 모든 것을 해로 여김은 내 주 그리스도 예수를 아는 지식이 가장 고상하기 때문이라[24] 내가 그를 위하여 모든 것을 잃어버리고 배설물로 여김은 그리스도를 얻고 그 안에서 발견되려 함이니 내가 가진 의는 율법에서 난 것이 아니요 오직 그리스도를 믿음으로 말미암은 것이니

---

22 요한일서 2장 2절.
23 디모데전서 1장 15절을 보라.
24 바울이 "그리스도 예수를 아는 지식을 얻기 위해서"라고 쓰지 않았다는 점을 눈여겨볼 만하다.

곧 믿음으로 하나님께로부터 난 의라."[25]

찰스 웨슬리(Charles Wesley)가 처방한 치료제는 바로 다음과 같은 사실을 받아들이는 것이다.

오 예수님, 진리와 은혜로 충만하신 분,
내 안에 죄가 가득한 것보다 더욱 은혜로 충만하신 분….[26]

죄가 가득한 곳에, 율법이 정죄하는 곳에, 죄인 중에 괴수에게까지 미칠 만큼 은혜가 차고 넘친다. 아니, '특히' 죄인 중에 괴수에게, 더 많은 죄를 지은 자에게, 하나님의 은혜가 더욱 넘친다. 이것이 율법주의를 단번에 쓸어버리는 홍수다.

---

[25] 빌립보서 3장 7-9절.
[26] 별색 강조. '개혁주의' 진영에서 이와 관련해서 웨슬리의 글을 인용하는 것을 반대한 사람들은 (그리스도가 십자가에서 이루신 일로 그분이 선택하고 부르는 모든 자를 구원하실 수 있다는 입장이 아닌) 그리스도가 오직 선택된 자들만 구원하기 위해 죽으셨으며 더도 말고 덜도 말고 그 선택된 자들의 죗값만큼만 치르셨다고 믿는 사람들일 것이다. 이는 특정 구속(제한 속죄)에 대한 개혁주의의 시각 내에도 속죄가 이루어지는 방식에 대한 접근법의 차이가 있다는 말이다. 이 문제를 제대로 다루려면 책 한 권을 할애해야겠지만 여기서는 그리스도가 받으신 고난의 효과가 선택된 자들의 정확한 숫자에 따라 줄어들거나 늘어나지는 않는다는 점을 지적하고 넘어가는 것으로 충분할 것이다. 웨슬리의 글과 관련해, '은혜'를 그리스도의 고난에 관한 방정식에 따라 그 양이 늘어나거나 줄어드는 상품으로 취급해서는 안 된다. 요컨대 '내 안의 죄'보다 '그리스도 안에서 더 많은 은혜'라는 원칙은 그리스도 안에서 우리가 사면을 받을(그래서 에덴의 무죄 상태로 돌아갈) 뿐 아니라 그리스도의 최종적이고도 취소될 수 없는 의로 '의롭게 여김'을 받는다는 사실로 확정된다. 그리스도 안에서 받는 하나님의 은혜는 우리를 첫 에덴으로 회복시킬 뿐 아니라 영화로워진 에덴을 확보해준다. 그리스도 안에서 의로워진 자들은 하나님이 보시기에 그리스도만큼이나 의롭다. 영구적으로 그렇다. 왜냐하면 우리를 의롭게 하는 유일한 의는 바로 그리스도의 의이기 때문이다.

물론 이런 값없는 은혜를 두고 많은 사람이 '은혜가 넘치니 마음껏 죄를 짓자'라고 생각하기도 했다. 실제로 바울이 '나의 복음'이라고 말한 것을 듣고 적잖은 사람이 그런 생각을 품었다. 하지만 바울이 말했듯이 율법폐기주의는 은혜의 열매가 될 수 없다.[27] 이것이 다음 장의 주제다.

---

27 로마서 6장 1절 상반절.

7장

율법폐기주의의 얼굴들

_____『현대 신학의 매로우』에서 비롯한 논쟁은 단순히 책 한 권에 관한 논쟁이 아니었다. 오치터라더 신조와 함께 『현대 신학의 매로우』는 사람의 마음과 정신이 알칼리성인지 산성인지, 즉 은혜로 가득한지 율법주의에 찌들어 있는지를 드러내는 리트머스 시험지가 되었다. 특히, 그 책은 목회자들의 상태를 적나라하게 드러낸다.

앞서 살폈듯이 이 문제는 성경 해석과 인간 마음의 해석 모두와 관련이 있었다.

비난

매로우 맨들은 개혁주의 정통신학에 반하는 관점들을 채택하고 옹호했다는 비난을 받았다. 그중에서도 특히 '율법폐기주의'로 흘렀다는 비난을 받았다. 역사의 기록을 보면 매로우 맨들은 웨스트민스터 신앙 고백의 가르침을 철저히 고수했다. 그들은 하나님의 율법이 신자들을 위한 삶의 규칙으로 여전히 유효하다고 믿었다. 사실,『현대 신학의 매로우』의 2부는 다름 아닌 십계명 강해다.

하지만 오해의 소지가 전혀 없었던 것은 아니다.『현대 신학의 매로우』의 1부는 죄가 가득한 곳에 은혜가 더욱 넘치며 그리스도께로 가는 데 아무런 자격 조건이 없다는 바울의 메시지를 그대로 담고 있다. 하지만 매로우 신학은 더 나아가, 성화의 수준에 따라 칭의가 강해지거나 약해질 수 없다는 주장을 펼쳤다. 그래서 율법주의자들에게 매로우 형제들의 복음은 율법폐기주의처럼 들릴 수밖에 없었다.

이 문제는 17세기와 18세기에 처음 불거진 것이 아니었다. 예수님은 생전에 율법주의자라는 비난을 받으신 적이 없었다. 반대로, 율법폐기주의자란 오해를 종종 받으셨다. 세례 요한은 금욕의 삶을 살고 회개하는 자들에게 세례를 베풀었다. 그에 반해 예수님은 율법에 대해 좋게 말씀하신 적이 별로 없고 서기관들의 시험을 무시하셨으며, 때로는 바리새인에게 거의 폭언에 가까운 말씀을 하셨고 죄인들과 식사하는 자리에 가셨다. 단, 아무에게도 세례를 베푸시지는 않았다. 예수님을 궁지에 몰 증거를 모으던 자들은 결국 그분을 율법폐기주의자로 고발하려고 했다. 예수님이 모세 율법에 대한 무관심을 조장한 것은 사실이지 않은가?[1] 비판자들은 예수님이 율법을 경시하고 안식일 반대주의로 흘렀으며 제자들을 제대로 훈련하지 않았다는 트집을 잡았다.

이 대목에서 우리는 케케묵은 문제를 마주하게 된다. 복음이 율법을 폐지하는가? 매로우 형제들은 예수님과 바울이 한 설교와 가르침이 의문과 비판의 대상이었던 것처럼 자신들도 그러했던 데서 큰 위로를 얻었다.[2] 그런데 율법폐기주의도 율법주의처럼 많은 얼굴이 있다.

율법주의의 여러 얼굴

'율법폐기주의자'란 단어는 루터의 종교 개혁에 뿌리를 두고 있다. 루터의 초기 신학과 저술은 자신의 영적 경험을 그대로 따라갔다고 말할 수 있다. 때로 루터는 글을 쓰는 중에 자신의 입장을 정리했던 것처럼 보인다. 예컨대 그는 극심한 속박을 경험하다가 주체 못할 해방감을 맛보았는데, 그것이 율법의 정죄에 관해 자주 말하게 된 계기가 되었다. 성경을 이해하기 위한 그의 기본적인 방법은 구절 하나마다 '이것이 율법인가 복음인가?'라는 질문을 던지는 것이

---

1 마가복음 2장 1절-3장 6절에는 어느 안식일 오후 예수님과 제자들이 밭에서 감시당한 사건을 비롯해 이런 여러 사건이 나온다. 바리새인들이 그럴 시간에 집에서 토라나 연구했으면 얼마나 좋았을까? 마가복음 2장 23-24절을 보라.

2 로마서 3장 31절. 하나님의 법을 파기했다는 것이 바울을 비난하는 중요한 요소 중 하나였다. 그런 비난은 아시아에서 예루살렘까지 계속해서 그를 따라다녔다. 사도행전 21장 27-28절을 보라. 예수님의 반응은 마태복음 5장 17-48절에 자세히 기록되어 있다.

었다. 이런 원칙은 나름의 가치를 지니고 있지만 쉽게 왜곡으로 흐를 수 있다. 실제로 루터는 율법을 부정적인 것으로만 묘사하는 것처럼 보이곤 했다.

이렇게 루터가 율법과 복음을 상극으로 보던 차에 그의 친구 요하네스 아그리콜라(Johannes Agricola, 1492-1566)가 그리스도인의 삶 속에서 율법의 역할은 전혀 없다는 그의 생각에 쐐기를 박아주었다. 아그리콜라는 필립 멜란히톤(Philip Melanchthon)[3]과 논쟁할 때 처음 '율법폐기주의'에 관해 설명했고 나중에 루터와도 그렇게 했다. 1530년 멜란히톤은 율법이 그리스도의 삶의 지침이라는 소위 '율법의 제3 용도'(tertius usus legis) 개념을 사용하기 시작했다. 이에 대해 아그리콜라는 기본적으로 율법의 역할을 전면 부정했다. 그렇게 그는 '율법폐기주의자'(antinomian, anti=반대, nomos=율법)가 되었다. 하지만 나중에 초기의 입장을 철회하긴 했다.

아그리콜라와의 논쟁은 기껏해야 교내에서 이루어진 것일 뿐이었지만 재세례파 운동의 극단에 있던 사람 중 다수가 극단으로 흘러 종교 개혁의 안정성과 평판을 위협했다. 이로 인해 개혁주의 교회 안에 율법폐기주의에 대한 경계심과 두려움이 깊이 자리하게 되었다. 율법을 조금이라도 가볍게 여기는 신학은 전체의 붕괴로 이어지는 첫 번째 도미노로 여기는 분위기가 조성되었다. 17세기를 훌쩍 넘어서까지 여러 종류와 수준으로 율법폐기주의의 파도가 계속

---

[3] 필립 멜란히톤(1497-1560)은 1518년 비텐베르크 대학의 헬라어 교수가 되었고, 루터의 가까운 동료이자 막역한 친구가 되었다. 그는 로마서 강해를 바탕으로 한 *Loci Communes* 초판(1521년)에서 이미 율법과 복음의 문제를 다룬 적이 있었다.

밀려와 개혁주의 신학의 해변을 때렸다.[4]

율법폐기주의를 간단히 정의하자면, 그리스도의 삶 속에서 율법의 역할을 전면 부인하는 주의라고 할 수 있다. 율법폐기주의의 핵심 구절은 (다소 역설적이게도[5]) 로마서 6장 14절이다. "너희가 법 아래에 있지 아니하고 은혜 아래에 있음이라." 반면, 웨스트민스터 신앙 고백은 율법이 신자를 위한 행위의 언약은 아니지만 삶의 규칙으로서 계속해서 기능한다고 가르쳤다.

앞서 우리는 범주 용어들을 얼마나 주의해서 사용해야 하는지를 살펴보았다. 모든 '율법폐기주의자'가 다 똑같은 것은 아니다. 율법폐

---

[4] 이전의 연구들은 청교도 시대의 율법주의에 주목했다. Gertrude Huehns, *Antinomianism in English History: With Special Reference to the Period 1640-1660* (London: The Cresset Press, 1959) 2장, 25-42를 보라. 그런데 영국 근대 초기, 특히 17세기에 대한 새로운 관심이 일어나면서 최근 율법폐기주의를 집중적으로 다룬 연구들이 쏟아져 나왔다. Tim Cooper의 *Fear and Polemic in Seventeenth Century England: Richard Baxter and Antinomianism* (Farnham, UK: Ashgate, 2001)부터 David R. Como의 *Blown by the Spirit: Puritanism and the Emergence of an Antinomian Underground in Pre-Civil-War England* (Stanford, CA: Stanford University Press, 2004)까지 신학적 입장도 다양했다. 미국의 상황을 알고 싶다면 특히 David. D. Hall의 *The Antinomian Controversy, 1636-1638: A Documentary History* (Middletown, CT: Wesleyan University Press, 1968)와 William K. B. Stoever의 *A Faire and Easie Way to Heaven: Covenant Theology and Antinomianism in Early Massachusetts* (Middletown, CT: Wesleyan University Press, 1978), Theodore D. Bozeman의 *The Precisionist Strain: Disciplinary Religion and Antinomian Backlash in Puritanism to 1638* (Chapel Hill: University of North Carolina Press, 2004)를 보라. 그 이후 영국의 율법폐기주의에 관해 알고 싶다면 Peter Toon의 *The Emergence of Hyper-Calvinism in English Nonconformity, 1689-1765* (London: The Olive Tree, 1967)를 읽어보라. 과거와 당시의 상황에 관한 17세기 저자들의 글을 바탕으로 한 최근의 연구서는 Mark Jones, *Antinomianism: Reformed Theology's Unwelcome Guest* (Phillipsburg, NJ: P&R, 2013)이다.

[5] 로마서 6장 1-23절이 율법폐기주의에 반박하기 위한 바울의 핵심적인 강해라는 점에서 '역설적'이다.

기주의의 시각을 갖고서도 경건한 삶을 산 사람들이 적지 않다. 우리는 주의 종들이 서로 싸우지 말아야 한다는 사도의 명령을 기억해야 한다. 주의 종들은 단순히 말에 관해 트집을 잡지 말아야 한다. 또 서로 의견이 다른 사람들에게도 정중하게 행동하고 말해야 한다.6

이번에도 로버트 트레일에게서 지혜로운 조언을 들어보자.

> 서로에 관한 말을 곧바로 받아들이지 말자. 다툼의 한복판에는 거짓된 말이 많이 오고가, 사람들은 성급하게 그것을 믿는다. 이것은 다툼의 열매인 동시에 연료다. 율법폐기주의에 관한 온갖 소음에 대해 분명히 말하건대, 나는 런던의 율법폐기주의자 목회자나 신자 중에서 정말로 비판자들이 묘사했거나 루터와 칼뱅 같은 사람들이 글로 비판한 것과 같은 사람을 단 한 명도 보지 못했다(그들에게 물어볼 기회도 있고 물어볼 의향도 있다).7

율법폐기주의는 여러 형태로 나타난다.

교리적 율법폐기주의

신자들에 대한 하나님의 율법이 완전히 폐지되었다고 주장하는 신학자들이 있었다. 존 솔트마시, 존 이턴(John Eaton), 토비아스 크리스

---

6 디모데후서 2장 22-26절.
7 Robert Traill, *A Vindication of the Protestant Doctrine Concerning Justfication*, 1:281, *The Works on the Late Reverend Robert Traill*, 2 vols. (1810 original, 4 vols.) (Edinburgh: Banner of Truth, 1975) 중에서.

프(Tobias Crisp) 같은 영국 율법폐기주의자들의 입장이 그와 같았다.[8] 이것은 주로 하이퍼 칼뱅주의(hyper-Calvinism)와 연관된 관점이다. 이 관점에서는 하나님의 서술문이 하나님의 명령문을 너무 압도하여 성경적인 균형이 깨져버렸다. 이 관점은 신자가 내주하시는 성령 안에서 살아간다는 사실, 율법이 아니라 성령의 내주하심이 그리스도인의 삶을 다스리고 이끈다는 사실을 극단적으로 강조했다. 하지만 이 관점으로는 왜 성령이 거듭나는 순간 우리 마음에 '법'을 기록하신다고 하는지 만족스럽게 설명할 수 없다. 또 예레미야서에서 말하는 이 '법'에 왜 십계명이 포함되지 않는지를 명쾌하게 설명하지 못한다.[9]

율법폐기주의가 율법주의의 '반대편 극단'의 오류이긴 하지만 어떤 의미에서 '같은' 오류라고도 볼 수 있다. 왜냐하면 율법폐기주의도 하나님의 법을 하나님과 그분의 성품에서 분리하는 것(그래서 구약

---

[8] 이와 관련해, 율법폐기주의를 분석하고 비판한 존 플라벨(John Flavel)의 글에는 존 하우(John Howe), 나타니엘 매너(Nathaniel Mather), 인크리스 매더(Increase Mather)를 비롯한 많은 신학자가 서명한 서문이 포함되어 있었다. 이 신학자들은 토비아스 크리스프의 이름으로 출간된 작품들이 실제로 그의 아들이 옮겨 쓴 것이라고 증언했던 신학자들이다. 그들의 예상과 달리 플라벨의 책(플라벨 자신을 비롯해서 많은 신학자에 의해)은 율법폐기주의 요소가 짙다고 여겨졌던 크리스프의 설교들을 포함하여 출간되었다. 이 책의 서문은 극단적인 비난을 지양하려 했던 이들의 바람을 보여준다. 그들은 크리스프의 일부 진술이 율법폐기주의의 색채가 짙다는 점을 지적하면서도 다른 진술들은 칭의와 성화의 뗄 수 없는 관계 그리고 은혜의 증거가 확신에 도움이 된다는 점을 강조했다는 점만큼은 인정했다. The Works of John Flavel, 6 vols. (1820; repr. London: Banner of Truth, 1968), 3:413-418을 보라. 이 책의 저자들은 다음과 같이 이 점을 언급하고 있다. "우리의 입장과 다른 모든 진술에 대해 너무 엄격한 잣대를 들이대면 평생 남들을 비난하고 우리 자신을 방어하기만 하면서 살 수밖에 없다. 논쟁보다 온화함과 사랑의 정신이 공동의 평화에 더 유익하다"(3:413). 깊이 새길 만한 가치가 있는 말이다.

[9] 예레미야 31장 33절을 인용한 히브리서 8장 10절과 10장 15절.

에서 신약으로 넘어가지 않는 것)이기 때문이다. 율법폐기주의는 우리의 죄를 지적하는 율법이 죄를 짓지 않는 법을 가르치기 위해 주어진 것이라는 점을 놓치고 있다.

나아가, 이제 신자 속에 성령이 내주하신다고 해서 율법이 불필요하다고 말하기는 어렵다. 하나님의 명령은 지금도 여전히 "거룩하고 의로우며 선하"[10]다. 그뿐만 아니라 구약의 법을 지키라고 하는 신약의 특정한 권고도 있다.[11] 하이퍼 칼뱅주의 율법폐기주의는 '선행하는, 영원한, 선택하는, 구별하는' 하나님의 은혜를 너무 강조한 나머지, 율법을 조금이라도 강조하면 그 은혜에 해로운 것처럼 보이게 만들었다. 하이퍼 칼뱅주의는 영원 전부터 칭의가 이루어진다는 교리 그리고 거룩한 삶의 증거와 상관없이 성령의 증언이 즉각적으로 이루어진다는 관점과 밀접하게 연결되어 있었다. 하이퍼 칼뱅주의자들은 칭의의 기초에 선행의 요소가 다시 스며들 가능성을 차단하려다 기초와 상부 구조를 혼동하게 되었다.

그 결과, 하이퍼 칼뱅주의자들은 율법을 은혜의 선포에 해로운 것으로 보게 되었다. 따라서 (성령으로 변화되어 하나님의 율법에 따라 사는 삶이 하나님 구원의 은혜의 증거라는) 그리스도인의 삶에 관한 실천적 삼단 논법에서 율법폐기주의의 자리는 없다. 하이퍼 칼뱅주의에 따르면, 영원 전부터 의롭다 칭함을 받아 자신이 하나님의 자녀라는 성령의 증언을 경험한 사람들은 그 어떤 객관적인 규칙도 필요하지 않다. 어떤 면에서 하이퍼 칼뱅주의자들은 강하고도 미

---

10   로마서 7장 12절.
11   아마도 에베소서 6장 1-3절이 이 점을 가장 잘 보여주지 않나 싶다.

묘한 죄의 영향력이 완전히 사라진 것처럼 극단적인 종말론 속에서 사는 사람들이었다.

하지만 이런 교리적 율법폐기주의는 토머스 보스턴과 그 동료들의 정신과 거리가 멀어도 한참 멀었다.[12]

성서 해석상의 율법폐기주의

교리적 형태 외에도(하지만 교리적 형태와 밀접하게 관련된) 엄밀한 의미에서의 율법폐기주의는 특정한 성서 해석 관점[13]으로 옹호되었다. 이런 관점으로 보는 사람들은 웨스트민스터 총회 신학자들의 입장을 비롯해, 율법이 세 부분으로 이루어져 있고 그중 하나(도덕법)는 지금도 계속해서 기능하고 있다는 입장이 모두 성경을 제멋대로 해석한 것(imposition)이라고 주장했다.

율법을 '셋으로 구분'하는 분류법[14]은 종교 개혁 시대를 넘어 최소한 토머스 아퀴나스(Thomas Aquinas)까지 거슬러 올라간다.[15] 아마도

---

12 보스턴이 존 솔트마시의 책을 끝까지 다 읽기도 전에 주인에게 돌려주었다는 사실을 기억해야 한다. 『현대 신학의 매로우』에 대한 깊은 관심과는 크게 비교된다.

13 우리는 '율법폐기주의'라는 단어를 이렇게 다양하게 분류하면서 논쟁적인 글에서 자주 나타나는 독설의 뉘앙스를 담지는 않았다. 다른 표현을 사용하면 좋겠지만 칼뱅이 '자유의지'로 깨달은 것처럼 율법폐기주의는 어디까지나 율법폐기주의다.

14 내가 볼 때는 율법의 '구분'이라는 표현보다 '세 차원'이라는 표현이 더 적합할 것 같다. 왜냐하면 웨스트민스터 신앙 고백에서 지적했듯이 "일반적으로 도덕적이라고 불리는 이 율법 외에도, 하나님은 기꺼이 어린 교회로서 이스라엘 백성에게 의식적 율법을 주셨다. 이것은 여러 가지 상징적인 의식을 포함하는데, 일부는 예배에 관하여, 그리스도와 그분의 은혜, 활동, 고난, 유익을 예표하고, 일부는 도덕적 의무에 대한 여러 가지 교훈을 공표한다. 그러나 그 모든 의식적 율법은 신약 아래서 지금은 폐기되었다"(19.3). 여기서 의식법과 도덕법은 율법을 구분한 것이 아니라 율법의 차원들이다. 웨스트민스터 신앙 고백은 아예 '구분'이란 표현을 쓰지 않는다.

15 Thomas Aquinas, *Summa Theologica*, 1a IIae QQ 99-108, Fathers of the English

(복음주의자들을 포함해) 현대 성경학자 대다수는 이 분류법을, 성경을 제멋대로 해석한 것으로 여겨 거부할 것이다. 그들에게 모세 율법은 그냥 하나의 법전이었을 뿐이다.

지금은 성취되어 폐지된 의식법, 한 국가의 백성을 다스렸지만 이제 하나님의 백성은 국제적인 공동체이기 때문에 더는 기능하지 않는 시민법과 도덕법, 대다수 현대의 성경 학자는 이렇게 세 가지 율법이 있다는 개념이 전혀 성경에 맞지 않는다고 생각한다. 이런 전통적인 구분은 단순히 편의를 위한 것일 뿐 성경 본문에는 전혀 나오지 않기 때문이다. 모세 율법은 신약에서 구속력을 상실하고 완전히 끝났다. 더는 신자들의 삶에 대한 구속력을 갖지 못한다. 모세 율법은 한 시대를 다스렸을 뿐 그리스도가 여신 새로운 시대를 다스리지는 못한다. 이제 우리는 "법 아래에 있지 아니하고 은혜 아래에" 있고[16] 성령 안에서 산다.

이 논쟁과 관련된 문제들은 너무 광범위해서 여기서 자세히 다룰 수는 없다. 하지만 '매로우 형제들의 관점에서' 그들의 율법관을 설명할 필요성은 있다. 아이러니하게도 오늘날 그들이 살아 있다면 율법폐기주의보다 오히려 율법주의로 비난받을 가능성이 더 크다.[17]

Dominican Province 번역 (New York: Benziger, 1948), 2:1,031-1,119를 보라.

16 로마서 6장 14절.

17 사실상 해석상의 율법폐기주의를 옹호하는 모든 복음주의 학자가 복음 중심의 삶의 표현으로서 십계명의 요지 자체는 옹호한다. 그것은 십계명이 신약 권고들의 요지를 형성하기 때문이다. 주된 예외는 네 번째 계명(안식일)이다. 그런 의미에서 안식일 명령은 신학적 리트머스지가 될 수 있다. 『현대 신학의 매로우』의 저자들과 매로우 형제들은 십계명의 다른 명령들과 마찬가지로 안식일 명령도 시내 이전의 명령이므로 모세 통치와 함께 폐지되지 않았다는 입장을 취한 것이 분명하다. 특별히 이 명령은 모세 율법의 다차원적인 특징을 보여준다. 즉, 모세 당시 안식일 명령에는 도덕적 차원과

다음과 같은 진술을 보면 그들의 사고를 조금이나마 엿볼 수 있다.

- 성경에 따라 율법과 은혜가 절대적인 의미에서 서로 상충하지 않는다는 것이 우리의 해석이다.
- "율법은 모세로 말미암아 주어진 것이요 은혜와 진리는 예수 그리스도로 말미암아 온 것이라"고 말할 때 요한이 본 은혜와 율법 사이의 관계는 상반된 관계가 아니라 상보적인 관계다. 그리스도의 사역(은혜와 진리/현실)은 모세의 사역(율법/그림자/유형)을 이룬다. 요한이 사용한 동사가 이 점을 더욱 확인해준다. 즉, 요한은 율법이 '주어진' 것이고 그리스도는 '온' 것이라고 말했다.[18]
- (로마서 6장 14절에서) 우리가 "법 아래에" 있지 않다는 바울의 말은 율법이 계속해서 유효하다는 점을 부인하는 것이 아니다. 바울은 실제로 그런 오해를 받았다.[19] 하지만 (로마서 3장 31절에서) 이미 그는 복음이 율법을 "파기"하는 것이 아니라 "굳게 세우느니라"는 점을 강조했다. 또한 그는 이렇게 말했다. "율법은 사람이 그것을 적법하게만 쓰면 선한 것임을 우리는 아노라."[20] "율법은…

의식적 차원이 모두 있었다. 청교도 사고의 갈래 중 최소한 한 갈래의 입장은, 모세의 손에서 나온 율법에 대해서는 신자의 의무가 없지만, 십계명은 태초에 그리스도의 손에서 나온 것이므로 신자가 그리스도와의 결혼을 통해 십계명 아래에 놓인다는 것이다.

18 요한복음 1장 17절. 이런 변화는 히브리서 1장 1-2절의 변화와 비교될 수 있다. 히브리서 1장 1-2절에서는 단편적이고 다양하고 일시적인 것이 그리스도 안에서의 최종적인 완성으로 변한다.
19 사도행전 21장 28절.
20 디모데전서 1장 8절.

거룩하고 의로우며 선하도다." "율법은 신령한 줄 알거니와."[21]

- 그리스도 안에서의 새 약속은 외적으로만이 아니라 내적으로도 율법을 확립한다. 그리스도가 돌아가신 것은 "육신을 따르지 않고 그 영을 따라 행하는 우리에게 율법의 요구가 이루어지게"[22] 하시려는 것이다.

히브리서 저자는 구약이 "낡아지게" 된 것이라고 말한 동시에[23] 신약에 관한 예레미야의 비전에 동의했다.

> "그날 후에 내가 이스라엘 집과 맺을 언약은 이것이니 내 법을 그들의 생각에 두고 그들의 마음에 이것을 기록하리라 나는 그들에게 하나님이 되고 그들은 내게 백성이 되리라."[24]

특히 히브리서 기자는 뒤에서 이 구절을 다시 한번 인용했다.[25] 히브리서 기자가 이 구절을 특히 강조한 것으로 볼 때 우리는 이런 질문을 던질 수밖에 없다. "어떤 법이 우리의 생각과 마음에 기록된 것인가?" 히브리서의 첫 독자에게 그것은 다름 아닌 십계명이었다. 히브리서 저자는 구약의 의식법이 그리스도 안에서 완성되었다고

---

21 로마서 7장 12, 14절.
22 로마서 8장 4절. 여기서도 예레미야 31장 33절, 특히 에스겔서 36장 25-27절이 연상된다.
23 히브리서 8장 13절.
24 히브리서 8장 10절.
25 히브리서 10장 16절에서.

말했기 때문에 의식법을 말한 것일 수 없다. 그리고 히브리서는 "영구한 도성이 없"어서 자신을 더는 예루살렘의 시민으로 보지 않는 사람들을 대상으로 쓰인 것이다.[26] 따라서 그들은 더는 땅에서의 삶을 위한 시민법의 지배를 받지 않는다.

오해

십계명의 구속력이 여전하다고 주장한 17세기 개혁주의 저자들은 사고가 유연하지 못하다는 오해를 받곤 한다. 하지만 그리스도인이 십계명을 모세와 그리스도 중에서 누구에게서 받는지에 관한 그들의 논의를 보면, 그들이 유연하게 사고한다는 사실을 확인할 수 있다. 『현대 신학의 매로우』에서 지적했듯이, 바울에 따르면 그리스도인은 "하나님의 법 밖에 있는 것이 아니라 그리스도의 법 아래에" 있다.[27]

이 이면에는 정교한 성서신학이 있다.

우리가 받은 신학 교육의 '전통'에 따라 대개 우리는 여러 통로를 통해 '성서신학'을 접한다. 그래서 이 용어는 사람마다 다른 의미로 다가온다. 대다수의 신학교 교수와 학생은 (칼뱅의 표현을 빌자면) 어머니

---

26 히브리서 13장 14절.

27 고린도전서 9장 21절. Edward Fisher, *Marrow of Modern Divinity* (Ross-shire, UK: Christian Focus, 2009), 188. 거듭날 때 어느 정도 에덴의 회복이 일어난다. 왜냐하면 "사람이 처음에는 법 아래가 아닌 안에 있다가 하나님 형상의 표현인 순전하고도 거룩한 사랑을 저절로 발휘하게 되면서 율법이 요구하는 것을 행하게 된다." Patrick Fairbairn, *The Revelation of Law in Scripture* (Edinburgh: T&T Clark, 1868), 45, 원저자 강조.

의 젖과 함께 성서신학을 빨아들이지 않고 상대적으로 최근의 저작들을 통해 성서신학을 배웠다. 게다가 대개 그들은 16세기와 17세기 신학 저자들에 관해 별로 정통하지 못하다. 그래서 성경에 대한 신학적, 구속 역사적, 해석적 관점들이 비교적 최근에만 정립되었다고 속단하기 쉽다. 따라서 우리는 웨스트민스터 신앙 고백의 저자들이 신학을 할 때 '증거 본문'(proof text, 자신의 주장을 뒷받침하기 위해서 관계 없는 성경의 부분을 마음대로 잘라다 사용하는 것-역주) 방법을 사용했다는 오해를 경계해야만 한다.

이런 오해는 최소한 두 가지 면에서 '현대 이설'(the heresy of modernity)의 한 예라고 할 수 있다. 첫째, 웨스트민스터 총회의 목회자들은 증거 본문으로 신앙 고백을 만드는 것을 절대적으로 반대했다. 영국 의회의 명령과 협박 때문에 어쩔 수 없이 그렇게 했을 뿐이다. 게다가 성서신학 자체는 학문 분야로서의 역사보다 훨씬 더 오래되었다. C. S. 루이스가 지적했던 것처럼 현대인들은 대화가 8시에 시작되었는지 모른 채 11시에 대화에 참여하는 사람처럼 굴 때가 너무 많다.

결론적으로, 웨스트민스터 신앙 고백은 정교한 성경 해석과 성경적이고 구속 역사적인 신학의 산물이다. 무엇보다도 하나님의 율법을 다루는 부분을 보면 이 점을 확실히 알 수 있다.[28]

---

28 17세기 최고 저자들이 자신을 '증거 본문 사용자'로 보지 않았다는 사실은 앤서니 버지스(Anthony Burgess)의 동시대 저서인 *Vindiciae Legis*에 특히 잘 나타나 있다. 버지스는 1645년 11월 18일 심의에 맡겨지고서 1646년 9월 25일 표결에 붙여진 "하나님의 율법에 관한" 장의 초고를 맡은 총회 제3 위원회(Third Committee of the Assembly)의 일원이었다. 그 사이에 버지스는 런던의 목회자들에게 초청을 받아 그 주제에 관한 설교 시리즈를 전했다. 바로 이 30번의 강의가 1646년 6월 11일 목회자들의 요청으로

시대적 신학

개혁주의 정통신학의 고전적인 관점에서는 하나님의 율법을 세 시대로 구분해서 보았다.

창조

하나님의 형상대로 창조된 남자와 여자는 그분의 성품을 닮았다. 그래서 (하나님께 헌신된) 거룩한 삶으로 하나님께 순종하는 것은 직관적이고 '자연스러웠다.' 남자와 여자는 대우주의 주님이신 하나님의 형상을 따라 창조되었다. 그래서 소우주의 주인으로서 그분을 따라하도록 부름 받았다.[29] 대우주 주인의 형태가 소우주 주인의 삶의 리듬에 깊이 스며들어 있었다. 따라서 하나님처럼 일곱째 날에 쉬는 것이 그들의 패러다임이 되었다.[30] 다는 아니지만 많은 청교도가 바울이 이방인에 대해 사용한 "자기가 자기에게 율법이 되나니…그

---

*Vindiciae Legis*라는 제목으로 출간된 것이다. 이 강의들을 읽어보면 교리의 진술과 그 이면의 성경 해석에서 웨스트민스터 신앙 고백과 버지스의 견해가 얼마나 일치하는지를 확인할 수 있다. 이 강의들은 학문적 틀 안에서 이루어졌다. 즉, 62가지 질문에 대한 답변으로 구성되어 있다. 하지만 (형식과 달리) 그 내용은 깊은 성서신학적 사고와 창세기부터 요한계시록까지 구속 역사의 흐름을 세심하게 보여준다. 그렇다고 당시 성경 신학자들이 꼭 버지스의 견해에 동의했다는 뜻은 아니다. 하지만 한 시대의 두 신학 저작이 이렇게 정확히 일치하는 경우를 찾아보기가 극히 힘든 것만큼은 사실이다. 나의 요지는, 버지스와 당시의 학자들이 진지한 성서신학에 참여한 것이 아니라 '증거 본문'을 사용했다고 섣불리 판단하는 것은 기본적인 원 자료들을 잘 모르고서 하는 말이라는 것이다.

29 이것이 창세기 1장 26-28절의 요점이다. 하나님의 형상(26절)은 지배로 정의되지 않는다(28절). 하지만 분명 지배는 하나님 형상의 표현이다.

30 창세기 2장 1-3절. 여기서 "하나님이 그 일곱째 날을 복되게 하사 거룩하게 하셨으니"(3절)라는 진술은 인간을 향한 하나님의 의도를 의미한다. 하나님이 자신을 위해 그날을 복되게 하신 것이 아니다(하나님은 자신을 위해 날을 복되게 하거나 신성하게 할 필요가 전혀 없으시다).

마음에 새긴 율법의 행위를 나타내느니라"[31]는 표현을 인간 속에 있는 이 신적 형상의 흔적을 의미하는 것으로 해석했다.

이런 의미에서 존 오웬은 율법을 사람에게 "타고난" 것으로, 사람의 "식솔, 오랜 지인…친구"라고 표현했다.[32]

모세

바울은 "율법이 들어온 것"[33]이라고 말했다. 여기서 율법은 ⑴ 모세의 통치 그리고 ⑵ 나중에 로마서 7장 1-24절에서 밝혔듯이 특별히 십계명을 가리킨다. 바울에게 이 율법은 "돌판에 쓴…돌에 써서 새긴" 율법이었다.[34] 이렇듯 하나님이 모세를 통해 주신 이 율법은 몇 가지 중요한 특징이 있다.

첫째, 이제 율법은 객관적인 기록 형태로 주어졌고, 에덴에서처럼 인간의 내부가 아닌 외부에 새겨졌다. 둘째, 비록 신약에서 나타난 성령의 역사의 영광에 비하면 '상대적으로' 영광이라고 말할 수도 없지만 율법에도 엄연히 '영광'이 있다.[35]

오순절 사건을 강조하기 위한 이런 시대적 '비교법'은 바울의 특징 가운데 하나이며, 눈여겨볼 필요가 있다. 바울은 이미 갈라디아서에서 이런 비교법을 사용했다. 구속 역사적 관점에서 신자들은

---

31 로마서 2장 14-15절.

32 John Owen, *An Exposition Upon Psalm CXXX* (London, 1668), *The Works of John Owen*, 24vols., W. H. Goold 편집 (Edinburgh: Johnstone & Hunter, 1850-1855), 6:389.

33 로마서 5장 20절.

34 고린도후서 3장 3, 7절.

35 고린도후서 3장 7-11절.

상속자이지만 노예이던 시대에서, 양자의 영의 임재를 누림으로 예수님처럼 하나님을 "아빠 아버지"로 부르는(구약의 신자들은 절대 "아빠 아버지!"라고 부르짖지 않았다) 성숙한 아들들의 새 시대로 접어들었다. 구약의 신자들에 대해 바울은 이렇게 썼다. "유업을 이을 자가 모든 것의 주인이나 어렸을 동안에는 종과 다름이 없어서 그 아버지가 정한 때까지 후견인과 청지기 아래에 있나니."[36]

극심한 대조가 나타난다. 한때는 노예였다가 이제는 아들이다. 하지만 이것은 어디까지나 절대적인 대조가 아니라 상대적인 대조다. 나의 개인적인 경험으로 설명해보자면, 내가 초등학교에 다닐 적에는 그때가 내 인생에서 가장 행복한 시절이었다. 중학교와 고등학교에 진학하기 '전까지는' 그랬다. 그런데 중학교와 고등학교에 들어가니 그 시절이 가장 행복했다. 또 대학에 진학하기 '전까지는' 그랬다. 대학에 가니 또다시 그 시절이 가장 행복했다. 졸업하기 '전까지는' 그랬다. 졸업과 함께 마침내 수업과 시험, 교수들에서 해방되고 나니 그렇게 행복할 수 없었다! 성인의 눈으로 보면 초등학교와 중학교, 고등학교 심지어 대학까지 모두 선생들의 감시를 받는 감옥처럼 보일 것이다. 하지만 각 시절을 지나는 동안 그 안에서 나름의 기쁨과 즐거움을 느꼈다.

이처럼 이전 시절을 더 온전히 이해하는 것은 그다음 시절이 와야 가능하다. 마찬가지로, 구약의 신자들은 모세 통치의 배경 속에서 나름대로 풍요로운 복들을 맛보았다. 하지만 그리스도 안에서 얻는 온전한 은혜에 '비하면' 그 복들은 빛바랜 것에 지나지 않는

---

36 갈라디아서 4장 1-7절.

다.[37] 이 점을 이해하면 바울이 율법 속에 있는 하나님의 영광을 부인한 것이 아니라는 점을 이해할 수 있다. 바울은 율법을 비하한 것이 아니라 비교의 차원에서 말한 것이다.

셋째, 십계명의 명령은 대체로 금지 명령이다(여덟 개가 금지 명령이고 두 개만 긍정적 권고다). 사실, 금지 명령은 가장 단순한 형태의 명령이다(두 개의 긍정적인 명령에서 그것을 어떻게 이룰지에 관한 수많은 질문이 나온 것을 보면 알 수 있다. 예를 들어, 안식일을 어떻게 지킬 것인가? 결혼해서 아이를 낳아 새로운 가족을 이룬 뒤에는 부모님을 어떻게 공경할 것인가? 그에 반해, 금지 형태의 명령은 적용하기가 더 단순하고 이견의 여지가 적다).

부모라면 이 점을 잘 이해할 것이다. 부모는 처음부터 아기에게 전기의 기제를 설명한 뒤에 나사 드라이버를 전원 소켓에 넣지 말라고 가르치지 않는다. 부모는 먼저 나사 드라이버를 전원 소켓에 넣으면 큰일 나니 절대 넣지 말라는 말부터 한다. 전기의 기제에 관한 설명은 몇 년이 흐른 뒤에나 해준다. 금지 명령은 더 쉽고 간단하며 설명이 덜 필요하다.

넷째, 십계명은 사람들이 우상을 만들어 절하고, 종을 부릴 뿐만 아니라 소유하며, 대가족을 이루어 농경 문화 속에서 소와 나귀를 키우며 살던 특정 시대적 배경 속에서 주어진 것이다.

다섯째, 십계명은 다음과 같이 적용되어야 하기 때문에 많은 추가 조항이 있다.

---

37 John Calvin, *Institutes of the Christian Religion*, F. L. Battles 번역, J. T. McNeill 편집 (Philadelphia: Westminster Press, 1960), 2.9.1 참조.

1) 특정한 집단에게: 하나님이 따로 부르신 백성, 메시아에 관한 약속이 보존될 자궁을 형성해야 할 백성에게 주어졌다.
2) 특정한 시간의 틀 안에서: 메시아가 오실 때까지 유효하다.
3) 특정한 땅과 국가: 특정 국가가 메시아의 오심을 바라보며 다른 나라들과 구별되어 '거룩하게' 유지될 수 있도록 이 십계명으로 사회 전체를 다스리기 위한 구체적인 규정들이 마련되었다.
4) 구원을 위한 의식을 치르기 위한 규정: 죄의 용서, 하나님과의 화목, 하나님과의 만남을 궁극적으로 하나님이 어떻게 이루어주실지 미리 보여주는 그림으로서, 끊임없이 반복될 의식들을 위한 규정이 마련되었다.

여섯째, 이 십계명은 전체 율법 안의 특정한 범주로서 주어졌다. 즉, 삶과 예배에 적용한 구체적인 조항들과 십계명은 분명히 관련되어 있었지만 동시에 뚜렷이 구별되었다. 이 점은 하나님의 율법의 역학을 이해하는 데 너무도 중요했다. 그래서 이 점은 세 가지 물리적인 차원으로 표현되었는데 안타깝게도 자주 무시되었다.

1) 율법 중에서 오직 십계명만 하나님이 직접 쓰셨다.[38]
2) 오직 십계명만 특별히 돌에 새겨졌다.
3) 오직 십계명만 언약의 궤 안에 보관되었다.[39] 궤 안과 속죄소

---

[38] 출애굽기 24장 12절.
[39] 출애굽기 25장 16절.

혹은 덮개 아래라는 십계명의 보관 장소는 피가 속죄소에 뿌려져 십계명을 어긴 죄가 그 아래서 상징적으로 사해진다는 것을 의미한다. 보스턴이 지적했듯이 이 장소는 "공의가 만족되고 심판이 온전히 이루어지는" 상황을 생생하게 상징한다.[40]

또한 십계명을 삶과 예배에 적용한 구체적인 율법들은 "너희가 건너가서 차지할 땅에서 행할"[41] 법으로 주어진 것이었다. 이 점이 한 국가에 초점이 맞춰진 율법인 이유를 설명해준다. 이로써 하나님은 십계명이 기초이고, 그것을 적용한 율법들은 부차적이고 특정 시대와 지역으로 한정되며, 임시로 유효하다는 점을 상징적으로 보여주셨다. 구약의 제사가 죄를 온전히 다룰 미래의 제사를 보여주는 것이었다고 말하는 성경 구절에서 이 점을 다시 확인할 수 있다.[42]

그리스도

따라서 돌판에 쓰여 언약궤 안에 봉인되었던 하나님의 율법은 이제 성령으로 다시 쓰여 신자들의 마음속에 봉인된다. 외적인 규제가 다시 한번 내적인 기질이 된다. 물론 성화가 시작될 뿐 이 땅에

---

40 Fisher, *Marrow*, 102.
41 신명기 6장 1절.
42 히브리서 7장 23-25절, 10장 1-4절의 논리는 신약의 한 책 안에 들어 있으면서도 모세 시대에나 가능한 이해를 보여주고 있다. 즉, 그 논리가 그리스도의 성육신이 아닌 제사의 반복을 바탕으로 하고 있다.

서 영화가 완성되지는 않지만 말이다. 단, 율법 중 시민법과 의식법은 여기에 해당되지 않는다.

구약의 '예언'과 마찬가지로 구약의 '율법'의 경우도, 완성의 관점에서 볼 때 하나님의 옛 말씀 속에 늘 존재했던 진짜 구조가 온전히 드러난다.

그래서 매로우 형제들과 그 선구자들은 하나님의 율법이 주어진 배경을 유심히 관찰하고 전체 성경 속에서 율법의 이야기를 추적한 결과, 즉 율법에 대한 성서신학적이고도 그리스도 중심적인 접근법을 취한 결과, 하나님의 율법이 갈리아(Gaul)처럼 '세 부분으로 나뉜' 것으로 판단했다. 물론 율법은 하나님이 주신 것이기 때문에 통일되어 있지만 그 특성과 기능, 역사적 범위에서는 여러 차원이 있다. 통일된 율법이 그리스도 안에서 여러 차원으로 분해된다는 사실은 그 차원들이 그분에게서 비롯되었다는 증거다.

오직 그리스도 안에서만 율법의 '차원들'이 분명해진다. 하지만 그분의 오심으로 드러난 것이 그분의 오심으로 만들어진 것은 아니다. 다만, 그리스도의 오심은 늘 존재해왔던 것을 분명하게 해준다.[43]

---

[43] 웨스트민스터 신학자들의 '학문'을 철저히 구식이며 비성서신학적 선험적 틀에 갇힌 것으로 치부하지 않도록, 브루스 월키(Bruce K. Waltke)가 그들과 비슷한 성서 해석적 주장들을 채택함으로써 그들의 성서신학을 인정했다는 점을 밝힌다. Bruce K. Waltke, *Theonomy: A Reformed Critique*, William S. Barker and W. Robert Godfrey 편집 (Grand Rapids, MI: Zondervan, 1991), 70-72. 월키 교수가 지적하듯이, 십계명과 그 부수적인 적용들만이 아니라 의식법과 시민법에서도 분명한 구분이 이루어졌다. 전자는 신명기가 아닌 출애굽기 25-40장과 레위기에 기록되었다. 이런 면에서 볼 때, 율법에는 통합이 있지만 그것은 프리즘을 통과할 때 그냥 눈으로는 보지 못했던 각각의 색깔이 드러나는 광선의 통합과도 같다. 메시아의 오심에 관한 예언들과 마찬

구약과 신약의 관계를 조명한 벤저민 워필드(B. B. Warfield)의 다음 글이 이 점을 다루고 있다.

> 구약은 보화가 가득하지만 빛이 희미한 방에 비유될 수 있다. 빛이 들어온다고 해서 그곳에 전에 없던 것이 들어오는 것은 아니다. 단지 빛은 원래부터 있었지만 전에는 희미하게 보았거나 전혀 볼 수 없었던 것을 더욱 분명하게 볼 수 있게 해줄 뿐이다…따라서 구약에 나타난 하나님의 계시는 더 온전한 계시로 수정되는 것이 아니라 완벽해지고 확장될 뿐이다.[44]

이런 관점에서 매로우 형제들은 율법이 세 차원으로 이루어졌고 십계명이 여전히 중요하다는 입장이 '전통주의'나 '증거 본문' 방식이 아니라 성경 전체에 대한 철저한 성서신학적 연구에서 비롯한 결론이라고 판단했다.

한편, 율법폐기주의에는 경험적인 차원도 있다.

가지로 하나님의 율법에 관해서는, 율법 안에 영구적인 기초(십계명)와 구별되어 일시적인 의식적 차원과 지역적이고 임시적인 시민적 차원이 있다는 사실이 오직 그리스도 안에서만 분명해진다. 전자는 유지되지만 후자는 여러 모양으로 폐지되었다. 의식법은 끝났다. 시민법은 우리에게 의로운 정부의 방향을 보여주지만 더는 신자들이 각자의 나라 안에서 추구해야 할 법전이 되지 않는다. 십계명이 과거에 잠시 특정한 지리적·종교사회적 배경에서 특정한 민족에게 적용되었던 사례에서 우리의 배경에 적용되는 교훈을 얻을 수는 있을 것이다. 이 성취와 분명해짐의 원칙은 그리스도와 관련해서도 나타난다. 즉, 그리스도의 오심에 관한 예언에는 초림 차원과 재림 차원이 있다는 점이 분명해졌다.

44 B. B. Warfield, *Biblical Doctrines* (New York: Oxford University Press, 1929), 141-142.

경험적 율법폐기주의

17-18세기 율법폐기주의에 대한 두려움과 걱정이 얼마나 심했는지는 뉴잉글랜드의 목회자 토머스 셰퍼드(Thomas Shepard)의 다음 말을 통해 가늠해볼 수 있다. "그리스도 안에 있는 모든 사람에게 율법이 필요하지 않다고 하는 자들은, 값없는 은혜의 가면을 쓴 대가 없는 악의 옹호자다."[45] 실제로 이런 형태의 율법폐기주의가 비국교도 진영에서 나타난 적이 있었다. 이 정도의 왜곡은 물론이고 정통신학에 대한 작은 왜곡도 '도미노 효과'를 일으킬 수 있다는 우려가 팽배했다. 교리적 율법폐기주의와 성경 해석상 율법폐기주의가 성경의 계명들을 완전히 부인하고 하나님의 은혜를 방탕한 것으로 바꾸어놓을 수 있다는 것이었다.[46] 즉, 다음 시와 같은 상황이 벌어질 수 있다는 것이다.

> 율법에서의 자유, 오 복된 상태여.
> 마음껏 죄를 짓고도 용서받을 수 있다네.

---

[45] 토머스 셰퍼드(1605-1649)는 열다섯 살 때 케임브리지 엠마누엘 칼리지에 입학했다. 성공회에서 목사 안수를 받은 그는 로드 대주교에 의해 설교 자격을 박탈당했다. 이에 그는 매사추세츠로 넘어가 케임브리지 제일교회의 목사가 되었다. 율법폐기주의에 열렬히 반대했던 그는 뉴잉글랜드 율법폐기주의 논쟁이 한창일 때 앤 허친슨의 재판에 참여했다. 그의 열 처녀 비유 강해는 너무도 엄격해서, 19세기 에든버러 뉴 칼리지의 히브리어 교수였던 존('랍비') 던컨(John Duncan)은 "셰퍼드는 훌륭하지만 나는 더도 말고 그의 위선자 중 한 명만큼만 착했으면 좋겠다"라는 유명한 말을 남겼다. John M. Brentnall 편집, *"Just a Talker": Sayings of John ("Rabbi") Duncan* (Edinburgh: Banner of Truth, 1997), 183.

[46] 유다서 1장 4절.

예를 들어, 자신의 속도계를 걱정스러운 눈빛으로 바라보는 승객에게 이렇게 말하는 신자에게서 일상적인 형태의 율법폐기주의를 볼 수 있다. "우리는 법 아래에 있지 않고 은혜 아래에 있습니다." 어떤 의미에서 "아니요, 당신은 법 아래에 있습니다. 엄연히 국가의 법이 있습니다. 저 뒤에서 울리는 사이렌 소리가 그걸 증명해주지요!"가 적당한 대답일 수 있다. 기독교 신학에서는 "아니요, 당신은 법 아래에 있습니다"가 적절한 대답이 못된다. 그것은 진짜 핵심을 놓친 대답이다. 율법폐기주의에 대한 진정한 대답은 "당신은 법 아래에 있습니다"가 아니라 다음이 될 것이다.

> 당신은 은혜를 멸시하고 복음 안에서 하나님의 은혜가 어떻게 작용하는지를 이해하지 못하고 있습니다. 물론 당신은 믿음 안에서 그리스도와 연합했기 때문에 율법 아래서 정죄당하지 않습니다. 하지만 바로 그 믿음의 연합 때문에 율법이 요구하는 사항이 당신 안에서 성령을 통해 이루어져야 합니다. 당신의 진짜 문제점은 율법을 이해하지 못하는 것이 아니라 복음을 이해하지 못하는 것입니다. 바울은 우리가 "그리스도의 율법 아래에" 있다고 말했습니다.[47] 율법과 우리의 관계는 단순히 법적인 관계가 아닙니다. 또 냉랭하고 비인간적인 관계도 아닙니다. 우리가 율법을 지키는 것은 우리의 새신랑이신 예수 그리스도와의 결혼에서 비롯된 열매입니다.

---

[47] 고린도전서 9장 20-21절.

오늘날 율법폐기주의는 여러 형태로 우리 가운데 나타난다. 그중 하나는 기독교를 가장한 세속적인 자기 수용의 복음이다. '하나님은 나를 있는 그대로 받아주시기 때문에 하나님의 율법에 얽매여서는 안 된다. 하나님이 원하시는 것은 내가 나 자신으로 살아가는 것이다.' 이런 시각은 '삶의 방식'을 선택하는 데서 극명하게 나타난다. '나는 이렇게 생겨먹었다. 하지만 (나를 받아주지 않는 너희와 달리) 하나님은 은혜로우시기 때문에 나를 이 모습 그대로 받아주신다. 따라서 나는 계속 이 상태로 남아 있겠다.'

어떤 의미에서 문제는 실제로 하나님의 율법을 거부하는 것이다. 하지만 그 문제의 뿌리는 은혜, 더 나아가 하나님을 이해하지 못하는 것이다. 물론 나를 향한 하나님의 사랑은 내가 갖춘 자격이나 내가 얼마나 준비되었는지와 상관없다. 하지만 하나님이 우리를 현재의 모습대로 받아주신다고 말하는 것은 적절하지 않다. 하나님은 우리의 현재 모습에도 '불구하고' 우리를 받아주시는 것이다. 하나님은 오직 그리스도 안에서, 오직 그리스도로 말미암아 우리를 받아주신다. 그리고 하나님은 우리를 처음 발견한 상태로 내버려두지 않으시고, 자신의 아들을 닮아가도록 우리를 바꾸신다.[48] 이런 변화와 새로운 삶이 없다면 애초에 우리가 그분의 것인지 확신할 수 없다.

율법폐기주의의 본질은 하나님의 율법을 그분 자신에게서 분리하고 은혜를 그리스도와의 연합(이 연합 안에서 율법이 우리의 마음에 쓰인다)에서 분리하는 것이다. 그래서 율법폐기주의는 단순히 십계명을 위태롭게 할 뿐 아니라 복음의 진리를 망가뜨린다.

---

[48] 로마서 8장 29절.

8장

원인과 치료제

━━ 율법폐기주의에는 다양한 형태가 있다. 사람들은 어느 한 범주로 정확히 맞아떨어지지 않을뿐더러 꼭 자신의 입장에 대한 완벽한 논리를 갖춘 것도 아니다.[1] 여기서 우리는 신학적 의미에서의 '율법폐기주의'를 사용하고 있다. 즉, 이 책에서 말하는 율법폐기주의는 그리스도 안에 있는 사람들에 대한 십계명의 '의무적인'(양심을 자극하는) 특징을 거부하는 것이다.

---

1 철저히 신학적인 전제를 내놓는 것이 중요하고 옳지만, 우리가 자신의 논리를 항상 확실히 파악하고 있는 것은 아니다. 따라서 상대방이 오히려 부인하는 논리를 상대방의 것으로 여기지 않도록 조심해야 한다. 독설적인 글에서 이런 실수를 흔히 발견할 수 있다. 하지만 전제 이면의 논리를 정확히 지적할 필요성은 있다.

18세기에 흔히 생각했던 율법폐기주의는 기본적으로 하나님의 율법을 이해하지 못하고 그리스도의 삶 속에서 그 율법의 자리를 인정하지 않는 것을 의미했다. 하지만 율법주의가 보기보다 복잡한 것처럼 율법폐기주의도 마찬가지다.

극과 극은 통하는가?

율법폐기주의에 대한 가장 큰 오해는 단순히 그것을 율법주의의 정반대로 보는 것이다. 신자들을 위한 연상 검사를 하는 것이 심리학 학도들에게는 꽤 흥미로운 실험이 되지 않을까 싶다. 예를 들어, 특정 단어에 대해 연상되는 반대어로 다음과 같은 답을 말할 것이다.

구약 → 신약
죄 → 은혜
다윗 → 골리앗
예루살렘 → 바벨론
율법폐기주의 → ?

마지막 문제에 대한 직관적인 답은 '율법주의'일 것이다.
그런데 과연 '율법주의'가 정말로 옳은 답일까? 통상적인 용례의 차원에서는 옳은 답일지도 모르겠다. 하지만 신학의 관점에서는 그리 만족스러운 대답이 못 된다. 율법폐기주의와 율법주의는 서로 정반대라기보다 둘 다 은혜의 정반대라고 볼 수 있기 때문이다. 이것이 성경이 율법폐기주의나 율법주의를 서로에 대한 해독제로 제시하지 않는 이유다. 은혜, 즉 그리스도와의 연합을 통한 그리스도 안에 있는 하나님의 은혜가 모두에 대한 해결책이다.

이것은 매우 중요한 진술이다. 교회 역사상 가장 영향력 높은 율법폐기주의자 중 상당수가 율법주의에서 도망치는 중이라고 인정했기 때문이다.

영국 율법폐기주의의 아버지라 불리는 토비아스 크리스프의 자서전을 처음 쓴 존 길(John Gill)은 이렇게 말했다.[2] "그는 처음에는 율법주의적인 설교를 극도로 선망하여 그런 설교를 했다."[3] 벤저민 브룩(Benjamin Brook)은 더 큰 배경에서 크리스프의 상황을 분석했다.

> 나중에 자신이 실수했다는 사실을 발견한 사람들은 대개 그 오류에서 최대한 멀어져야 한다고 생각한다. 이전의 입장에서 멀어질수록 진리에 더 가까워진다고 생각한다. 안타깝게도 크리스프 박사가 그러했다. 원래 그는 그리스도의 은혜를 매

---

[2] 토비아스 크리스프(1600-1643)는 케임브리지 이튼 앤 크라이스트 칼리지에서 수학했고, 옥스퍼드 베일리얼 칼리지의 교수가 되었다. 그는 서리 뉴잉턴의 교구 목사로, 나중에는 월트셔 브링크워스의 교구 목사로 임명되었다. 거기서 매우 열심히 목회를 했던 것으로 보인다. 그는 1643년 천연두로 사망했는데, 열심히 병문안을 다니다가 그 병에 걸린 것으로 보인다. 그가 죽고 나서 얼마 있지 않아 그의 세 권의 설교집은 『오직 그리스도께만 영광』(*Christ Alone Exalted*)이라는 제목으로 출간되었다. 그 설교로 그의 이름은 존 솔트마시 등과 연관되어 거론되었다. 그 책의 편집자 로버트 랭커스터(Robert Lancaster)는 그가 율법폐기주의자라는 사실을 부인했지만 웨스트민스터 총회의 신학자들은 그를 의심의 눈으로 바라보았다. 스펄전의 전임자 존 길은 크리스프의 첫 전기를 썼다.

[3] John Gill, "Memoir of the Life of Tobias Crisp, D. D.", Tobias Crisp, *Christ Alone Exalted*, 3 vols. 중 (London: John Bennett, 1832), 1:vi.

우 부정적으로 보았고, 그 때문에 율법주의나 자기 의와 같은 정신에 빠져들었다. 나중에 자신의 지난 관점과 행동을 돌아본 그는 충격을 받고 그것에서 최대한 멀어져야 한다고 판단한 듯하다.[4]

하지만 크리스프를 비롯한 많은 율법폐기주의자는 잘못된 처방을 따랐다. 본질적으로 율법폐기주의자는 율법주의적인 마음을 지닌 사람이다. 그는 율법주의에 대한 반발로 율법폐기주의자가 된 것이다. 하지만 그것은 율법에 대한 다른 관점을 취한 것일 뿐 더 성경에 맞는 관점을 취한 것이 아니다. 그런 의미에서 리처드 백스터(Richard Baxter)의 다음 말은 매우 깊은 통찰력을 담고 있다고 할 수 있다.

> 율법폐기주의는 복음의 은혜를 제대로 전하지 않고 눈물과 공포를 너무 강조한 결과였다.[5]

얼핏 율법을 완전히 배제하는 것이 답처럼 보인다. 하지만 문제는 율법이 아니라 마음에 있다. 이것은 예나 지금이나 변함이 없다. 율법폐기주의자는 이제 자신의 관점이 율법주의와 정반대라고 생각하지만 그것은 잘못된 영적 처방을 취한 것이다. 그의 병은 온전히

---

[4] Benjamin Brook, *Lives of the Puritans*, 3 vols. (London: 1813), 2:473.
[5] Richard Baxter, *Apology for A Nonconformist Ministry* (London: 1681), 226, 별색 강조.

치유되지 않았다. 질병의 뿌리를 드러내 치유한 것이 아니라 단지 보이지 않게 덮은 것뿐이다.

율법주의의 진정한 치료제는 하나뿐이다. 그것은 복음이 율법폐기주의에 대해 처방하는 치료제와 동일하다. 바로 예수 그리스도와의 연합을 이해하고 실제로 맛보는 것이다. 그렇게 되면 하나님의 율법을 사랑하고 그것에 순종하려는 새 마음이 절로 우러나온다. 이제 그리스도가 복음 안에서 우리에게 그렇게 할 힘을 주신다. 이것만이 율법주의(율법이 더는 그리스도와 분리되지 않는다)와 율법폐기주의(우리가 율법과 분리되지 않는다. 이제 율법이 그리스도의 손에서 우리에게 오며, 우리 마음에 그 율법을 쓰신 성령이 그것을 지킬 힘을 주신다)의 속박을 모두 깨뜨리는 유일한 치료제다.

이 치료제가 아니면 율법주의자든 율법폐기주의자든 모두 하나님의 율법 그리고 하나님의 은혜에 올바르게 연관될 수 없다. 의무가 그리스도 안에서 누리는 기쁨과 결합되지 못한다.

메로우 형제들의 중심인물 중 한 명이었던 랠프 어스킨[6]은 가장 심한 율법폐기주의자는 사실상 율법주의자라는 말을 했다. 역으로

---

[6] 랠프 어스킨(1685-1782)은 에베네저 어스킨(1680-1754)의 동생이다. 그의 아버지의 목회로 토머스 보스턴이 그리스도를 영접했다. 1737년 랠프는 형 에베네저 등이 1733년에 설립한 '연합 장로회'(Associate Presbytery)에 가입했다(에베네저는 1740년까지 공식적으로 스코틀랜드 교회에서 파면되지 않은 상태였다). 형제는 둘 다 '대표자' 혹은 '매로우 형제들'이었다. 그들의 새 교단은 1747년 버지스 서약(Burgess Oath) 때문에 분열되었다. 그 후 많은 성도가 미국으로 건너가 연합 개혁 장로교회(Associate Reformed Presbyterian Church)의 뿌리 중 절반을 형성했다(나머지 반은 비슷한 계기로 이민해온 개혁 장로교인들 혹은 서약자들이 채웠다). 오늘날 랠프는 무엇보다도 복음 시(Gospel Sonnets)로 유명하다. 그는 시로 분위기를 부드럽게 형성하며 주일 설교를 마무리하는 버릇이 있었다.

도 마찬가지다. 가장 심한 율법주의자는 곧 율법폐기주의자다.

율법주의에서 율법폐기주의로 돌아서는 것은 우리가 처음 결혼한 남편에게서 탈출하는 길이 전혀 못 된다. 계명이 구속력이 없다고 믿는 것이 아니라 오직 그리스도와 결혼하고 연합하여 그분과 함께 즐겁게 율법을 지키게 될 때 율법과 이혼할 수 있다. 보스턴은 다음과 같은 분석에 동의했다.

> 믿음으로 완벽히 의로워진 사람은 율법을 지키고 선행을 하려고 애쓸 필요가 없다는 율법폐기주의는 그 부패한 본성 속에 율법주의가 깊이 박혀 있다는 확실한 증거다. 그가 믿음으로 진정 그리스도께 나아오기 전까지는 율법주의적인 기질이 계속해서 그를 지배할 것이다. 그가 종교 안에서 어떤 형태로 변하거나 원칙을 표방하든, 율법폐기주의를 향해 도망쳐도 여전히 율법주의적인 정신을 지니고 있을 것이다. 그 정신은 언제나 노예 같으며 불경하다.[7]

1세기 뒤, 남장로교 목사이자 신학자였던 제임스 헨리 손웰(James Henley Thornwell, 1812-1862)도 같은 원칙을 이야기했다.

> 하지만 율법폐기주의는 어떤 형태이든 율법주의에서 비롯한다. 한쪽 극단으로 달려가는 사람은 바로 반대편 극단에 있던

---

[7] Edward Fisher, *The Marrow of Modern Divinity* (Ross-shire, UK: Christian Focus, 2009), 221.

사람이다.[8]

참된 신자의 삶 속에서 이 모습이 어떻게 나타나는지, 이번에도 존 콜크훈의 말을 들어보자.

> 율법주의적인 정신 혹은 행위 언약으로 끌리는 마음의 성향이 신자 속에 어느 정도는 여전히 남아 있고, 수시로 그들을 지배한다. 때로는 그 성향, 즉 자신의 성취와 자격으로 하나님의 사랑을 얻으려는 성향을 거부하기가 극도로 어렵다.[9]

율법폐기주의가 우리 본연의 율법주의적인 정신에서 탈출하는 길처럼 보인다면 로마서 7장을 새롭게 이해해야만 한다. 바울과 달리 율법주의자와 율법폐기주의자는 모두 율법을 문제로 본다. 하지만 바울은 율법이 아니라 죄가 근본 문제라는 점을 열심히 설명한다. 율법은 오히려 "거룩하고 의로우며 선하"고 "신령한" 것이다.[10] 진짜 적은 우리 안에 거하는 죄다. 그리고 이 죄에 대한 치료제는 율법도 아니고 율법의 폐지도 아니다. 치료제는 바울이 로마서 5장 12-21절에서 자세히 설명한 은혜다. 그는 로마서 6장 1-14절에서 그리스도와의 연합을 강해할 때도 이 은혜를 자세히 다루었다. 율법

---

8   J. H. Thornwell, *Collected Writings of James Henley Thronwell*, 4 vols. (1871-1873; repr. Edinburgh: Banner of Truth Trust, 1974), 2:386.

9   John Colquhoun, *A Treatise on the Law and Gospel*, D. Kistler 편집 (1859; repr. Morgan, PA: Soli Deo Gloria, 1999), 223.

10 로마서 7장 12, 14절.

을 폐지하는 것은 어리석은 짓이다.

로마서 7장 1-6절에 기록된 바울의 설명을 자세히 살펴볼 필요성이 있다. 우리는 원래 율법과 결혼한 자였다. 물론 남편이 죽으면 여자는 자유롭게 재혼할 수 있다. 하지만 바울은 율법이 죽어서 우리가 그리스도와 결혼할 수 있었던 것이 아니라는 점을 지적한다. 율법이 죽은 것이 아니라 율법과 결혼했던 신자가 그리스도 안에서 죽은 것이다. 하지만 이제 그는 그리스도와 함께 다시 살아났기 때문에 마음껏(합법적으로!) 그리스도와 결혼할 수 있다. 그리고 그분과 결혼하면 하나님을 위한 열매가 탄생한다. 바울에 따르면 이 두 번째 결혼의 결과는 "육신을 따르지 않고 그 영을 따라 행하는 우리에게 율법의 요구가 이루어지게"[11] 되는 것이다.

그리스도인이 "율법 아래에" 있다는 것이 바로 이런 의미에서다.[12] 우리는 예전처럼 율법과 직접적으로 혹은 단독으로 관계를 맺고 있지 않다. 이제 우리가 율법을 지키는 것은 먼저 이루어진 그리스도와의 관계에서 비롯한 열매다. 간단하게 말하면 이렇다. 아담은 하나님께 법을 받았다. (뱀 그리고 이어서 하와가 한 것처럼) 율법을, 그것을 주신 분과 분리해서는 안 된다. 마찬가지로, 신약의 신자는 자신과 율법의 관계가 그리스도와의 연합에서 비롯된 열매라는 점을 이해하지 못한 채로 율법을 바라보지 말아야 한다.

번연은 로마서 7장의 의미를 이해하고 있었다.[13] 우리 모두의 안

---

11 로마서 8장 4절.
12 고린도전서 9장 21절(*ennomos Christou*).
13 이 책 170-173페이지를 보라.

에는 '첫 아담에게 끌리는 성향'이 여전히 남아 있다. 신자는 율법에 대해 죽었지만 율법은 죽지 않는다. 율법은 신자에 대해 여전히 존재한다. 하지만 신자는 이제 그리스도와 연합했기 때문에 부부의 법을 지키고 열매를 맺을 수 있다!

따라서 율법이 아닌 은혜가 율법이 요구하는 것을 만들어낸다. 하지만 동시에 율법이 요구하는 것은 은혜가 만들어내는 것이 필요하다. 랠프 어스킨은 시 한 편에 이 원칙을 담아냈다.

> 그래서 복음의 은혜와 율법의 계명들은
> 둘 다 서로의 손을 묶고 푸네.
> 둘은 어떤 조건에도 동의할 수 없네.
> 그런데도 서로 껴안네.
>
> 둘을 가르는 자들은
> 진리의 친구일 수 없네.
> 반면, 둘을 뒤섞는 자들은
> 둘 다 파괴해 화를 부르네.
>
> 이 역설은 아무도 풀 수 없으니
> 이 쟁기는 복음의 암송아지와 함께할 수 없으니.[14]

14　Ralph Erskine, *Gospel Sonnets or Spiritual Songs* (Edinburgh: John Pryde, 1870), 288-289.

어스킨은 이 시에 이어 다음과 같이 덧붙였다.

> 율법의 계명들을 작동하기 위해
> 복음은 내게 다리와 팔을 주네.
> 율법은 내게 순종을 요구하고
> 복음은 그럴 힘을 주네.[15]

머리와 가슴

이것은 매우 중요한 목회적 교훈으로, 단순히 머리의 문제만이 아니라 마음의 문제이기도 하다. 율법폐기주의는 교리적 신학적 용어지만 율법에 대한 마음의 반감을 드러내는 동시에 감춘다. 이것이 교리적 설명만으로는 충분하지 않은 이유다. 지금 우리는 더 미묘한 문제와 씨름하고 있는 것이다. 우리는 개인의 정신, 본능, 악한 기질, 의무와 기쁨의 미묘한 분리를 다루고 있다. 이 문제를 해결하려면 부지런하고도 사랑 가득한 목회적 돌봄과 그리스도와의 깊은 연합, 말씀 공부가 필요하다. 이것들이 갖춰질 때 복음이 고집스러운 율법주의적 정신을 녹여낸다.

존 뉴턴과 윌리엄 쿠퍼가 작곡한 곡들이 수록된 찬송가집 『올니 찬송집』(*Olney Hymns*)에는 쿠퍼의 찬송가 "순종을 요구하는 사랑"(Love Constraining to Obedience)이 있다. 이 찬송가는 위의 상황을 잘 표현해 준다.

---

15 상동, 296.

자연의 어떤 힘으로도
주님을 똑바로 섬기기에는 부족하네.
게다가 밝은 빛이 없어서
자연은 가진 힘을 잘못 적용하니.

법 아래 얼마나 오래 있었는가.
속박과 고통 가운데서!
법을 지키려고 애썼으나
소용이 없었네.

외적인 죄에서 돌아서는 것은
내 힘으로 도무지 할 수 없는 것이었네.
내 안에 힘이 느껴지지만
이제 그 힘이 싫다네.

노예 같은 노력을 포기하니
의가 솟아나네.
이제 성자 안에서 값없이 선택되니
마음껏 그분의 길을 선택하게 되네.

예전에는 어떻게 더 자격을 갖출까
고민했지만
지금은 무엇을 주님께 드릴까

이것이 나의 질문이네.

그리스도가 율법을 이루신 것을 보고

그분의 용서하시는 음성을 들으면

노예가 자녀로 변하고[16]

의무가 선택으로 변하네.

지금 여기서 우리는 에덴동산의 토양까지 그 뿌리를 거슬러 올라가는 성향을 다루고 있는 것이다. 율법주의와 마찬가지로 율법폐기주의도 단지 율법에 대한 잘못된 시각만이 아니다. 율법폐기주의는 궁극적으로 율법과 복음 모두에서 나타나는 은혜에 대한 잘못된 시각 그리고 그 은혜 이면에 있는 하나님에 대한 잘못된 시각이다.

율법폐기주의에는 어떤 교리적 문제들이 걸려 있을까?

그렇다면 율법이 왜 필요한가?

신약에서 율법의 역할이라는 문제는 산상수훈과 목회 서신만큼이나 오래되고 '율법이 왜 필요한가?'[17]라는 바울의 질문만큼이나 중요한 문제다. 이 문제는 종교 개혁 시대 그리고 청교도 시대까지 이어지는 '2차 종교 개혁' 시대에도 중요했다. 언약 신학의 재발견은 율법의 본질과 역할에 관한 논의로 이어졌다. 따라서 지난 70년간 성경 연구를 통해 고대 근동, 특히 구약에서 언약적 사고의 중요성이 재

---

16   뉴턴과 쿠퍼는 이 부분에 대해 로마서 3장 31절을 참고 구절로 제시했다.
17   마태복음 5장 17-48절, 갈라디아서 3장 19절, 디모데전서 1장 8절.

발견된 결과, 율법의 위치에 관한 책과 논문이 쏟아져 나온 것은 너무도 당연했다.

신약을 보면 하나님의 율법을 좀 심하게 표현한 진술이 더러 있다. 예컨대 바울은 율법에 대해 "죽게 하는"과 "정죄의 직분"이라는 표현을 사용했다.[18] 나아가, 신자가 율법에서 자유롭다는 뉘앙스를 풍기는 진술도 있다.[19] 그렇다면 율법폐기주의는 충분히 일리가 있는 것인가? 하지만 반대 방향을 가리키는 성경 구절이 수없이 많다.

어휘 부족의 문제인가?

찰스 크랜필드(C. E. B. Cranfield)는 유명한 로마서 주석서를 출간하기 전인 1964년에 발표한 중요한 글에서 분명한 사실을 지적함으로써 바울의 율법관을 조명했다. 바울은 '율법주의'나 '율법주의자'나 '율법적인' 같은 단어를 사용하지 않았다. 그리고 물론 '율법폐기주의'라는 단어도 사용하지 않았다. 그는 이런 언어적 범주의 도구 없이 율법의 역할과 율법에 대한 오해를 해설했다.

이것은 분명한 사실임에도 신약을 읽는 많은 독자가 이 점을 고려하지 못한다. 우리는 성경을 읽을 때 머릿속에 떠오르는 개념이 성경 기자들의 머릿속에도 있었을 것이라고 맹목적으로 가정한다. 사실, 우리는 성경을 워낙 신성하게 여기다 보니 지금 우리가 사용

---

18 고린도후서 3장 7, 9절.
19 로마서 6장 14절, 7장 4절.

하는 개념 용어 중 상당수를 사도들이 몰랐다는 사실을 잘 받아들이지 못한다.

하지만 바울이 나중에 매로우 논쟁을 통해 조명될 개념에 대해 현재와 같은 신학적 용어를 사용하지 않은 것은 분명 어휘가 부족했기 때문이었다. 바울은 '제한된' 어휘 안에서 그 개념을 설명했다.[20] 그래서 크랜필드는 바울이 다음과 같은 상황에서 성경을 썼다고 말한다.

> 율법과 관련된 기독교의 입장을 설명할 때 현대 신학자들에 비해 상당히 불리한 상황에서….

그렇다고 해서 바울이 현대 신학자들만큼 율법을 이해하지 못했다는 뜻은 아니다. 단지 크랜필드는 바울이 현대인과 같은 언어적 도구를 사용하지 않았다는 뜻으로 말한 것이다. 그의 말을 계속 들어보자.

---

[20] 이 점은 성경 텍스트와 그 안의 단어들, 나중에 이루어진 기독교 신앙의 형성의 관계라는 더 큰 질문으로 이어질 수밖에 없다. 이 관계는 '삼위일체'라는 단어로 설명된다. '삼위일체'(*Trinitas*)라는 단어는 터툴리안(Tertullian, 160-c. 225) 시대에 와서야 사용되기 시작했다. 바울은 이 단어를 사용하지 않았을 뿐 아니라 그의 사전에는 이 단어가 아예 존재하지도 않았다. 그렇다면 바울이 그 개념을 몰랐던 것일까? "삼위일체는 하나님이 세 위(*personae*)로 계시는 하나의 실체(*ousia*)라는 뜻이다"라는 말로 그 개념을 정의한다면 아무래도 바울의 사고 속에 정확히 이런 개념은 없었을 것이다. 그렇다면 바울이 삼위일체를 믿지 않았다는 말인가? 정반대다. 그의 서신에는 나중에 정립된 교리의 요지가 포함되어 있다. 그가 삼위일체 각 위격의 역사를 얼마나 자주 통합되는지를 보면 이 점을 더없이 분명히 확인할 수 있다.

이런 관점에서 우리는 때로 그가 율법을 폄하하는 것처럼 보이는 게 사실 율법 자체를 두고 하는 말이 아니라 율법에 대한 오해와 오용에 대해 하는 말일 가능성을 감안해야 한다. 그런 오해와 오용에 대해 우리가 흔히 사용하는 용어가 그에게는 없었다.[21]

크랜필드가 이런 어휘 부족을 잘 지적하긴 했지만 사실 그보다 4백 년 전에 이미 칼뱅이 신학적인 면에서 이 점을 다룬 바 있다.

원래 율법이 값없는 입양의 언약으로 아름답게 장식되어 있기는 하지만, 그(바울)는 그들의 오류(=율법주의)를 지적하기 위해 때로 율법을 좁은 의미에서 다룰 수밖에 없었다.[22]

율법폐기주의 진영의 저자들은 대체로 이 점의 성경 해석적, 신학

---

21 C. E. B. Cranfield, "St. Paul and the Law", *Scottish Journal of Theology* 17 (1964년 3월), 55. 이 글의 내용 중 상당수는 C. E. B. Cranfield, *A Critical and Exegetical Commentary on The Epistle to the Romans*, 2 vols. (Edinburgh: T&T Clark, 1979), 2:845-862의 부록 중 일부("Essay II")로 재출간되었다. 크랜필드는 바울이 "분명 율법과 관련한 기독교의 입장을 분명히 설명하는 데 매우 어려움이 있었다"(853페이지)라고 썼다. 이 글은 상황 설명은 좀 부족한 면도 있지만 요지만큼은 잘 전달해준다. 즉, 바울은 설명하기 위한 정확한 어휘가 없는 개념에 대해 더 일반적인 용어를 사용할 수밖에 없었다.

22 John Calvin, *Institutes of the Christian Religion*, F. L. Battles 번역, J. T. McNeill 편집 (Philadelphia: Westminster Press, 1960), 2.5.3. 크랜필드는 자신의 주석서를 통해 그의 1964년 논문 이전까지 자신의 요점이 학계에서 관심을 받지 못했다고 말했다. 언어학적으로, 성서 해석학적으로는 맞는 말일지도 모른다. 하지만 칼뱅이 성경의 뉘앙스를 잘 파악해서 읽는 것이 중요하다는 점을 강조한 것처럼 신학적으로는 많은 신학자가 이 문제에 관심을 가져왔다.

적 의미를 인식하지 못한다. 하지만 이 점을 고려하지 않으면 율법에 대한 바울의 입장을 제대로 이해할 수 없다. 바울의 글을 잘 읽어보면 그가 율법에 대해 부정문과 긍정문을 모두 사용한 이유를 이해할 수 있다. 즉, 그는 죽음을 낳는 것이 '그 자체로는' "거룩하고 의로우며 선"[23]한 율법의 직분이라고 말했다. 정죄하는 율법의 특성은 율법 고유의 특성이 아니라 우리 안에 있는 악의 결과인 것이다.

바울은 로마서 7장 7-12절에서 이 점을 강력하게 주장한다. 아니, 사실상 7장 전체가 율법의 본질과 역할을 설명하는 장이다. 바울은 율법 덕분에 죄를 알게 되었다. 이것이 율법 자체가 악하다는 뜻일까? 로마서 7장 7-12절은 율법의 좋은 점을 강조하는 구절로 시작하고 끝난다.

> 질문: 율법은 악한가?
> 부인하는 답: 7절에서 바울은 율법이 죄라는 점을 부인한다.
> 긍정하는 답: 12절에서 바울은 율법이 거룩하고 의로우며 선하다고 말한다.

이런 '양쪽 벽' 안에서 바울은 범인은 율법이 아니라 죄라고 분명히 밝힌다.

- **죄는 율법으로 드러난다** (7절 중간).

---

[23] 로마서 7장 12절. 계속해서 바울은 죄에 속한 역할을 율법의 역할로 여기면 율법이 작용하는 역학을 놓칠 수밖에 없다고 설명한다(롬 7:13).

- 죄는 율법이 금한다(7절 후반).
- 사실 죄는 율법을 이용한다(8절).
- 율법의 빛에 죄가 살아난다(9절, 돌을 들어 올리면 움직이는 벌레처럼).
- 율법은 생명을 약속했다('이것을 하면 살리라').
- 죄는 율법을 죽음의 도구로 바꾸었다(10절).
- **결론**: 우리를 죽이는 것은 율법이 아니라 죄다(11절)!

이렇게 바울은 율법을 가혹하고도 부정적으로 묘사하는 가운데서(율법으로 그는 죄를 의식하게 되었다) 그 거룩한 본질을 분명히 보여준다. 율법은 바로 하나님의 품성을 품고 있다. 이것이 그가 믿음으로 "내 속사람으로는 하나님의 법을 즐거워하되"[24]라고 말한 이유다. 율법은 거룩하고 선하며 신령한 것이니 마땅히 그래야 한다.

따라서 율법을 오로지 부정적으로 취급하거나 경멸하는 율법폐기주의의 입장은 바울의 가르침의 전체 틀을 이해하지 못한 결과다.

율법을 주신 것은 곧 하나님의 은혜

구약과 신약의 통일성을 너무 강조하다 보면 둘 사이의 차이를 놓칠 수 있다. 두 언약 사이의 시대적 차이는 워낙 커서, 요한은 성령의 사역과 관련해 다음과 같은 극단적인 차이점을 지적했다. "예수께서 아직 영광을 받지 않으셨으므로 성령이 아직 그들에게 계시지

---

24 로마서 7장 22절.

아니하시더라."[25] 그런데 여기서 '절대적인' 의미에서 진술된 것은 사실 '상대적인' 의미에서 이해해야만 한다.

이것은 성령만이 아니라 율법에도 똑같이 적용된다. 상대적인 배경에서 이해해야 할 것을 절대적인 조건에서 읽어서는 안 된다. 율법은 모세를 통해 온 것이고 은혜와 진리는 그리스도를 통해서 온 것이다.[26] 이런 비교는 '절대적이지' 않다. 다른 점들을 고려하지 않는다면 우리는 시편 1편 2절("여호와의 율법을 즐거워하여")과 시편 119편 97절("내가 주의 법을 어찌 그리 사랑하는지요!") 기자의 신앙심을 '절대' 존경할 수 없다. 하지만 우리는 본능적으로 이런 수준에 이르기를 갈망한다.[27] 그것은 비록 율법 자체는 그것을 지킬 힘을 주지 않지만 그것이 사랑 많으신 아버지의 은혜로운 선물임을 우리가 최소한 무의식적으로라도 알고 있기 때문이다.

만약 율법폐기주의자가 "하지만 십계명보다 토라 율법이 더 중요하다"라고 말한다면 우리는 십계명이 절대 덜 중요하지는 않다는 점을 분명히 지적해야 한다. 사실, 우리는 이렇게 말할 수 있다. "토라에 있는 것이 신약 시대를 사는 우리의 머리와 마음에 쓰였는가? 지금 우리가 사랑하고 지킬 수 있는 것은 바로 십계명이 아닌가? 의식법과 시민법은 아니다."

우리가 율법을 사랑하는 것은 그것이 "신령"[28]하기 때문이다. 즉

---

25 요한복음 7장 39절. 요한은 예수님의 죽음과 부활, 승천 이전에 성령의 임재와 능력에 관해 알고 있었던 것이 분명하다. 요한복음 1장 32절, 3장 5-8, 34절, 6장 63절.
26 요한복음 1장 17절.
27 그것은 예레미야 31장 31-33절이 이루어졌기 때문이다.
28 로마서 7장 14절.

성령과 조화를 이루기 때문이다. 그리고 성령 안에서 우리는 우리의 "속사람으로"[29] 하나님의 율법을 즐거워한다. 무엇보다도 우리 주 예수 그리스도가 율법을 사랑하고 이루셨다. 그분은 율법을, 목적을 위해 잠시 참아야 할 수단으로 여기지 않으셨다. 그분은 하나님이 사랑하신다고 말씀하신 것을 진정으로 사랑하셨기에 율법을 지키셨다. 성령이 우리 마음에 율법을 기록하시고, 율법을 지키신 예수 그리스도가 우리의 삶 속에 거하시기 때문에 우리도 그렇게 할 수 있다.

구속 역사라는 배경 속의 율법

인간이 하나님의 형상을 회복함으로써 하나님의 영광이 구속 역사 속에 나타난다는 것이 개혁신학의 기본 전제다.[30] 하나님의 구원에는 언제나 창조 당시의 것을 회복하는 역사가 나타난다.

물론 구원이 창조 당시의 삶을 초월해 영화로운 현실을 향해 나아가는 것은 사실이다. 하지만 그 운동은 양방향이다. 처음 창조된 에덴으로 돌아가는 동시에 새롭게 창조된 영광의 에덴을 향해 전진하는 것이다. 하나님의 계시도 마찬가지다. 하나님의 계시는 이전 계시와 구속의 패턴을 계속해서 수정하고 앞으로 나아가게 한다.

특히, 하나님의 서술이 하나님의 명령을 낳는 방식이 그러하다.

---

29 로마서 7장 22절.
30 로마서 8장 29절, 고린도후서 3장 18절, 에베소서 4장 22-24절, 골로새서 3장 9-10절, 요한일서 3장 2절.

이것이 성경의 이면에 흐르는 문법이다. 이런 의미에서 은혜는 언제나 의무와 법을 낳는다. 이것이 예수님이 계명을 지키는 것이 곧 자신을 사랑하는 것이라고 그토록 강조하신 이유다.[31]

분명 신약에는 사랑의 율법에 관한 가르침이 나온다. 사랑은 율법의 완성이다.[32] "율법은 네 이웃 사랑하기를 네 자신같이 하라 하신 한 말씀에서 이루어졌나니."[33] 하지만 사랑이 율법을 대체한다는 말씀은 어디에도 없다. 여기에는 몇 가지 중요한 이유가 있다.

첫째, 율법은 사랑하라고 명령하고 사랑은 율법을 이룬다. 사랑의 율법은 신약에서 새롭게 나온 개념이 아니다. 그것은 이미 구약의 중심에 있던 것이다. 즉, 이스라엘 백성은 하나님이 한 분이시고 전심으로 그분을 사랑해야 한다는 사실을 늘 되새겨야 했다.[34]

둘째 이유는 자주 간과되는 원칙이다. 그것은 사랑에 방향과 원칙이 필요하다는 것이다. 제멋대로 하는 사랑은 진짜 사랑이 아니다.

로마서 13장 8-10절에서 나타난 그리스도인의 삶에 관한 바울의 강해는 사랑이 율법의 완성이라는 중요한 원칙을 제시한다. 단 그는 여기서 "율법"이 "계명", 곧 십계명이라는 점을 명시하고 있다. 그는 네 가지 '이웃 사랑'의 계명을 인용한다(헬라어로 된 구약의 신명기 5장 17-21절에 나타난 순서대로). 하지만 그는 이 계명들(간음, 살인, 도둑질, 탐심)에

---

31   요한복음 13장 34절, 14장 23-24절, 15장 10, 12, 14, 17절.
32   로마서 13장 10절.
33   갈라디아서 5장 14절.
34   신명기 6장 5-6절.

서 그치지 않고 계속해서 "다른 계명"을 포함시킨다.[35]

계명들은 철로와도 같다. 성령이 마음속에 부어주신 하나님에 대한 사랑으로 움직이는 삶은 이 철로 위를 달린다. 사랑이 엔진에 동력을 제공하고, 율법은 올바른 방향으로 인도한다. 둘은 상호 의존적이다. 사랑이 율법과 별개로 작용할 수 있다는 생각은 착각일 뿐이다. 그것은 나쁜 신학일 뿐 아니라 잘못된 심리학이다. 올바로 사랑할 눈은 율법에서 빌려야 한다.

큰 그림 그리고 더 큰 그림

우리는 이미 성경의 큰 그림을 여러 면에서 살펴보았다. 예를 들어, 시내산에서 하나님은 자기 백성과 그들과의 관계(종교법 혹은 의식법) 그리고 백성 간의 관계(시민법)를 이끌 법으로 율법을 주셨다. 그중에서 시민법은 그들이 ⑴ 애굽에서 해방된 백성으로서 ⑵ 한 지역 안에서 ⑶ 메시아의 오심을 바라보며 사는 동안 사용될 법이었다.

하지만 시내산에서 전후로 더 멀리까지 뻗어가는 더 큰 그림이 있다. 출애굽 자체는 하나의 회복이었다. 그것은 일종의 새로운 창조였다. 이스라엘 백성은 일종의 에덴 곧 "젖과 꿀이 흐르는" 땅으로 인도되었다. 에덴동산에서처럼 그들은 거기서 하나님의 영광을 위해 삶을 통제할 계명들을 받았다.[36] 그들이 하나님 앞에서 그리고 서로 어우러져 사는 동안 은혜와 의무, 특권과 책임, 서술과 명령이

---

35 로마서 13장 9절.
36 장막과 성전도 에덴을 비추는 거울이었다.

그들을 이끌었다.

이런 것 외에도, 아니 더 정확하게는 이런 것에 대한 기초로서 하나님은 이스라엘 백성에게 십계명을 주셨다. 이것은 단순히, 처음 아담의 삶을 이끌었던 삶의 원칙들을 주로 금지의 형태로 새로운 배경으로 옮긴 것이다.

갈보리와 성령의 강림 사건으로 시계를 빨리 돌려보자. 모세가 시내산에서 돌판에 새겨진 율법을 들고 내려왔다면, 그리스도는 하늘의 산으로 올라가 성령을 내려보내셨다. 그래서 이제는 성령이 돌이 아니라 우리의 마음에 하나님의 법을 쓰신다. 비록 한때 죄의 노예로 살았던 우리인지라 죄의 흔적이 여전히 남아 있고 여전히 죄의 지배 아래에 있는 세상 속에서 살고 있지만 에덴의 회복이 일어났다. 이제, 끝까지 하나님께 순종하고 율법을 완벽하게 지키신 그리스도의 내주하심을 통해 성령이 우리에게 힘을 주신다. 이 은혜로 우리는 동기와 힘을 얻는다. 또 우리 주 예수 그리스도처럼 "내가 주의 법을 어찌 그리 사랑하는지요!"라고 말할 능력을 얻는다. 이렇게 은혜와 율법은 서로 완벽하게 연결되어 있다.

따라서 구약의 법에서 임시적이었던 것이 그리스도 안에서 폐지되었다. 시내산보다 430년 전에 아브라함이 받았던 언약이 전 세계적으로 이루어졌다.[37] (1) 한 백성을 특정한 땅에서 한 국가로 보존하고 구별하며 (2) 의식과 성례를 통해 그리스도를 가리키기 위해 이루어졌던 시내 언약은 이제 교회에 대한 구속력을 잃었다.

하지만 하나님이 인간을 창조하신 의도에 대한 표현은 여전히 남

---

[37] 갈라디아서 3장 17절.

아 있다. 하나님의 형상을 회복해야 한다는 말이 바로 이 점을 함축한다. 따라서 우리는 구원이 하나님의 형상을 따른 삶으로 회복하는 것이 아니라는 말을 할 수 없는 것만큼이나 율법폐기주의자가 될 수 없다.

그래서 『현대 신학의 매로우』와 그 책에 동의했던 매로우 형제들은 마음에 기록된 율법이 창조 은혜의 일부로 주어진 것이라고 판단했다. 『현대 신학의 매로우』은 이 점을 다음과 같이 표현했다.

> 아담은 이스라엘 백성이 시내산에서 들었던 것만큼 (율법을) 많이 들었다. 다만 적은 말로, 천둥 없이 들었을 뿐이다.[38]

모든 점진적 계시(progressive revelation)는 이전 계시를 반복하고 확장한다. 이 깨진 율법은 시내산에서 특정한 기간을 위해 주어진 것이다. 이제 이 율법은 창조의 은혜나 시내산 계명의 열매가 아닌 예수님의 피의 열매로 우리의 마음에 기록되어 있다. 이 피는 모세의 의식을 완성함으로써 끝을 냈다. 또한 이 피는 이스라엘 시민법의 종말을 고했다. 하나님의 백성이 새로운 시대에 접어들어 온 땅을 아우르는 영적 나라를 이루었기 때문이다. 더는 하나의 사회 정치학적 집단이 한 땅에서 거주하는 시대가 아니다.

이것이 율법의 역할을 바라보는 주류 개혁주의 성경 신학의 시각

---

[38] Fisher, *Marrow*, 54. 시내산과 에덴 사이에서 제안된 '절대적인 동일성'은 없지만 하나님의 형상은 언제나 그분을 비추도록 부름을 받았다는 점에서 둘 사이에 진정한 연속성이 있다. 단, 하나님의 형상은 창조와 타락, 중생, 영광 중 자신이 사는 '4중 상태' 중 하나에 따라 각자 다른 조건에서 그분을 비출 수밖에 없다.

이다.

아이러니하게도, 오늘날 웨스트민스터 신앙 고백 같은 진술은 성서신학적인 시각이 부족하다는 오해, 구속 역사 속에서 율법을 이해하지 못한다는 오해를 받는다. 하지만 웨스트민스터 신앙 고백 작성자들이 이 사실을 알았다면 필시 이렇게 반문했을 것이다. "하지만 선지서들을 읽으면서 선지자들이 그런 구분을 이해하지 못했다고 말할 수 있는가? 그들은 하나님의 대언자로서 '제사와 번제가 아니라 순종이 먼저다'라고 말하지 않았는가? 그렇다면 그들이 시민법과 도덕법을 구분했던 것이 아닌가?"

여기서 다시 우리는 구약 예언과 구약 율법의 유사점을 발견할 수 있다. 선지자들은 그분의 백성을 구하러 오실 그리스도를 예언했다. 하지만 그분의 오심에 관한 예언들이 그분의 임재라는 프리즘을 통과한 뒤에야 비로소 진리 전체가 분명해졌다. 알고 보니 이 '통일된' 예언들은 처음부터 끝까지 두 단계에 걸친 하나님 나라의 임재를 가리키고 있었다. 그분의 성육신으로 첫 번째 나라가 임했고, 마지막 날에 재림이 이루어질 것이다. 율법도 마찬가지다. 오직 그리스도를 통해서만 율법의 차원을 분명히 볼 수 있다.

하나님의 도덕법을 완벽히 구현하셨던 예수 그리스도는 자신에게로 와서 쉼(출애굽을 떠올리게 하는 단어[39])을 찾으라고 우리에게 명령하신다. 아울러 예수님은 그분의 멍에(율법)를 우리의 어깨에 놓으며 "내 멍에는 쉽고 내 짐은 가벼움이라"고 말씀하실 수 있도록, 우리에게 성령의 능력과 믿음으로 자신과 연합하라고 명령하신다.

---

[39] 출애굽기 33장 14절, 신명기 12장 9절, 여호수아 1장 13, 15절, 이사야 63장 4절.

그래서 우리는 에베소서 2장 15-16절 아래서 사는 그리스도인이다. 즉, 의식법은 완성되었다. 또 우리는 골로새서 2장 14-17절 아래서 사는 그리스도인이다. 즉, 유대인과 이방인을 구분하는 시민법은 완성되었다. 또한 우리는 로마서 8장 3-4절 아래서 사는 그리스도인이다. 즉, 도덕법도 그리스도 안에서 완성되었다. 단, 이 법은 폐지된 것이 아니라 성령의 능력으로 사는 우리 안에서 계속 완성된다.[40]

그리스도 안에서 우리는 진정으로 율법의 '마침 목적'(telos)을 본다. 하지만 바울은 이렇게 말했다. "우리가 그리스도에 대한 믿음을 가르침으로써 율법을 폐지하는가? 그렇지 않다. 우리는 율법을 강화한다. 그것은 그리스도가 율법을 폐지하기 위해서가 아니라 완성하러 오셨기 때문이다. 그래서 율법이 다시 우리 안에서 완성될 수 있다." 이것이 바울이 로마서 13장 8-10절과 에베소서 6장 1절 등에서 하나님의 율법이 신자의 삶에 여전히 중요하다는 사실을 당연한 전제로 이야기하는 이유다.

구약의 성도들은 율법을 어겨 죄를 지으면 의식을 치러 용서를 받았다. 그들은 예언을 통해서만큼이나 의식을 통해서도 (흐릿하게나마) 그리스도를 알았다. 또한 매일, 매년 반복되는 제사를 보면서 제사만으로는 죄가 완전히 씻기지 못한다는 사실을 알았다. 그렇지 않았다면 죄를 지을 때마다 다시 성전을 찾아가지 않았을 것이다. 하나님은 율법을 어겼을 때 용서받을 수 있는 의식을 마련해주시고

---

40 여기서 신약이 문자와 성령을 비교할 뿐 도덕법의 요지와 성령을 비교하지는 않는다는 점을 기억할 필요가 있다.

계명들을 통해 삶을 올바로 살 수 있는 방향을 알려주셨다. 이스라엘 백성은 이 사실을 알았기에 삶의 규칙으로서 율법을 사랑할 수 있었다.

따라서 오늘날 신자들도 율법에서 그리스도를 보는 것이 너무도 당연하다. 우리는 율법을 삶의 규칙으로 보아야 한다. 그리고 칼뱅처럼 그리스도가 율법의 생명이시라는 사실도 볼 줄 알아야 한다. 그리스도 없이는 율법에 아무런 생명이 없기 때문이다.

그리스도의 얼굴에 우리의 시선을 고정할 때만 비로소 율법을 분명히 이해할 수 있다. 그리고 그분의 얼굴을 바라볼 때 우리는 "내가 주의 법을 어찌 그리 사랑하는지요 내가 그것을 종일 작은 소리로 읊조리나이다"[41]라고 말한 시편 기자같이 되기를 원하게 된다.

이것은 율법폐기주의자들이 걱정하는 것처럼 속박의 상태가 아니다. 오히려 자유의 상태다. 그리스도인은 율법의 깊은 곳에서 기뻐한다. 그리스도인은 바울처럼 복음을 통해 그리스도의 법 아래에 있다고 말할 수 있도록, 율법을 적용하려 할 때 성령의 인도하심을 구할 수 있다.[42]

---

[41] 시편 119편 97절.

[42] 다시 말하지만, 그리스도인은 그리스도와의 결혼을 통해 그분의 율법 아래에 놓인다. 이는 골퍼들이 골프 협회에서 발표한 골프 규칙을 '율법주의'라고 말하지 않는 것과도 비슷하다. '율법폐기주의자' 골퍼가 되어 규칙을 무시하면 선수 자격을 박탈당한다. 골프 협회들은 골프 코스에서 일어날 수 있는 모든 상황, 심지어 사실상 일어날 가능성이 없는 상황에 대해서까지 상세한 규칙들을 두꺼운 책으로 펴낸다. 이런 규칙의 목적은 게임을 더 재미있게 만드는 것이다. 내가 가진 골프 규정집(2010-2011)은 무려 578페이지에다 추가로 색인이 131페이지다. 골프를 사랑하는 사람은 이런 규정집에 큰 관심이 있고, 심지어 규정집을 보는 것을 즐거워한다. 따라서 구약의 신자들이 하나님의 율법을 묵상하고 실천하는 데 큰 즐거움을 느꼈다는 것은 충분히 짐작할 수 있는 일이다. 그런데 하나님의 율법을 즐거워한다는 개념을 황당하게 여기는 그리스도인이

도덕법이 더는 구속력이 없다고 생각하는 율법폐기주의자들은 결국 궁지에 몰릴 수밖에 없다. 율법을 향한 구약 신자들의 열정(흥미롭게도 대다수의 신자가 감히 넘볼 수 없는 수준의 열정)이 사실상 율법주의의 일종이라고 주장할 수밖에 없기 때문이다. 하지만 예수님은 율법의 깊은 의미와 우리 마음속에 새겨짐에 관해 설명하심으로써 율법을 향한 더 강한 열정을 보여주셨다.[43]

구약의 신자들도 예수님도, 하나님의 율법을 그분의 은혜로운 성품에서 분리해 생각하지 않았다. 예수님은 아버지의 명령을 모두 지키는 것을 율법주의로 여기지 않으셨다. 우리도 그래야 한다.

두 형제의 이야기

매로우 논쟁은 기다리는 아버지와 두 아들에 관한 비유의 신학적 버전으로 마무리되었다. 율법폐기주의자인 탕자는 자신의 잘못을 깨닫고서 율법주의의 유혹을 받았다. '아비지의 집에 가서 종이 되어야겠다. 그러면 조금이라도 용서받을지도 모르지.' 하지만 예상과 달리 그는 아버지의 은혜를 넘치도록 받고 순종적인 아들로 자유롭

많으니 참으로 이상한 일이다. 루터에서부터 우리 선조들은 이 원칙을 잘 알았고, 표준 요리문답을 통해 하나님의 말씀과 법을 일상의 구석구석에 적용하는 법을 배웠다. 직업이나 취미 생활에 필요한 규칙과 원칙에 대해서는 달갑게 받아들이면서 하나님의 열 가지 기본 원칙에는 짜증을 내는 그리스도인이 많은 것은 참으로 아이러니가 아닐 수 없다. 오히려 "내가 주의 법을 어찌 그리 사랑하는지요!"라고 반응해야 옳다. 상황이 이렇다 보니 복음주의 진영에서 하나님의 율법이 무시되고, 그 밖에서는 하나님의 말씀에 대한 지식과 순종 없이 신비로운 방법으로 하나님의 뜻을 알려는 온갖 시도가 나타나는 것도 무리는 아니다.

43 마태복음 5장 17-48절.

게 살게 되었다. 율법주의자인 형은 아버지의 은혜를 맛본 적이 없었다. 율법주의에 물든 탓에 그는 아들로서의 특권을 진정으로 즐기지 못했다.

아버지는 둘 사이에 서서 아무런 조건 없이 양쪽 모두에게 값없는 은혜를 제시했다. 형이 아버지의 은혜를 받아들였더라면 매일 의무를 다하는 것이 즐겁고 노예 같은 마음의 완악함이 풀렸을 것이다. 그랬다면 한때 율법폐기주의자였던 그의 동생이 아버지처럼 형에게 거리낌 없이 다가가 이렇게 말했을 것이다. "우리가 보고 받은 은혜가 정말 놀랍지 않아? 은혜로우신 아버지의 모든 바람대로 영원히 순종하며 살자!" 그리고 둘이 팔짱을 끼고 잔치 자리로 가서 아버지의 사랑을 모두에게 전했을 것이다.

하지만 현실은 그렇지 못했다.

안타깝지만 지금의 현실도 그렇지 못하다.

하지만 다음과 같은 선포는 여전히 유효하다.

> "그러므로 이제 그리스도 예수 안에 있는 자에게는 결코 정죄함이 없나니 이는 그리스도 예수 안에 있는 생명의 성령의 법이 죄와 사망의 법에서 너를 해방하였음이라 율법이 육신으로 말미암아 연약하여 할 수 없는 그것을 하나님은 하시나니 곧 죄로 말미암아 자기 아들을 죄 있는 육신의 모양으로 보내어 육신에 죄를 정하사 육신을 따르지 않고 그 영을 따라 행하는 우리에게 율법의 요구가 이루어지게 하려 하심

이니라."[44]

그리고 다음과 같은 초대도 여전히 유효하다.

"오호라 너희 모든 목마른 자들아 물로 나아오라 돈 없는 자도 오라 너희는 와서 사 먹되 돈 없이, 값없이 와서 포도주와 젖을 사라 너희가 어찌하여 양식이 아닌 것을 위하여 은을 달아 주며 배부르게 하지 못할 것을 위하여 수고하느냐 내게 듣고 들을지어다 그리하면 너희가 좋은 것을 먹을 것이며 너희 자신들이 기름진 것으로 즐거움을 얻으리라."[45]

그리스도의 이 온전하고도 값없는 제시, 율법주의와 율법폐기주의 모두에서 나타나는 속박된 마음의 허물어짐, 우리가 그리스도와 연합하고 성령이 우리 마음에 율법을 써주신 결과로 나타나는 하나님에 대한 즐거운 순종… 이것이 여전히 현대 신학의 매로우다. 아니, 이것은 그야말로 복음의 매로우다. 왜냐하면 복음은 바로 그 복음의 옷을 입은 그리스도 자신이기 때문이다.

---

[44] 로마서 8장 1-4절.
[45] 이사야 55장 1-2절.

9장

확신의 매로우

1721년 스코틀랜드 교회 총회에서 제임스 호그는 매로우 형제들을 위해 『현대 신학의 매로우』를 옹호하는 발표를 했다. 이에 총회 위원회는 12개의 질문을 던졌고, 1722년 3월 매로우 형제들은 이 질문에 대한 상세한 대답을 내놓았다.[1]

이 질문 12개 중 여덟 번째 질문은 다음과 같았다.

그리스도가 나를 위해 돌아가셨고 그분이 나의 구주시며, 그

---

1 이 질문들과 답들은 Edward Fisher, *Marrow of Modern Divinity* (Ross-shire, UK: Christian Focus, 2009), 345-376에 실려 있다.

분이 행하고 고통당하신 모든 일이 나를 위한 것이었다는 지식과 믿음, 확신이, 죄인이 그리스도와 연합하고 그분께 관심을 가지며 하나님의 은혜의 복음 안으로 들어가게 되는 직접적인 믿음의 행위인가? 아니면 이 지식이 의롭게 하는 믿음의 행위의 본질에 속하는 확신인가?

여기서 제기된 주제들은 매로우 논쟁보다 훨씬 오래된 문제다. 과연 확신을 할 수 있는가? 그 확신을 어떻게 얻어야 하는가? 우리는 '정확히 무엇을' 확신하는가? 이 주제는 우리가 실제로 구원을 누리는 문제와 밀접하게 연관되어 있기 때문에 한 가지 이상의 이유로 자주 논쟁의 대상이 되었다.

거짓 확신

일단, 거짓 확신을 가질 수 있다. 실제로 산상수훈은 다음과 같은 말씀으로 끝맺는다.

> "나더러 주여 주여 하는 자마다 다 천국에 들어갈 것이 아니요…그날에 많은 사람이 나더러 이르되 주여 주여 우리가 주의 이름으로 선지자 노릇 하며 주의 이름으로 귀신을 쫓아내며 주의 이름으로 많은 권능을 행하지 아니하였나이까 하리니 그때에 내가 그들에게 밝히 말하되 내가 너희를 도무지 알

지 못하니 불법을 행하는 자들아 내게서 떠나가라 하리라."[2]

바울도 은사가 많은 고린도 교인에게 비슷한 경고를 했다. 기꺼이 순교를 해도("내 몸을 불사르게 내줄지라도") 진정한 그리스도인의 증거는 없을 수 있다.[3]

반대로, 진정한 신자도 의심에 시달릴 수 있다. 『현대 신학의 매로우』가 쓰일 당시 많은 사랑을 받았던 표현을 빌자면 "흑암 중에 행하는 빛의 자녀"[4]가 있을 수 있다. 시편도 이런 경험을 묘사한다. "내가 놀라서 말하기를 주의 목전에서 끊어졌다 하였사오나."[5] 아삽은 시편에서 이렇게 말한다. "나의 환난 날에 내가 주를 찾았으며 밤에는 내 손을 들고 거두지 아니하였나니 내 영혼이 위로받기를 거절하였도다."[6] 그렇다면 윌리엄 퍼킨스의 유명한 작품인 『양심의 증거』(A Case of Conscience. The Greatest that Ever Was)의 제목이 참으로 적절하다고 말할 수 있다.[7] 이런 문제를 제대로 살펴보려면 1720년대 이전, 아니 종교 개혁 이전으로 돌아가야 한다.

---

2   마태복음 7장 21-23절.
3   고린도전서 13장 1-3절.
4   이사야서 50장 10절.
5   시편 31편 22절.
6   시편 77편 2절.
7   1592년에 출간.

예루살렘에서 로마로

성경은 거짓 확신과 확신의 부족 모두를 이야기하고 있다. 아울러 성경을 보면 신약의 교회는 깊은 확신을 경험했던 것이 분명하다. 예수님은 박해를 받겠지만 "하늘에서 너희 상이 큼이라"는 말로 제자들을 격려하셨다. 바울은 그 무엇도 그리스도를 통한 하나님의 사랑에서 우리를 떼어놓을 수 없다고 분명히 말했다. 베드로는 하나님이 보호하시는 자들을 위해 천국에 썩지 않는 유업이 간직되어 있다고 말했다.[8]

사도 시대 이후 교회는 복음의 본질을 그만큼 분명히 보지는 못했지만 그럼에도 그리스도의 부활과 죽음이 용서를 이루고 영광스러운 확신도 준다는 사실을 여전히 피부로 생생하게 느끼고 있었던 듯하다. 하지만 중세가 시작되고 교황 '대'그레고리오 1세[9]의 시대가 오면서 확신하기가 어려워졌다. 설령 확신할 수 있다 해도 그것이 바람직하지 않으며 자칫 율법폐기주의로 흐를 수 있다는 인식이 점점 퍼져갔다.

이는 구원을 확신하는 사람이 그 확신을 자기중심적이며 자기 몰두적인 삶의 구실로 삼을 수 있다는 우려에서 비롯된 것이었다. 선택과 예정 그리고 무조건적인 은혜에 대해서도 비슷한 우려가 있었다. 이렇게 부도덕을 경계해야 하는 것은 당연하지만, 이는 복음의 기제, 특히 신자와 그리스도의 은혜의 연합을 제대로 이해하지 못한 데서 나온 오류다.

---

8   마태복음 5장 12절, 로마서 8장 38-39절, 베드로전서 1장 4-5절.
9   540-604년.

중세의 한복판에서 좀 더 신중한 접근법을 취한 토머스 아퀴나스가 등장했다.[10] 아퀴나스는 확신이 다양한 수단으로 찾아올 수 있다고 주장했다. 예를 들어, 특별 계시로 올 수도 있고 삶 속에 나타난 은혜의 증거들로 찾아올 수도 있다. 단, 그는 특별 계시가 (바울 같은) 소수에게만 찾아오고 은혜의 증거들은 항상 덜 분명하다는 주장으로 종교 개혁 이전 교회의 색깔을 정했다. 그에 따르면, 확신은 가능하다. 그리고 선행을 보고서 확신의 여부를 확인할 수 있다. 하지만 우리 안에서 형성된 의의 은혜(우리가 의롭다 함을 받는 근거)는 곧바로 확인할 수 없는 것이기에 실제로 이 은혜가 우리의 삶 속에서 열매를 맺은 것인지를 완벽히 확신할 수는 없다.

그래서 죄인이 재량 공로(congruent merit)에서 적정 공로(condign merit)에 이르러 완전한 칭의를 얻도록 돕기 위해 은혜를 형식화하고 객관화한 중세의 '구원의 서정'이 마련되었다. 하지만 개인의 믿음이 하나님을 향한 사랑으로 가득 차서(fides formata caritate) 비로소 하나님께 의롭다 칭함을 받을 만큼 '외로워졌는지' 어떻게 알 수 있는가?

이것이 종교 개혁 이전 시대에 가브리엘 비엘(Gabriel Biel)[11] 같은 학자들이 던진 질문이다. 그들에 따르면 '평범한 방법으로는' 누구도 '구원의 서정' 내에서 은혜의 주입을 통해 완벽한 칭의가 이루어졌다고 확신할 수 없다. 트리엔트 종교회의(Council of Trent) 이전이나 도중

---

10 1225-1274년.

11 약 1425-1495년. 비엘이란 이름을 신학 역사의 페이지에 올린 기념비적 저작은 하이코 오버만(Heiko Oberman)의 *The Harvest of Medieval Theology: Gabriel Biel and Late Medieval Nominalism* (Cambridge, MA: Harvard University Press, 1963)이다.

에 이런 입장에 반론을 제기한 사람들이 없었던 것은 아니지만[12] 결국 이것이 그 종교회의 이후의 정통 교리가 되었다. 트리엔트 종교회의는 확신의 가능성을 완전히 부인하지는 않되 '이교도의 헛된 확신'(=종교 개혁자)을 비난하고 신자가 무조건 확신을 얻어야 한다는 관념을 부인했다. 트리엔트 종교회의는 다음과 같은 입장을 내놓았다.

> 신실한 사람이 하나님의 긍휼이나 그리스도의 공로, 성례의 가치와 효과를 의심할 필요는 없다.

트리엔트 종교회의는 그렇게 우리에게 희망을 준 뒤에 계속해서 다음과 같은 입장을 내놓았다.

> 그렇다 해도 각 신자가 자신, 즉 자신의 약점과 부족함을 보고서 자신이 받은 은혜에 대해 걱정하고 불안해할 수 있다. 따라서 누구도 자신이 하나님의 은혜를 받았는지 완벽하게 확신할 수는 없다.[13]

트리엔트 종교회의의 입장을 열렬히 옹호했던 로베르토 벨라르

---

12 정확한 역사를 위해 말하자면, 외부에서 보면 로마 가톨릭교회가 한목소리를 내는 것처럼 보이지만 안에서 보면 그렇지 않았다. 잘 알려졌듯이, 심지어 트리엔트 종교회의 (1545-1563)에서도 이견이 적지 않았다. 거기서 최종적으로 발표된 신학(Tridentine)보다 루터와 개혁교회의 신학에 더 가까운 교리적 관점을 주장하는 목소리가 있었다.

13 트리엔트 종교회의, 6차 회의, 칭의에 관하여, 첫 번째 교령, 9장(1547년 1월 13일), 별색 강조.

미노(Robert Bellarmine)[14] 추기경은 심지어 다음과 같은 글까지 내놓았다.

> 개신교도의 주된 이단은 성도들이 하나님 앞에서 자신의 은혜롭고도 사면된 상태에 대해 확신을 얻을 수 있다는 것이다.[15]

가톨릭교회는 확신이 개인적인 도덕과 교회의 권위와 관련해 자유주의적인 태도를 낳을 수 있다는 점을 지적했지만 그 이면에는 불순한 의도가 깔려 있었다. 종교 개혁으로 밝혀냈듯이, 구원의 확신이 현실이라면 최종적인 칭의로 이어지는 장황한 성례의 과정은 불필요해진다. 나아가, 소수만 최종적으로 확신을 얻는 것이 아니라 모두가 처음부터 확신을 누릴 수 있다면 그 즉시 교회의 힘은 축소된다. 줄 수 없는 것을 거두어갈 수는 없기 때문이다.

부분적으로 이 점 때문에 종교 개혁자들은 가톨릭교회가 그리스도인에게서 영광스러운 생득권을 훔치고 하나님의 자녀를 확신의 빛 없이 어둠의 자녀로 살게 두었다고 비판했다.

---

14 로베르토 벨라르미노(1542-1621)는 갈릴레오에게 코페르니쿠스의 과학을 가르치지 말라고 경고한 추기경 심문관으로 가장 잘 알려져 있다. 그는 1930년에 시성되었고, 1931년에 교회학자(Doctor of the Church)가 되었다. 1605년 잉글랜드 화약 음모 사건과 이듬해 제임스 6세이자 1세에 대한 충성 서약 발표(사실상 교황의 권위와 영향력에 대한 거부) 이후 벨라르미노는 잉글랜드의 로마 가톨릭교회 사제들과 많은 토론을 벌였다. 이는 두 가지 결과를 낳았다. 즉, 1609년 제임스 1세가 그를 비판하는 글을 썼고, 덕분에 그는 로마 가톨릭교회를 위한 주된 변증가로 여겨지게 되었다. 이후 17세기 내내 그는 핵심적인 복음의 교리들에 관한 논문에서 토론과 논쟁의 대상으로 등장했다.

15 *De Justificatione Impii*, 3.2.3, *Disputationes de Controversiis Christianae Fidei adversus huis Temporaris Haereticos*, 4 vols., Cologne, 1619.

어둠 뒤에(Post Tenebras)?

따라서 한편으로 종교 개혁은 '확신'의 재발견이라는 자궁에서 태어났다. 이런 의미에서 루터의 영적 경험, 아울러 칼뱅의 경험은 진정으로 복음주의적인 구원의 확신에 대한 탐구로 이해해야 한다. 종교 개혁자들에게 확신은 매우 중요한 문제였다. 성경과 그리스도, 은혜와 구원에 대해 어떻게 확신할 수 있을까? 종교 개혁의 표어에는 이런 답이 나온다. 성경에서 말씀한 대로 구원은 오직 은혜로, 오직 그리스도를 통해, 믿음으로만 받는다. 그래서 최상의 상태였을 때 개혁주의 신학에서는 특별 계시가 없어도 구원을 확신할 수 있다고 한목소리를 냈다. 처음부터 지금까지 계속해서 성도들은 구원의 확신을 얻어왔고, 우리도 그 확신을 얻을 수 있다. 웨스트민스터 신앙 고백은 이 점을 분명하게 지적한다.

> 신자들은 자신이 은혜의 상태에 있다는 것을 이생에서 확신할 수 있고, 하나님 영광의 소망 가운데 기뻐할 수 있다.[16]

하지만 '수 있다'라는 표현에 많은 것이 걸려 있다. 중세 신학은 구원의 가능성을 완전히 부인하지는 않되 그것이 드물다고 가정했다. 웨스트민스터 신앙 고백 작성자들은 모든 신자에 대해 확신의 가능성을 열어두었지만 모두가 확신을 얻는 것은 아니라고 주장했다. 결국, 질문은 그대로 남아 있다. 이것이 단순히 많고 적음의 문제인가? 확신이 정상인가 비정상인가? 가장 단순하게 말해, 종교 개혁

---

16 Westminster Confession of Faith, 18.1.

이후 이 문제는 확신이 '믿음의 본질'인가의 문제로 귀결되었다.

웨스트민스터 신앙 고백은 모든 참된 신자가 확신을 얻을 수 있다고 인정한 뒤에 계속해서 다음과 같이 말한다.

> 이 절대적인 확신은 믿음의 본질에 속한 것은 아니다. 그래서 참된 신자도 이 확신에 참여하기 전까지 오래 기다리고 많은 어려움을 겪을 수 있다.

그리고 나서 다음과 같은 말로 균형을 잡는다.

> 특별 계시 없이도 평범한 수단을 적절히 사용하면 그것(=확신)을 얻을 수 있다.[17]

1720년 스코틀랜드 교회 총회는 "『현대 신학의 매로우』라는 책에 관한 결의"에서 확신이 믿음의 본질에 속해 있다고 가르쳤다는 이유로 이 책을 비난하면서 성경과 웨스트민스터 신앙 고백을 근거로 이 책에 대한 심판을 촉구했다.[18] 이에 매로우 형제들은 오히려 자신들의 관점이 최고의 개혁주의 신학자들과 웨스트민스터 신앙 고백, 교회의 교리문답서들과 일치한다고 주장했다.[19] 그들은 절제된 분노

---

17 상동, 18.3. 대요리문답 질문 81번의 표현은 "은혜와 구원의 확신은 믿음의 본질에 속하지 않는다. 진정한 신자도 이 확신을 얻기까지 오래 기다릴 수 있다"였다.

18 총회는 이사야 1장 10절, 로마서 8장 16절, 요한일서 5장 13절, 웨스트민스터 신앙 고백 17.1과 17.3-4, 대요리문답의 질문 81과 172번을 근거로 제시했다.

19 Fisher, *Marrow*, 361-370. 여기서 무려 650개의 단어가 강렬한 표현으로 가득한 하나

를 담아 다음과 같이 썼다.

> 질문에서 언급한 문제 구절들의 요지는…개신교에서 흔히 가르치는 것과 동일하다. 그리고 데덤의 저명한 존 로저스(John Rogers, 그의 정통주의와 거룩함, 목회를 통해 나타난 주의 역사가 워낙 대단해서, 그의 생전에 영국이나 아일랜드의 정통 개신교도 중에서 교단을 막론하고 그를 걸고넘어진 사람이 한 명도 없을 정도였다)가 제시한 다음과 같은 믿음의 정의와도 일치한다. "믿음은 예수 그리스도가 나의 것이고 내가 그분의 수단으로 생명과 구원을 받을 것이며, 그분이 인류의 구속을 위해서 하신 모든 일이 곧 나를 위해서 하신 것이라는 내 마음의 특별한 확신이다." 보다시피 표현의 차이가 거의 없고 오히려 『현대 신학의 매로우』보다 더 강한 표현을 사용했다.[20]

스코틀랜드 신학의 역사를 조사해보면 이 확신은 가장 오랫동안 논쟁거리가 된 문제 중 하나였다. 역시 매로우 논쟁의 중심에 있었

의 문장을 이루고 있다. 이 문장을 보면 매로우 형제들이 버렸다고 오해를 받는 신학 전통과 오히려 조화를 이루고 있다는 점을 분명히 확인할 수 있다. 그들의 적들은 믿음의 확신과 감각의 확신을 구분하지 못하고 있다. 상동, 364-365.

[20] 상동, 362, 별색 강조. 집단으로서 매로우 형제들은 비판자들보다도 영어권 목사와 신학자의 개혁주의 전통에 훨씬 더 가까웠다. 이런 이유로 그들이 존 로저스의 말을 인용하면서 "당신들이 감히"라는 표현을 쓴 것이 충분히 이해할 만하다. 케임브리지 엠마누엘 칼리지 출신인 로저스(1570-1636)는 1605-1636년경 에식스 데덤에서 전설적인 강연자였다. 토머스 후커는 로저스를 "영국 설교자들의 왕"으로 불렀다. 그는 로저스의 설교를 더 많이 듣기 위해 콜체스터로 부름 받기를 간절히 원했을 정도였다. Cotton Mather, *Magnalia Christi Americana*, 2 vols. (1852; repr. Edinburgh: Banner of Truth, 1971), 1:334.

던 대속의 정도라는 문제와 함께 확신의 문제는 나중에 존 캠벨(John McLeod Campbell) 재판 때 다시 전면에 등장했다. 캠벨은 ⑴ 그리스도가 모든 인류를 위해 대속하셨고 ⑵ 확신이 믿음의 본질에 속했다고 주장한 덕분에 파면되었다. 캠벨의 관점이 보스턴을 비롯한 매로우 형제들과 똑같지는 않았지만 그의 관점을 둘러싼 논쟁은 이 주제가 예나 지금이나 목회자의 신학과 삶에서 늘 중요함을 잘 보여 준다.[21]

지금까지 확신의 문제에 관한 초기 종교 개혁자와 청교도의 입장, 더 정확하게는 칼뱅과 웨스트민스터 신앙 고백 작성자들의 입장이 다르다는 주장이 자주 제기되었다. 하지만 칼뱅에서 『현대 신학의 매로우』와 매로우 형제들을 거쳐 존 캠벨을 하나로 잇는 연결 고리를 심심치 않게 발견할 수 있기 때문에 이 문제를 잠시 살펴보는 것이 좋을 듯하다. 그 연결 고리는 셋 모두 확신이 믿음의 본질에 속했다는 입장을 보였다는 것이다. 우리가 이 입장 자체를 어떻게 판단하든지, 보스턴은 매로우 신학이 오해를 받아왔다고 믿었던 것이 분명하다.

실제로, 학계의 일반적인 입장과 달리 칼뱅과 웨스트민스터 신앙 고백 작성자들, 매로우 형제들은 차이점보다 오히려 공통점을 더 많이 보이고 있다. 보스턴은 이 점을 분명히 인식하고 있었다. 얼핏

---

[21] 캠벨의 관점에 대한 관심과 토론은 20세기 후반에 일종의 부흥을 겪었다. S. B. Ferguson, *From Heaven He Came and Sought Her: Definite Atonement in Historical, Biblical, Theological, and Pastoral Perspective* 중 "'Blessed Assurance, Jesus is Mine'?", David Gibson과 Jonathan Gibson 편집 (Wheaton, IL: Crossway, 2013), 607-631의 논의를 보라.

우리의 논의가 삼천포로 빠진 것처럼 보일지 모르지만, 이런 관점에서 이 18세기의 논쟁을 살펴보면 매우 큰 도움이 된다.

어떤 길이 에트릭으로 가는 길인가?

확신에 관한 칼뱅의 관점이 청교도들의 관점과 매우 달랐다는 주장이 자주 제기되었다. 다음 구절이 그런 주장의 중요한 근거 중 하나였다.

> 성령이 우리의 머리를 향해 밝혀주시고 우리 가슴에 인을 치신 그리스도 안에서 값없이 주어진 약속의 진리에 근거하여, 믿음을 우리를 향한 하나님의 은혜를 확실히 아는 지식으로 정의한다면 제대로 정의한 셈이다.[22]

이번에는 앞서 살펴본 웨스트민스터 신앙 고백의 표현을 보자.

> 이 절대적인 확신은 믿음의 본질에 속한 것은 아니다. 그래서 참된 신자도 이 확신에 참여하기 전까지 오래 기다리고 많은 어려움을 겪을 수 있다.[23]

---

22 John Calvin, *Institutes of the Christian Religion*, F. L. Bates 번역, T. J. McNeill 편집 (Philadelphia: Westminster Press 1960), 3.2.7, 별색 강조.

23 Westminster Confession, 18.3.

(가장 정통주의적인 신학생을 포함해) 많은 개신교 신학생이 이 두 문장을 근거로 칼뱅과 웨스트민스터 신앙 고백 작성자들이 서로 양립할 수 없다고 판단했다. 극단적인 글들로만 보면, 칼뱅은 확신이 믿음의 본질에 속한 것으로 보았지만 웨스트민스터 신앙 고백 작성자들은 그것을 부인했고, 칼뱅의 강요에서 실천적 삼단 논법의 자리는 없었지만 웨스트민스터 신앙 고백 작성자들은 그것을 강조했다. 이것을 정상 참작해서 해석한다면, 칼뱅이 확신을 완전히 배제한 가톨릭교회에 과잉 반응을 한 것이고, 17세기 목회자의 목회적 상황이 칼뱅의 상황과 달랐던 것으로 볼 수도 있다. 하지만 아무리 그렇다 해도 두 반응 모두 불필요하고 부적절하다.

일단, 비교가 적합하지 않다. 『기독교 강요』에서 칼뱅은 믿음을 정의한 것이고 웨스트민스터 신앙 고백 작성자들은 확신을 기술한 것이다. 서로 관련되어 있지만 엄연히 다른 두 가지가 마치 같은 것처럼 논의되고 비교된 것이다.

사실, 웨스트민스터 신앙 고백은 믿음의 행위를 "은혜의 언약에 따라 칭의와 성화, 영생에 대해 오직 그리스도만을 받아들이고 영접하고 의지하는 것"[24]으로 정의한다. 물론 믿음의 이 세 가지 요소("받아들이고 영접하고 의지하는 것")는 곧 그리스도에 대한 확신을 의미한다. 즉, 우리는 믿을 만하지 않은 사람은 받아들이거나 영접하거나 의지하지 않는다. 그런데 계속해서 웨스트민스터 신앙 고백은 4장 뒤에서 그런 믿음이 허공 속에 존재하지 않는다고 말한다. 그리스도에 대한 믿음은 개인의 삶을 구성하는 심리 상태, 인생의 상황, 성

---

24 상동, 14.2.

격, 콤플렉스, 반대, 어려움, 피해로 이루어진 삶의 배경 속에서 정립된다.

공식적인 언어를 사용하면, 그리스도에 대한 확신을 의미하는 그리스도에 대한 믿음의 '직접적 행위'("자기를 힘입어 하나님께 나아가는 자들을 온전히 구원하실 수 있으니"[25])와 구분하여 구원의 확신은 '반사 행위'다. 이 행위는 그리스도를 직접적으로 겨냥한 것이 아니라 신자 자신을 겨냥한 행위다. 직접적인 믿음의 행위로는 "그리스도는 구원하실 능력이 있다"라고 말하는 반면, 반사 행위로는 "나는 그리스도에 대한 믿음으로 구원받은 사람이다"라고 말한다.

더도 말고 『기독교 강요』를 보면 칼뱅이 이 점을 잘 이해하고 있음을 확인할 수 있다. 칼뱅은 학생들에게 정의를 제시한 뒤에 실험자의 오류, 실험 재료의 오염, 환경의 차이 같은 요인 때문에 실험 결과가 정확히 이론대로 나오지 않을 수도 있다고 설명하는 고등학교 화학 선생과도 같다.[26] 칼뱅은 『기독교 강요』의 같은 장에서 다음과

---

25 히브리서 7장 25절.

26 이 문제에서 (그리고 성찬에 관한 그의 교리에 대해서도) 칼뱅을 가장 심하게 비판했던 사람 중 하나는 19세기 무렵의 스코틀랜드 신학자 윌리엄 커닝엄(William Cunning-ham)이다. 커닝엄은 이렇게 말했다. "칼뱅처럼 건전하고 날카로운 판단력을 지닌 사람이 어떻게 '성령이 우리의 머리를 향해 밝혀주시고 우리 가슴에 인을 치신 그리스도 안에서 값없이 주어진 약속의 진리에 근거하여, 믿음을 우리를 향한 하나님의 은혜를 확실히 아는 지식으로 정의한다면 제대로 정의한 셈이다'라고 말할 수 있는지 참으로 이상하다…상황이 의견에 치명적인 영향을 미친 사례로밖에 볼 수 없다…칼뱅이 이토록 명백하게 모순된 적은 없었다." 흥미롭게도 커닝엄은 계속해서 칼뱅의 이 진술이 다음 진술과 모순되지 않으려면 그가 "가장 완벽 상태와 지고한 발휘에서의 참된 믿음"을 정의한 것이어야 한다고 말했다. 그렇다. 칼뱅은 바로 그런 믿음을 정의한 것이다. 결과적으로 커닝엄 스스로 칼뱅을 변호해준 꼴이 되었다. William Cunningham, *The Reformers and the Theology of the Reformation* (1862; repr. London: Banner of Truth, 1967), 119-120을 보라.

같이 말했다.

> 믿음에 관한 지식은 이해라기보다는 확신에 있다…우리는 확신의 굳음과 변함없음을 표현하기 위해 "확실하고 굳은"이라는 표현을 더했다. 그것은 믿음이 의심 가득하고 변하기 쉬운 의견이나 모호하고 혼란스러운 관념으로는 충족되지 않고, 경험되고 증명된 데서 얻을 수 있는 완전하고도 변함없는 확실성이 필요하기 때문이다…하나님이 은혜롭고 자애로운 아버지라는 확신으로 구원에 대한 의심 없는 기대를 품고 있는 자만이 참된 신자다…구원의 확신으로 악과 죽음에 대해 자신 있게 승리하지 않으면 신자가 아니다.[27]

하지만 동시에 그는 다음과 같이 말하기도 했다.

> 하지만 누군가 이렇게 말할 것이다. "신자들의 실제 경험은 전혀 다르다. 자신을 향한 하나님의 은혜를 깨달아갈 때 신자들은 자주 불안의 시험을 받을 뿐 아니라 극심한 공포에 반복적으로 흔들린다. 마음을 괴롭히는 시험이 믿음의 확신에 전혀 어울리지 않을 만큼 거세다." 따라서 위에서 말한 교리가 성립하려면 이 문제를 해결해야만 한다. 믿음이 확실해야 한다고 가르치기는 하지만, 조금의 의심도 없거나 불안의 공격을 전혀 받지 않는 확신은 상상할 수 없다. 신자들은 자신의 불

---

27 Calvin, *Institutes*, 3.2.15-17.

신과 계속해서 싸운다. 절대 우리는 신자들의 양심이 그 어떤 소란에도 방해받지 않는 완전한 평정 상태에 있다고 보지 않는다.[28]

나아가 칼뱅은 제자들이 부활 전에 참된 신자였지만 동시에 약한 신자였다는 점을 지적했다.

> (=신자인) 모든 인간 속에 언제나 믿음과 함께 불신이 섞여 있다는 점을 이보다 더 잘 보여주는 증거는 없다.[29]
> [따라서] 자신의 약함과 싸우면서 불안의 순간에도 믿음을 향해 꿋꿋이 나아가는 사람은 이미 꽤 승리는 거둔 것이다.[30]
> [하지만] 나는 이전에 말한 것을 잊어버리지 않았다. 경험을 통해 그것을 계속해서 다시 확인하게 된다. 즉, 다양한 의심이 믿음을 뒤흔들어 신자의 마음은 좀처럼 평온한 상태를 유지하지 못한다. 적어도, 평온한 상태를 항상 유지하지는 못한다.[31]

다른 곳에서 칼뱅은 그리스도가 확신을 키워주기 위해 성례를 주셨다는 점을 강조했다.[32] 따라서 두 가지 결론이 나타난다. 첫째,

---

28 상동, 3.2.17.
29 상동, 3.2.4.
30 상동, 3.2.17.
31 상동, 3.2.37. 그가 경험을 강조한다는 점을 주목하라!
32 상동, 4.16.32, 4.17.1-2.

칼뱅은 믿음의 정의를 그리스도인의 실제 경험과 구분했다. 둘째, 칼뱅은 그리스도가 목적이라는 의미에서 확신이 믿음의 본질에 속해 있다고 보았다. 반면, 신자의 실질적인 삶, 특히 육과 영의 충돌을 보면 신자는 정의 그대로의 믿음을 경험하지는 못한다. 칼뱅은 믿음의 정의를 신자의 실질적인 경험과 떼어서 보지 말아야 한다는 점을 깨달았다. 물론 믿음을 번민과 의심, 두려움과 약함의 조건에서 정의할 수는 없다. 믿음은 그리스도를 향한 전적인 신뢰로만 정의해야 한다. 하지만 칼뱅은 믿음을 정의하기에 앞서 다음과 같은 점을 지적했다.

> 경험을 보면 육체를 벗기 전까지 우리는 완벽한 상태에 이를 수 없다.[33]

칼뱅은 이런 괴리를 다음과 같이 풀어냈다.

> 이 점을 이해하기 위해서는 다른 곳에서 언급한 육과 영의 분열로 돌아가야만 한다.[34]

그리스도 안에서 우리는 더는 육의 지배를 받지 않는다. 이제 우리는 성령의 지배를 받는다. 하지만 아직 육에서 해방되지 못했다. 칼뱅에 따르면, 이런 종말론적 긴장이 존재하는 한 믿음의 정의와

---

33 상동, 3.2.4.
34 상동, 3.2.18.

신자의 실질적인 경험 사이에는 차이가 존재할 것이다.

> 극심한 의심과 두려움이 많은 무지와 섞여 있을 수밖에 없다. 그것은 특히 우리의 마음이 천성적으로 불신으로 쏠리기 때문이다. 이외에도 수많은 다양한 시험이 끊임없이 우리를 맹렬히 공격한다. 하지만 특히, 죄의 무게에 눌린 우리의 양심이 한탄하고, 신음하며, 자책하고, 남몰래 탄식하며, 격정적으로 요동을 친다. 이렇게 역경이 하나님의 진노를 드러내든 양심이 스스로 그 진노의 증거와 근거를 찾아내든, 그로 인해 불신은 믿음을 무너뜨릴 무기와 도구를 얻는다.[35]
> 믿음의 뿌리는 신실한 가슴에서 절대 떨어져 나가지 않는다. 이 뿌리는 우리의 깊은 곳에 단단히 붙어 있어, 믿음이 아무리 이리저리 흔들려 보여도 그 빛은 절대 꺼지지 않는다. 하다못해 재 아래에라도 숨어 있다…수없이 공격을 당해도 믿음은 결국 온 세상을 이긴다.[36]

그리스도를 받아들이고 영접하며 의지하는 믿음의 삶을 묘사한 웨스트민스터 신앙 고백의 다음 내용도 이와 별로 다르지 않다.

> 이 믿음은 약하거나 강한 정도가 다르고 여러 모양으로 공격을 당해 약해질 수 있지만, 믿음이 있는 사람은 결국 승리한

---

[35] 상동, 3.2.20.
[36] 상동, 3.2.21.

다. 믿음은 믿음의 주요, 온전하게 하시는 이인 그리스도를 통해 여러 모양으로 자라 완전한 확신에 이른다.[37]

마지막으로, 이런 배경에서 칼뱅은 확신하도록 돕는 것으로 성화의 역할을 인정한다.

> 성도들은 자신의 무죄와 의를 기억함으로써 강해지고 위로를 받을 때가 많다. 심지어 그들은 그것을 선언하는 것도 꺼리지 않는다…성도들은 양심의 깨끗함으로 자신의 믿음을 강화하고 거기에서 기뻐할 이유를 찾는다.

칼뱅은 이것이 은혜로 구원받는 것을 부인하는 것이 아님을 분명히 설명했다.

> (은혜 위에 세워진 양심우) 하나님이 우리 안에 거하시고 다스리신다는 증거인 지금까지의 행위를 생각해봐도 이 점은 확고해진다…따라서 우리가 행위에 대한 의존을 배제하는 것은 단지 그리스도인의 마음이 구원을 돕기 위한 수단으로서 행위의 공로로 돌아가지 않고 전적으로 값없는 의의 약속만을 의존하라는 뜻에서일 뿐이다. 하지만 자신을 향한 하나님의 자비의 증거들을 통해 이 믿음을 다지고 강화하는 것을 금하지는 않는다…선행의 은혜는 양자의 영이 우리에게 주어졌음을 보

---

37 Westminster Confession of Faith, 14.3.

여준다.[38]

칼뱅은 확신이라는 주제에 『기독교 강요』의 한 장을 할애하지 않았다. 그 대신 그는 '믿음'에 관한 강해 도중에 다음과 같이 설명했다.

1) 그리스도에 대한 확신, 그리스도를 영접하고 의지하는 확신이 있다.
2) 그리스도에 대한 이 확신은 신자의 양심 속으로 녹아 들어가야 하기 때문에 정도의 차이가 있다.
3) 믿음의 정의와 실제 경험 사이의 이런 격차는 육과 영의 충돌로 설명할 수 있다. 이것은 아직 완성에 이르지 않은 그리스도인의 삶에서 피할 수 없는 부분이다.

칼뱅과 달리 웨스트민스터 신앙 고백 작성자들은 확신이란 주제에 웨스트민스터 신앙 고백의 한 장을 통째로 할애했다. 거기서 그들은 우리가 (그들이 이미 '칭의와 성화, 영생에 대해 오직 그리스도만을 받아들이고 영접하고 의지하는 것'이라고 정의한) 구원 얻는 믿음을 가질 수 있지만 아직 완벽하게 확신할 수는 없다고 가르쳤다.

---

[38] Calvin, *Institutes*, 3.14.18. 이 배경에서 칼뱅은 나중에 웨스트민스터 신학자들이 언급한 것과 같은 요소, 즉 믿음, 증거가 되는 역사, 성령의 직분을 언급했다. 이 점에 대해 프랑수아 웬들(François Wendel)은 칼뱅의 관점이 "이후 청교도주의의 씨앗을 품고 있었다"라는 말을 했는데 참으로 옳다. *Calvin: Origins and Developments of his Religious Thought* (New York: Harper & Row, 1963), 276.

따라서 칼뱅과 웨스트민스터 신앙 고백 작성자들은 각기 다르지만 서로 연관된 두 부분에 초점을 맞추었다. 그들은 서로 다른 두 관점에서 확신이란 주제를 바라보았다. 하지만 결국 그들은 중간에서 만났다. 개혁주의 신학을 질질 따라다녔던 그릇된 관점("이런저런 점에서 칼뱅의 관점과 일치하는가? 일치하지 않는가?")이 아니었다면 이 점을 훨씬 더 분명히 볼 수 있었을 것이다. 하지만 믿음에 대한 칼뱅의 정의 자체에만 집중하다 보니 그가 그 정의에 이르게 된 배경, 그와 웨스트민스터 신앙 고백 작성자들이 서로 다른 부분에 초점을 맞추었다는 점, 둘의 논의가 중간에서 중첩된다는 점을 간과하고 말았다.

웨스트민스터 신앙 고백 VS 칼뱅

주변에서 이런 점을 인식했더라면 『현대 신학의 매로우』와 그 지지자들은 좀 더 적절한 대접을 받았을 것이다. 그런데 당시 신학생들은 칼뱅을 공부할 때 주로 『기독교 강요』 외에 그의 다른 책들을 사용했다. 그 책들은 나름의 장점이 있었지만 『기독교 강요』의 트레이드 마크와도 같은 목회적 접근법과 성경적 민감성이 부족했다. 그래서 신학 서적들을 칼뱅 특유의 포괄적인 접근법이 아닌 배타적인 접근법으로 다루는 경우가 많았다.[39]

---

[39] 분명 이 문제는 광범위한 연구를 할 만한 가치가 있는 문제다. 스코틀랜드 신학 교육에 관해서는 Jack C. Whytock, *An Educated Clergy: Scottish Theological Education and Training in the Kirk and Secession, 1560-1850* (Charlie, UK: Paternoster, 2007)을 보라. 현재의 논의와 관련된 부분(80-143페이지)을 보면 『기독교 강요』에 관한 언급

보스턴은 『현대 신학의 매로우』가 개혁신학의 전반적인 전통과 일맥상통한다고 판단했고, 그런 이유로 그 책과 웨스트민스터 신앙 고백을 상충하는 것으로 보지 않았다. 그는 이 점을 확신했기에 그것을 증명하기 위해 『현대 신학의 매로우』의 새로운 판에 가장 긴 주를 달았다. 그 주에서 그는 웨스트민스터 신앙 고백과 관련해 다음과 같이 주장했다.

믿음의 본질에 확신이 없다면 어떻게 믿음이 완전한 확신으로 자랄 수 있겠는가.[40]

은 단 한 번밖에 나오지 않는다. 보스턴의 신학 교수는 조지 캠벨이었다. 앞서 살폈듯이 그는 레오나르두스 리쎄니우스의 『신학 대전』(*Compendium Theologiae*)과 안드레아스 에세니우스의 『신학 강요』(*Compendium Theologiae Dogmaticum*)를 사용했다. 보스턴도 에세니우스의 저작을 사용했다는 점을 언급했고(『현대 신학의 매로우』, 139페이지) 자신의 관점과 『현대 신학의 매로우』의 관점을 뒷받침하기 위해 후자를 사용했다. 여기서 세 가지를 짚고 넘어갈 필요가 있다. 첫째, 라틴어가 어느 정도까지 교육을 위한 공용어로 남아 있었느냐는 것이다. 라틴어 사용 능력이 천차만별인 상황에서 이런 관행이 바람직한지에 대해서는 매우 의구심이 들 수밖에 없다. 심슨의 경우에는 이런 관행이 분명 문제점으로 작용했다. 라틴어로 강의하는 교수는 그릇된 가르침이라는 비난에 대해 학생들이 자신의 강의를 정확히 이해하지 못했을 뿐이라는 논리로 자신을 옹호할 수 있다. 둘째, 학생들이 라틴어 텍스트를 잘 읽지 못한다 해도 『기독교 강요』는 이미 1세기 전부터 영어 번역본으로 나와 있었으니 그것을 사용할 만도 했다. 그런데도 신학 교육에서 칼뱅이 무시된 것은 학생들에게 큰 손해였다. 칼뱅의 저작이 특히 목회, 성경 해석, 일관된 교리를 위한 사고를 형성하는 데 큰 도움이 되기 때문이다. 셋째, 『기독교 강요』와 달리 당시 사용된 교과서들은 무엇보다도 그 형태와 스타일이 학문적이기 때문에 선택된 것으로 보인다. 물론 신학 교육의 배경에서는 이해할 만도 하다. 하지만 학문적인 텍스트만 사용하면 비학문적인 환경에서의 사역을 위해서는 학생들을 제대로 훈련할 수 없다. 흥미롭게도, 믿음과 확신에 관한 논의에서는 칼뱅의 글을 한 번 정도는 참조할 만하건만, 그 즈음 보스턴이 『기독교 강요』의 토머스 노턴(Thomas Norton)의 번역본을 접했음에도 믿음에 관한 4천 단어에 달하는 그의 주에 『기독교 강요』에 관한 언급이 한 번도 없다는 것은 꽤 의아한 일이다.

40 Fisher, *Marrow*, 143. 믿음의 관한 주 전체는 부록 1로 수록되어 있다.

사실, 『현대 신학의 매로우』에서 에반젤리스타는 그리스도에 대한 믿음이라는 직접적인 행위와 확신이라는 반사적인 행위 사이의 차이를 설명했다.[41] 여기서 진정한 주제는 확신의 교리가 아니라 믿음의 기초인 복음 제시의 본질이다. 웨스트민스터 신앙 고백 작성자들과 보스턴은 믿음을 정의하는 것이 필요하긴 하지만 믿음을 추상적인 개념으로 취급해서는 안 된다는 것을 알았다. 그래서 믿음이 약하고 의심에 시달리는 사람들에 대한 우리의 올바른 반응은 그들에게 진정한 믿음이 없다고 섣불리 판단하는 것이 아니라 그들에게서 믿음의 씨앗을 찾아 성경의 원칙을 따라 그것을 키워주기 위해 노력하는 것이다. 이런 점에서 웨스트민스터 신앙 고백 작성자들과 보스턴은 칼뱅과 의견을 같이했다.

> 일말의 의심도 없거나 불안의 공격을 전혀 받지 않는 확신은 상상할 수 없다…신자들은 자신의 불신과 계속해서 싸운다…자신의 약함과 싸우면서 불안한 순간에도 믿음을 향해 꿋꿋이 나아가는 사람은 이미 꽤 승리를 거둔 것이다…이 점을 이해하기 위해서는 다른 곳에서 언급한 육과 영의 분리로 돌아가야만 한다. 이 점에서 이 분리가 가장 분명하게 드러난다. 따라서 신실한 마음은 하나님의 선하심을 깨닫고 달콤함을

---

[41] 상동, 243. 보스턴은 이 문제에 관한 주에서 러더포드의 권위를 빌렸다. "그리스도의 의에 대한 확신은 전가된 의를 잡는 직접적인 믿음의 행위다. 지금 우리가 말하는 우리 칭의의 증거는 반사된 빛이다. 우리가 이 빛으로 의로워지는 것이 아니라 이 빛으로 우리가 의로워진 것을 아는 것이다." Samuel Rutherford, *Christ Dying and Drawing Sinners to Himselfe* (London, 1647), 111.

느끼는 동시에 자신의 실패를 인식하고 씁쓸함을 느끼며, 복음의 약속을 의지하는 동시에 자기 악의 증거에 진저리를 치고, 생명의 기대에 기뻐하는 동시에 죽음에 몸서리를 치기 때문에 자기 속에서 분열을 느낀다. 이런 차이는 믿음의 불완전에서 나온다. 현생에서는 불신에서 완전히 치유되어 전적으로 믿음으로 가득할 수는 없다. 그래서 이런 충돌이 발생한다. 육의 잔재 속에서 잠자고 있던 불신이 일어나 내면에서 잉태된 믿음을 공격하곤 한다.[42]

어떤 면에서 칼뱅과 마찬가지로 보스턴도 믿음의 신학은 단순하지만 확신을 경험하는 일은 두 가지 이유로 복잡하다는 사실을 이해했다. 첫째, 우리는 복잡한 존재다. 둘째, 확신은 현대인이 '자아상'이라고 부르는 것, 이 경우에는 '그리스도와의 관계 속에서 나는 누구인가?'에 영향을 미친다. 그래서 완벽한 확신은 "그리스도가 죄인을 위해 돌아가셨고 나는 그분을 의지한다"라는 고백이 "온 우주의 그 무엇도 나를 구주 예수 그리스도 안에서 하나님의 사랑에서 떼어놓을 수 없다"라는 고백으로 변해가는 복잡한 영적 심리적 과정이다. 어떤 이들에게는 이런 복잡성이 아름답게 단순화되어 더는 그 복잡성이 눈에 띠지 않기도 한다. 하지만 목회자가 자의식 속의 이런 복잡성을 풀어주어야만 그리스도를 믿는 것과 그것의 실질적인 의미를 깨닫는 것의 분명한 연관성을 보게 되는 이들도 있다.

다음 장에서는 이 주제를 살펴보자.

---

42 Calvin, *Institutes*, 3.2.18.

10 장

어떻게 그리스도에 대한 확신이 구원의 확신이 되는가?

───── 확신은 일차원적인 문제가 아니다. 매로우 형제들에게는 이것이 핵심적인 문제였다. 사실, 이런 관점은 이미 『현대 신학의 매로우』에 깊이 뿌리를 내리고 있었다. 네오피투스와 에반젤리스타의 다음 대화는 확신에 관한 긴 토론의 포문을 연다.

> 에반젤리스타: 네오피투스 이웃이여, 요즘 어떻게 지내십니까? 어쩐지 마음이 심히 무거워 보이십니다.
> 네오피투스: 네, 사실 요즘 사도 바울이 "너희는 믿음 안에 있는가 너희 자신을 시험하고 너희 자신을 확증하라"(고후 13:5)고 권고한 성경 구절을 놓고 고민하고 있습니다. 제가 볼 때

는 스스로 믿음 안에 있다고 생각해도 실제로는 아닐 수 있다는 말처럼 보입니다. 그래서 제가 믿음 안에 있는지 확신할 수 있는 방법을 꼭 알고 싶습니다.

에반젤리스타: 의심할 필요가 전혀 없습니다. 당신은 절대 실망시키지 않는 확고한 기초 위에 믿음을 세웠기 때문입니다. 그리스도 안에서 주어지는 하나님의 약속은 검증된 진리의 약속입니다. 이 약속은 지금까지 누구도 실망시킨 적이 없고 앞으로도 그럴 것입니다. 그러니 당신이 믿음 안에 있는지 없는지 의심하지 말고 그리스도의 이 약속을 굳게 믿으십시오. 직접적인 행위로서의 믿음에서 나오는 확신이 있습니다. 즉, 사람은 믿음을 통해 직접적으로 그리스도를 붙잡을 때 확신을 얻게 됩니다.

네오피투스: 제가 믿음을 두어야 하는 기초가 흔들리지 않는다는 것은 잘 압니다. 그리고 제가 이미 그 기초 위에 믿음을 두었다고 생각합니다. 하지만 그렇게 하지 않고서도 그렇게 했다고 생각하는 사람이 있을 수 있어서요. 제가 그렇게 했는지 확신할 방법이 없을까요?

에반젤리스타: 음, 무슨 말씀인지 이제 알겠군요. 믿음의 근거가 아니라 당신이 믿었다고 믿을 수 있는 근거를 원하는 것 같군요.

네오피투스: 맞습니다. 바로 그것을 알고 싶습니다.[1]

---

1 Edward Fisher, *The Marrow of Modern Divinity* (Ross-shire, UK: Christian Focus, 2009), 243.

여기서 확신을 분리할 수는 없되 구분할 수는 있다는 개념이 등장한다. 개혁신학은 직접적인 믿음의 행위와 반사 행위로 구분한다. 네오피투스는 믿었다(직접적인 믿음). 그가 알고 싶은 것은 "그리스도가 나를 구원하실 수 있는지 어떻게 확신할 수 있는가?"가 아니라 "내가 구원하시는 그리스도를 믿었는지 어떻게 확신할 수 있는가?"다. 이는 그리스도의 구원하는 능력에 대한 확신과 자신이 이 확신을 품어 그분께 구원받는 자 가운데 하나가 되었다는 자기 인식의 차이다.

보스턴과 그의 목회자 친구들은 『현대 신학의 매로우』의 대화 형태가 이런 문제를 다루는 데 매우 효과적이라고 판단했던 것으로 보인다.[2]

보스턴은 우리가 확신을 얻는 것이 성령의 3차원 사역 덕분이라고 보았다. (1) 성령은 하나님의 말씀, 특히 하나님이 구원하신다는 약속을 밝혀 우리 영혼에 빛을 주신다. (2) 성령은 우리 마음속에서 이루어지는 그분의 역사를 밝혀 우리의 삶 속에서 칭의와 성화가 믿음 안에서 조화를 이루게 해주신다. (3) 때로 성령은 우리가 하나

---

[2] 이런 형식이 각 장이 다음과 같은 식으로 시작되는 현대 상담 서적들의 주된 형식보다 효과적이라고 말할 수도 있다. "남편과 아내가 내 사무실에서 내 앞에 앉았다. 두 사람의 결혼 생활은 풍비박산이 났다." 그다음에는 해결책에 관한 간단한 설명이 이어진다. 그리고 대개(다행히 항상은 아니지만) 지나치게 행복한 결말로 마무리된다. 나중에 다시 찾아올 수 있는 난관에 관해서는 자세히 다루지 않는다. 그에 반해 『현대 신학의 매로우』에 나오는 대화는 천천히, 조목조목 진행된다. 이 책은 진짜 목회 상담에 훨씬 더 가깝다. 게다가 이 책은 지극히 신학적이다. 사실, 모든 목회 상담이 그러해야 한다(왜냐하면 근본적으로 우리의 역기능은 하나님에 대한 지식과 신뢰, 사랑, 순종의 부족과 관련 있기 때문이다).

님의 자녀임을 우리의 영혼과 함께 증언하신다.[3]

네오피투스를 고민하게 했던 질문에 대한 복음적인 답은 다음과 같다.

그리스도와 믿음

다시 한번 말하지만, 구원의 확신은 그리스도에 대한 믿음의 열매다. 실제로 그리스도는 믿음을 통해 그분께로 오는 모든 이를 구원하실 수 있고 또한 구원해주신다. 믿음은 그리스도를 구원하실 수 있는 분으로 믿는 것이기 때문에 믿음에 확신이 내재해 있다. 따라서 믿음의 행위는 그 안에 확신의 씨앗을 품고 있다. 사실, 믿음의 출발점은 그리스도에 대한 확신이다. 따라서 믿음의 확신에 이 차원이 내포되어 있다. 존 머리 교수도 이 점을 지적했다.

> 신자가 믿음으로 얻게 되는 구원에는 분명 확신의 씨앗이 내포되어 있다. 그의 상태에 대해 이루어진 변화에 이 확신이 내포되어 있다.

그는 계속해서 다음과 같이 설명했다.

> 참된 신자의 믿음이 아무리 약해도, 그가 받는 시험이 아무

---

[3] Thomas Boston, *The Whole Works of the Late Reverend Thomas Boston*, S. M'Millan 편집, 12 vols. (Edinburgh, 1848-1852), 2:17.

리 극심해도, 자기 상태 때문에 마음이 아무리 동요되어도, 양심에 관해 그는 믿기 전의 상태에 있지 않다. 신자의 양심은 불신자의 양심과 완전히 다르다. 믿음과 소망, 사랑이 바닥을 칠 때도 신자의 양심은 불신자의 확신이 최고조에 이르렀을 때의 수준만큼 떨어지지 않는다.[4]

어떤가? 어쩐지 매로우 형제들의 말처럼 들리지 않는가? 어쨌든 그리스도인이 예수 그리스도를 자신의 구주로 받아들이는 일은 믿음과 별개로 이루어지지 않고 믿음 안에서 이루어진다. 예수 그리스도가 내 구주라는 고백은 믿음과 별개로 이루어질 수 없다. 내재적인 확신이든 표현된 확신이든, 확신은 믿음과 별개로 존재할 수 없다.

이것이 왜 그토록 중요한가? 이는 "일단 제 믿음을 논외로 하고서, 제가 어떻게 하면 구원의 확신을 얻을 수 있을까요?"라는 물음은 이미 있는 목회적 대화로 이어질 수 없다는 뜻이다. 소위 실천적 삼단 논법에 대한 오해와 완전한 거부 모두 잘못된 가정에서 비롯되었다. 실천적 삼단 논법은 믿음에 대한 고려 없이 성립되지 않는다. 실천적 삼단 논법이 믿음과 별개로 확신을 경험하기 위한 새로운 방법으로 고안되었다는 비판은 옳지 않다.

이것이 네오피투스가 정말로 관심이 있는 것이 무엇인지를 에반젤리스타가 확실히 파악하려던 이유다. 네오피투스는 스스로 신자

---

[4] John Murray, *Collected Writings of John Murray, vol. 2: Systematic Theology* (Edinburgh: Banner of Truth, 1977), 265.

라고 믿고 있다. 그런데도 그가 확신하지 못하는 이유는 스스로 자기 믿음의 진정성을 의심하고 있었기 때문이다. 그는 그리스도가 믿는 자들을 구원해주실 수 있다고 확신했다. 다만 '내 믿음을 어떻게 확인할 수 있는가?'에 대한 답을 얻고 싶었을 뿐이다.

여기서 핵심은 우리가 어떻게 신자가 되느냐가 아니라 우리가 신자인지 어떻게 아느냐는 것이다. 이것은 자기 인식의 문제다. 또 믿음의 직접적 행위가 아니라 반사 행위의 문제다. 따라서 이 주제에 관한 어떤 논의도 믿음과 별개가 아니라 믿음의 배경 안에서 이루어져야 한다. 구원으로 가는 다른 길은 없다. '첫 번째 루트(믿음)가 아닌 믿음과 상관없는 두 번째 루트로 갈 수는 없는가?'라는 질문은 있을 수 없다.

진정한 믿음에 대한 이런 올바른 자기 인식(=내가 거짓 신자가 아니라 참된 신자다)은 세 가지 차원에서 이루어진다.

은혜와 믿음

믿음은 이해를 추구하며, 이해를 통해 자라난다. 물론 지식이 거의 없어도 진정으로 확신할 수 있기는 하다. 믿음은 이미 가진 지식 위에서도 스스로 자라나기 때문이다. 마찬가지로, 지식이 많아도 그 지식에 제대로 반응하지 않으면 확신이 별로 없을 수 있다. 특히, 확신은 은혜, 그리스도와의 연합 그리고 그분 안에서 거저 주어지는 칭의, 입양, 중생에 대한 분명한 이해 위에서 자라난다.[5] 이와 관련

---

5 Thomas Boston, *Human Nature in its Fourfold State* (London: Banner of Truth,

해 확신의 가장 큰 적은 세 가지다.

첫 번째 적은 구원이 전적으로 은혜의 결과라는 사실을 잊어버리는 우리의 타고난 성향이다. 구원받기 위한 적극적인 참여가 은혜의 열매일 뿐, 우리가 아무리 적극적으로 참여한다 해도 구원 자체에는 아무런 기여를 하지 못한다는 사실을 자주 망각한다. 성장과 성화가 꽤 이루어지고 나서 자신도 모르는 사이에 '하나님이 내게 은혜를 베푸실 만했어. 내가 지금처럼 성장하는 그리스도인이 될 줄 미리 아셨을 테니까'라는 생각에 빠져들 수 있다.

두 번째 적은 앞서 이미 소개했던 것으로, 사랑 때문에 아들을 보내신 성부께 값없이 의를 얻었다는 사실을 믿지 못하는 것이다. 그리스도를 진노한 성부가 우리를 용서하도록, 자기희생으로 아버지를 설득한 분으로 묘사하는 설교를 듣고 자란 것이 그 원인 중 하나다. 은혜의 근원으로 돌아가지 않으면, 성부 하나님에 대한 깊은 의심이 싹터 확신할 수 없게 된다. 존 오웬의 말을 다시 들어보자.

> 마음과 정신이 이만한 믿음의 수준에 올라 그 영혼이 아버지의 사랑 안에서 쉴 수 있는 사람은 거의 없다. 그들은 그 아래에 소망과 두려움, 풍랑과 구름이 뒤섞인 시끄러운 곳에서 살고 있다. 저 위는 평화롭고 고요하다. 하지만 그들은 그 높이에 이르는 법을 알지 못한다. 하나님의 뜻은 우리가 그분을 언제나 자애롭고 친절하며 인자하고 사랑이 많으며 변함없는 분으로, 특별히 아버지로, 모든 상냥한 커뮤니케이션과 사랑

1964), 285ff. [*Works*, 8:203ff].

의 열매들의 위대한 근원으로 보는 것이다. 그리스도는 바로 이것을 보여주기 위해 오셨다.[6]

여기서의 맹점은 삼위일체의 조화를 깨닫지 못하고 복음 안에서 하나님의 순전한 은혜를 보지 못한다는 것이다. 성부 하나님은 그리스도 안에서 우리에게 드러난 모습 그대로다. 정확히 그대로다.[7] 이 점을 이해할 때 믿음이 강해지고 확신이 자라난다.

확신을 누리지 못하게 방해하는 세 번째 문제점은 칭의가 최종적이고도 완전하다는 점을 보지 못하는 것이다. 마지막 날의 칭의가 현재로 앞당겨졌다는 점에서 최종적이다. 칭의를 통해 우리가 성부 하나님 앞에서 그리스도만큼이나 의롭게 여김을 받는다는 점에서 완전하다. 그것은 우리를 의롭게 만드는 유일한 의가 바로 예수 그리스도의 의이기 때문이다. 믿음으로 이 유산을 이해하면 그리스도 그분 자체가 크게 보인다. 칭의가 완전하다고 믿는 것은 확신을 위한 중요한 열쇠다. 우리가 확신해야 할 것이 그리스도가 위대한 구주시며, 우리의 구주시라는 진리이기 때문이다.

따라서 확신의 문제에서 그리스도는 핵심이다. 아니, 그리스도는 전부가 되신다. 하지만 역사신학의 전반적인 관점과 달리, 실천적 삼단 논법의 자리가 없는 것은 아니다.

---

6   John Owen, *The Works of John Owen*, 24 vols. W. H. Goold 편집 (Edinburgh: Johnstone & Hunter, 1850-1855), 2.23.
7   요한복음 14장 7, 9절 하반절을 보라.

믿음의 삶

그렇다면 소위 실천적 삼단 논법의 기능은 무엇일까? 가장 기본적인 실천적 삼단 논법은 확신의 수준이 높으면 헌신의 수준이 낮을 수가 없다는 간단하고도 자명한 원칙에서 도출된다. 그리스도께 실제로 구원받지 못한 사람은 세상, 육신, 마귀와의 싸움에서 순종의 열매가 나타날 수 없고, 그렇게 되면 그분이 자신의 구주시라는 확신은 점점 약해질 수밖에 없다. 처음에는 그것이 확연히 눈에 띄지 않을지 몰라도 후에는 약해진 것이 분명히 드러난다.

이것이 신약에서 신실한 믿음 생활을 확신과 연결하는 이유다. 순종은 믿음을 강화하고 확증해준다. 그런 의미에서 바울은 "믿어 순종"[8]이라는 표현을 사용했다.

이런 가르침은 요한일서에 특히 분명히 나타나 있다. 복음서가 전도의 목적을 위해 쓰이기는 했지만[9] 요한이 처음 서신을 쓴 데는 신자들에게 확신을 주려는 목적도 있었다. "내가 하나님의 아들의 이름을 믿는 너희에게 이것을 쓰는 것은 너희로 하여금 너희에게 영생이 있음을 알게 하려 함이라."[10] "이것"이 정확히 무엇을 말하는지에 대해서는 의견이 분분하지만('타우타'(tauta)가 바로 전 문단을 말하는 것인가? 아니면 요한일서 전체를 말하는 것인가?) 어떤 경우든 요한은 독자의 확신에 깊은 관심을 갖고 있었다. 사실, 요한일서 전체가 확신을 독려하고 있다.

---

8 로마서 1장 5절, 16장 26절.
9 요한복음 20장 31절.
10 요한일서 5장 13절.

요한은 신자의 삶에서 확신을 강화하는 네 가지 도덕적 특징을 찾아냈다.

1) 하나님의 계명에 대한 순종: 요한은 요한복음 14-16장에 기록한 예수님의 고별 설교(Farewell Discourse)의 가르침을 요한일서에서도 여러 번 다시 소개했다. "우리가 그의 계명을 지키면 이로써 우리가 그를 아는 줄로 알 것이요 그를 아노라 하고 그의 계명을 지키지 아니하는 자는 거짓말하는 자요 진리가 그 속에 있지 아니하되."[11] 이 서간문의 뒤쪽에서 같은 내용이 또다시 등장한다.

> "예수께서 그리스도이심을 믿는 자마다 하나님께로부터 난 자니 또한 낳으신 이를 사랑하는 자마다 그에게서 난 자를 사랑하느니라 우리가 하나님을 사랑하고 그의 계명들을 지킬 때에 이로써 우리가 하나님의 자녀를 사랑하는 줄을 아느니라 하나님을 사랑하는 것은 이것이니 우리가 그의 계명들을 지키는 것이라."[12]

따라서 율법폐기주의자들은 주장과 달리 진정한 확신이 진정한 순종과 짝을 이룬다는 사랑의 사도가 준 가르침을 무시하고 있는 것이다. 요한에게 사랑과 율법은 서로 상충하는 것이 아니었다. 둘은 밀접하게 연결되어 있다. 믿음은 사랑으로 역사하고, 사랑은 순종으로 표현된다. "믿어 순종"은 믿음이 있음을 증명해준다.

---

11   요한일서 2장 3-4절.
12   요한일서 5장 1-3절.

2) 의로운 삶: 이것을 달리 표현하면, 진정한 믿음은 의로운 삶으로 증명된다. 요한은 성령의 열매, 즉 새로 태어난 새 가족의 가풍과 일치된 인격의 열매에서 중생 여부를 확인할 수 있다고 말했다. "너희가 그가 의로우신 줄을 알면 의를 행하는 자마다 그에게서 난 줄을 알리라."[13]

3) 죄를 짓지 않는 삶: 요한은 이 진리를 부정문으로도 표현했다. 즉, 확신은 죄를 짓지 않는 삶으로도 확인할 수 있다. 여기서 이런 미묘한 표현의 차이를 자세히 논할 수는 없지만 어쨌든 그리스도 안에 살게 되면 죄에서 멀리 떠난 모습이 나타날 수밖에 없다는 것이 그의 결론이다. 따라서 죄를 떠난 삶은 믿음을 확인해주는 증거다. "하나님께로부터 난 자는 다 범죄하지 아니하는 줄을 우리가 아노라."[14]

4) 사랑하는 삶: 이것을 긍정문으로 표현하면, 사랑하는 삶이야말로 믿음의 존재를 확증해주는 중생의 증거다. "우리는 형제를 사랑함으로 사망에서 옮겨 생명으로 들어간 줄을 아노니와"[15](즉, 말뿐이 사랑이 아닌 행동과 진실함으로 하는 사랑[16]). 마찬가지로 "사랑(방금 전에 정의한 의미에서의 사랑)하는 자마다 하나님으로부터 나서 하나님을 알고."[17]

『현대 신학의 매로우』에는 이 주제를 이해하는 데 도움을 주는 다음과 같은 대화가 실려 있다. 이 대화에서 에반젤리스타는 믿음

---

13 요한일서 2장 29절.
14 요한일서 5장 18절, 요한일서 3장 6, 9절 참조.
15 요한일서 3장 14절.
16 요한일서 3장 18절.
17 요한일서 4장 7절. 요한일서 4장 16절 참조.

의 확증에 관한 강해를 마무리하고 자신이 앞서 했던 말에 대한 추가 질문에 답을 해준다.

> 네오피투스: 하지만 이 점과 더 관련이 있는 질문을 하나만 더 드리고 싶습니다. 이후 제게 아무런 외적 증거가 나타나지 않는다고 해봅시다. 그리고 제게 지금껏 어떤 진정한 외적 증거도 없었던 것 같습니다. 그래서 제게 참된 내적 증거가 있는지 의심스럽습니다. 그러니까 제가 진정으로 믿는지 아닌지를 잘 모르겠습니다. 어떻게 해야 합니까?
> 에반젤리스타: 실제로 그런 상태에 이를 수 있습니다. 따라서 미리 대비하는 것이 좋습니다. 혹시 당신이 그런 상태에 이르는 것이 하나님의 뜻이라면 먼저, 당신이 믿는다는 사실을 스스로 확인하고자 하나님의 계명에 억지로 순종하려 하지 말기를 바랍니다. 성급하게 확신을 짜내려 하지 마십시오.[18]

이 대목에서 이런 질문을 던질 필요가 있다. 당신이라면 자신의 삶 속에 중생과 믿음의 증거가 잘 보이지 않아 고민하는 사람에게 이런 조언을 하겠는가? 이런 조언이 반문화적, 심지어 반복음주의

---

[18] Fisher, *Marrow*, 247. 보스턴은 확신의 관한 주에서 이 점을 이렇게 정리했다. "이런 절대적인 규칙에 따라 자신을 평가하면 누구도 자신의 순종을 은혜의 상태에 들어간 증거로 장담할 수 없다. 그리스도를 받아들이는 믿음 속으로 들어가야 그런 확신을 얻을 수 있다." 상동, 197. 여기서 복음의 논리에 내재된 원칙 하나를 확인할 수 있다. 그것은 믿음을 떠나서 경험할 수 있는 믿음의 확신은 없다는 것이다.

적으로 보이지 않는가? 당신이 이런 문제로 고민하다가 친구의 추천으로 기독교 상담자를 찾아가 이런 조언을 듣는다면 그를 계속해서 찾아가겠는가? 우리는 할 수 있다고 격려하며 명쾌한 방법을 알려주는 문화 속에서 살고 있다. 그래서 이런 조언은 우리가 기대하는 것이 아니다.

하지만 토머스 보스턴은 이런 조언이 옳다고 판단했다. 왜냐하면 이것은 순종이 믿음과 상관없이 확신을 낳는 것이 아니라 믿음이 순종을 낳는다는 점을 정확히 강조하고 있기 때문이다. 억지로 순종한다고 해서 진짜 믿음이 생기는 것이 아니다. 믿음은 그리스도를 더 크고도 분명하게 볼 때 생긴다. 여기에 역설이 있다. 우리는 더 확실한 증거를 원한다. 하지만 보스턴은 그리스도를 더 확실히 아는 것이 중요하다고 말한다. 그러면 증거는 열매처럼 저절로 열린다.

여기서 말하는 확신은 우리가 가끔 다음과 같이 말할 때의 확신이 아니다. "그리스도를 믿었습니까? 요한복음을 보면 당신은 죽음에서 생명으로 옮겨졌습니다. 그러니 이제 확신해도 좋습니다." 이런 말은 자칫 모든 그리스도인에게 확신이 있다는 오해를 불러올 수 있다. 하지만 요한이 말하는 확신은 믿음의 삶 속에 깊이 뿌리내리고 있는 확신을 말한다. 이것은 구원이 진정으로 이루어진 삶을 증거로 낳는 확신이다.

윌리엄 퍼킨스 등은 확신이 중요한 이유로, 한편으로는 스스로를 속이는 위선자가 될 수도 있고, 다른 한편으로는 진정한 그리스도인이면서도 자신이 진정으로 하나님의 것이라는 영광스러운 결론을 과감히 내리지 못할 수 있다는 점을 지적했다. 그래서 분명한 확신에 이르기 위한 세 번째 차원이 중요하다.

성령과 믿음

직접적인 믿음의 행위는 성령의 열매다. "성령으로 아니하고는 누구든지 예수를 주시라 할 수 없느니라."[19] 마찬가지로, 바울은 믿음의 반사 행위도 성령의 열매로 묘사한다.

> "너희는…양자의 영을 받았으므로 우리가 아빠 아버지라고 부르짖느니라 성령이 친히 우리의 영과 더불어 우리가 하나님의 자녀인 것을 증언하시나니 자녀이면 또한 상속자 곧 하나님의 상속자요 그리스도와 함께한 상속자니."[20]

바울은 위와 같은 글을 쓰기 전에도 비슷한 글을 썼다.

> "너희가 아들이므로 하나님이 그 아들의 영을 우리 마음 가운데 보내사 아빠 아버지라 부르게 하셨느니라."[21]

이 두 진술은 매우 비슷하지만 그 차이점이 매우 중요한 사실 한

---

19 고린도전서 12장 3절.
20 로마서 8장 15-17절.
21 갈라디아서 4장 6절.

가지를 설명해준다. 확신에 대한 바울의 묘사는 믿음에 대한 칼뱅의 정의에 그대로 반영되어 있다. 바울이 말하는 확신은 예수 그리스도를 통해 하나님이 우리 아버지가 되시며, 그래서 이제 우리도 그리스도처럼 하나님을 아버지라 부르며 그분께 나아갈 수 있다는 확신을 말한다.[22]

종교 개혁 이후 교회 역사 속에서 로마서 8장 15-16절은 해석이 분분한 구절이었다. 성령의 증언은 우리가 하나님의 자녀라는 우리 자신의 증언과 함께 이루어지며, "아빠 아버지"라는 부르짖음으로 표현된다. 구약 시대 재판에서는 어떤 증거든지 두 명 이상의 증언으로 확정되어야 했다.[23] 이런 배경에서 우리 자신의 영의 자각이 하나의 증언이 된다. 하지만 이것이 참된 증언이라 해도 확증이 필요하다. 그래서 놀랍게도 성령이 직접 증언을 더하여 확증해주신다.

이 과정을 존 오웬만큼 생생하게 묘사한 사람은 없지 않을까 싶다.

> 성령이 오셔서 이 전에 대해 증언해주신다. 이는 칭호와 주장에 관한 재판 절차와 비슷하다. 판사가 착석하면 사건 당사자가 주장을 펼치고 그에 대한 증거를 제시하며 설명한다. 그러면 적들이 맹렬하게 반론을 제시하여 그를 패소되게 하려고 한다. 그때 재판 도중에 정직하기로 소문이 난 사람이 법정에 들어와 권리 주장자를 위해 완벽한 증언을 한다. 이 증언은 적들의 입을 다물게 만들고, 권리 주장자에게 기쁨과 만족을

---

[22] 마가복음 14장 36절을 보라.
[23] 신명기 17장 6절, 19장 5절.

안겨준다. 이 경우도 마찬가지다. 영혼은 자기 양심의 힘으로 하나님의 법 앞에 선다. 거기서 사람은 자신이 하나님의 자녀이며 하나님의 가족에 속했다고 주장한다. 그리고 그에 관한 모든 증거를 제시한다. 하나님을 믿고 그분께 관심을 갖게 된 모든 과정을 제시한다. 그러는 동안 사탄은 최대한 반론을 펼친다. 그리고 죄와 율법이 그를 돕는다. 영혼의 증거에서 많은 흠을 찾아내 그 증거의 진실성에 의문을 제기한다. 영혼이 위기에 처한다. 이런 주장과 반론의 한복판에서 보혜사가 오셔서 약속 등의 말씀을 통해 그의 주장이 옳다는 확신, 그가 정말로 하나님의 자녀라는 완벽한 확신을 그 마음에 주신다(그리고 모든 반론을 물리치신다). 그래서 그분을 "Συμμαρτυρεῖ τῷ Πνεύματι ἡμῶν"(우리의 영과 더불어…증언하시나니, 롬 8:16)이라고 말한다. 우리의 영이 권리와 칭호를 주장할 때 성령이 오셔서 우리 편에서 증언하신다. 동시에 우리로 하여금 자녀답게 "아빠 아버지라 부르"(갈 4:6)면서 순종할 수 있게 해주신다. 앞서 말한 성령이 역사하시는 방식을 기억하라. 성령은 효과적이고 자발적이며 자유롭게 역사하신다. 그래서 때로는 논쟁이 오래 가기도 하고, 변론이 몇 년을 가기도 한다. 또 때로는 율법이 이긴 것처럼 보이고, 죄와 사탄이 기뻐하는 것 같다. 불쌍한 영혼은 자신의 상속에 대한 불안으로 가득 찬다. 믿음, 성화, 이전의 경험을 통한 자신의 증언이 어느 정도 생명과 위로의 항변을 계속할 수도 있다. 하지만 자유롭고도 효과적으로 역사하시는 성령이 그분의 때에 그분의 방법으로 함께 증언하시기 전에는 작업이 끝나지 않고 완벽히 승리할 수 없다. 능력에 약속의 말씀까지 갖추신 성령이 모든 당사자를 앞세워 논쟁을 끝내신다.[24]

하지만 질문은 여전히 남아 있다. 무엇보다도, 성령이 어떤 방식으로 증언하시는가? 특히, 로마서 8장 16절에서 바울은 성령의 증언을 (1) 우리 영'에게' 하는 증언과 (2) 우리의 영과 '함께'하는 증언 중 무엇으로 여기는가? 바울이 사용한 동사 '쉼말튀레오'(*summartureō*)는 두 경우 모두에 사용될 수 있다.

크랜필드는 로마서 강해에서 성령의 증언이 우리 영과 '함께'가 아니라 우리 영'에게' 이루어진다고 강력하게 주장했다(현재 다른 학자들도 그의 주장을 이어가고 있다). 그는 이렇게 묻는다. "이 문제에서 우리 영의 역할은 무엇인가? 우리의 영 자체는 우리가 하나님의 아들임을 증언할 권리가 전혀 없다."[25]

하지만 이 주장에 반박할 이유는 다음과 같이 충분하다.

---

24 John Owen, *Works*, 2:241-242.
25 C. E. B. Cranfield, *A Critical and Exegetical Commentary on The Epistle to the Romans*, 2 vols. (Edinburgh: T&T Clark, 1979), 1:403. 크랜필드에 이어 이런 주장을 펼친 것은 레온 모리스(Leon Morris)다. Leon Morris, *The Epistle to the Romans* (Grand Rapids, MI: Eerdmans, 1998), 317. 이런 주장까지는 아니지만 성령이 우리의 영과 '함께'가 아니라 우리의 영'에게' 증언하신다는 입장을 채택한 주석가는 루터, 칼뱅, 찰스 하지(Charles Hodge) 등이 있다. 크랜필드의 주석에 특별히 언급되어 있지는 않지만 그의 질문 방식을 보면 신적인 것들에서 사람의 선험적인 증언을 별로 인정하지 않았던 카를 바르트의 영향을 크게 받은 것으로 보인다. 그의 질문은 성경적 근거가 없는 답으로 이어진다. 자녀에게 자신이 자녀라는 사실을 증언할 '권리'가 있지 않은가? 하나님이 우리에게 "하나님의 자녀가 되는 권세"(요 1:12)를 주셨다면 당연히 자녀로서 우리는 스스로 자녀라고 증언할 권리가 있다. 사도 요한은 분명 그렇게 생각했다(요일 3:1-2).

1) 바울은 로마서의 다른 부분에서도 '쉼말튀레오'를 사용하고 있다.[26] 그런데 두 경우 모두, 이 단어는 '에게' 하는 증언보다는 '함께' 하는 증언을 의미하는 것처럼 보인다. 게다가 로마서 8장에는 '쉰'(sun)의 합성어가 매우 많다. 예를 들어, 우리는 그리스도와 '함께' 상속자가 되고(8:17), 그리스도와 '함께' 고난을 받으며(17절), 온 피조물이 '함께' 탄식하고(22절), '함께' 고통을 겪으며(22절) 성령이 우리와 '함께'하면서 우리의 연약함을 도우시고(26절), 모든 것이 '함께' 합력하여 선을 이룬다(28절). 그렇다면 역시 '쉰' 합성어인 '쉼말튀레오'도 '에게'보다 '함께'의 의미가 있다고 볼 수 있다.

2) 크랜필드의 주장과 반대로, 분명 우리는 하나님 앞에서 우리의 상태를 증언한다. 바울은 갈라디아서에서 "하나님이 그 아들의 영을 우리 마음 가운데 보내사 아빠 아버지라 부르게 하셨느니라"[27]고 말한 반면, 로마서에서는 신자 자신이 "아빠 아버지!"라고 부르짖어 하나님의 아들이요 그리스도의 공동 상속자라는 자기 상태에 대한 의식을 표현한다고 말했다.[28] 이런 배경에서 보면 성령의 증언은 어떤 의미에서 우리 영의 증언에 추가되는 것이다.

---

26 로마서 2장 15절, 9장 1절.
27 갈라디아서 4장 6절.
28 이 배경에서 '아들'이라는 표현을 사용한 것은 상대적으로 최근까지도 가족 중에서 유산을 물려받는 사람이 아들이었기 때문이다. 여기서 바울은 1세기의 사회적 구조(결혼이 필수고, 여성이 남편의 유산을 공유하며, 그런 식으로 사회의 균형을 이루려고 했던 시대)를 주장한 것이 아니다. 그는 당시 사회적 배경 안에서 그리스도 안에서의 영적 유산에 관한 신학적 요지를 설명할 수 있는 유일한 용어를 사용했을 뿐이다. 이런 맥락에서, 슬로브핫의 딸들에게도 기업을 주어 딸도 상속자로 포함시켰다는 민수기 27장 1-11절에 나타난 구약의 율법과 로마법은 훌륭하게 대조를 이룬다는 사실을 주목할 필요가 있다.

크랜필드의 질문은 적절하다. "우리가 하나님의 자녀임을 확신하는 문제에서 우리 영의 증언은 어떤 역할을 하는가?" 하지만 답은 '아무 역할도 하지 않는다'가 아니다. 바울의 요점은 우리의 새로운 정체성에 대한 우리 자신의 의식이 약하고 확신이 부족할 때 성령이 함께 증언해주신다는 것이다. 따라서 우리의 상태는 두 증인이 확증한다. 그런데 크랜필드의 해석은 결국 성령만을 증인으로 인정하는 것이다.

두 증인이라는 관점은 바울이 갈라디아서 4장 6절에서 말한 똑같지 않지만 비슷한 진술에서 확인된다. 로마서 8장에서는 "아빠 아버지"라고 부르는 것이 우리지만 갈라디아서 4장에서는 성령이 그렇게 부르짖으신다. 이 두 구절을 어떻게 연결해야 할까?

우리가 오직 성령을 통해서만 "예수를 주시라"[29] 고백할 수 있다는 바울의 진술에서 그 열쇠를 찾을 수 있다. 그리스도께 증언하는 것은 신자 자신이다. 하지만 그런 증언은 오직 그의 삶 속에서 이루어지는 성령의 역사를 통해서만 가능하다. 마찬가지로, "아빠 아버지"라고 부르짖는 것은 신자 자신이다. 하지만 성령이 우리의 영과 함께 증언하실 때만 우리가 그렇게 부르짖을 수 있다. 따라서 우리가 하나님의 아들이 된다는 성령의 증언은 우리 영의 증언과 경험적으로 구분되는 것이 아니다. 물론 둘이 엄연히 다르기는 하지만 우리의 의식을 되돌아보아 둘을 구분할 수는 없다. 우리가 "예수를 주시라"고 고백할 때 성령의 역사를 직접적으로 의식할 수 없는 것처럼 말이다. 워필드의 다음 글은 이런 균형을 잘 표현해주

---

29   고린도전서 12장 3절.

고 있다.

　　근원은 다르지만 우리 의식의 증언과 함께 이루어진다.[30]

성령의 증언은 왜 그토록 특별한가?

바울은 신자가 "아빠 아버지"라 '부르짖는' 것에 관해 말하고 있다. 여기서 사용된 동사 '크라조'(krazō)는 70인역 구약[31]에서도 이 의미로 사용된다.[32] 이 단어는 복음서들에서 도와달라고 부르짖는 눈먼 거지[33], "그를 십자가에 못 박으라"고 부르짖는 군중[34], 요한계시록에서 출산하는 여인을 가리킬 때 사용되었다.[35]

　이 동사는 의성어로, 날카로운 울부짖음을 묘사한다. 따라서 바울은 급박한 상황에서 크게 부르짖는 소리를 염두에 두었던 것으로 보인다. "아빠 아버지"는 만족해서 나른한 목소리로 속삭이는 것이 아니다. 그것은 꽈당 넘어져서 아버지에게 도와달라고 울부짖는 아이의 외침이다. 급박한 아이의 깊은 본능에서 나온 소리인 것이다.

30　B. B. Warfield, *Faith and Life* (New York: Longmans, Green, 1916), 184. 보스턴은 우리 영과 '함께'뿐 아니라 우리 영'에게' 이루어지는 성령의 증언을 언급한다. 단, 추가적인 설명은 하지 않는다. *Works*, 2:17. 이 글은 '에게'가 '함께'의 배경에서 이루어지며 '함께'와 실존적으로 구별된다는 뉘앙스를 풍긴다.

31　바울에게 익숙했던 구약의 헬라어 번역본.

32　예를 들어, 시편 141편 1절. "여호와여 내가 주를 불렀사오니 속히 내게 오시옵소서 내가 주께 부르짖을 때에 내 음성에 귀를 기울이소서."

33　누가복음 18장 40절.

34　마태복음 20장 30절, 마가복음 15장 13절.

35　요한계시록 12장 2절.

이것이 "아빠 아버지"라는 외침이 그토록 중요한 이유다. 이것은 불신자의 의식 속에는 없는 절박한 신자의 본능을 표현한 외침이다. 불신자는 기껏해야 "저런!"이라고 외칠 뿐 본능적으로 "아버지!"라고 외치지는 않는다. 또 이런 외침은 성령이 역사하신 열매이자 성령이 우리의 영과 함께 증언하시는 것이다. 가장 어두운 순간에도 신자는 이런 본능, 이런 증언을 보여준다. 그는 자신이 하나님의 아들임을 본능적으로 알고 있다.

성령으로 "예수를 주라" 고백하는 사람은 어려울 때 같은 영으로 "아빠 아버지"라고 고백한다. 따라서 최악의 순간에도 신자의 의식이 불신자의 의식과 완전히 다르다는 존 머리의 말이 옳다.

이것이 무슨 의미인지를 생각해보자. 하나님은 자녀가 약할 때에도 확신을 차단하지 않으신다. 어떤 선한 아버지가 자녀가 잘할 때만 자신의 사랑을 확인해주겠는가? 그런 아버지는 나쁜 아버지다. 우리가 하늘 아버지를 그렇게 여긴다면 얼마나 안타까운가.

단, 바울이 성령의 증언을, 성령의 열매를 맺지 못하는 사람들이 확신을 얻기 위한 일종의 '차선책'으로 제시하지 않았다는 점을 명심해야 한다. 성령의 증언과 성령의 열매가 같지는 않지만 둘은 항상 같이 나타난다. 바울은 신자를, 육신이 아닌 성령에 따라 살고, 육신의 죄를 죽이며 살아가는 사람으로 묘사했기 때문이다. 따라서 우리가 하나님의 자녀라는 성령의 증언은 그 성령이 우리 삶 속에 낳는 가문의 특징들과 별개로 나타나지 않는다. 성령의 증언은 우리 영의 공동 증언으로서, 아들 됨에 대한 우리의 의식(그 의식이 저 밑바닥에 있다 해도) 안에서 이루어진다. 따라서 성령의 증언은 우리 삶 속에 나타나는 하나님 은혜의 증거와 별개로 나타나지 않는다. 바울은 이미 로마서 8장 12-14절에서 죄를 죽이는 삶을 성령의 지속적인 인도하심과 연결함으로써 이 점을 분명히 했다.[36]

워필드의 다음 글도 이런 균형을 잘 표현해주고 있다. 그가 말한 성령의 증언은 이러하다.

> 한마디로, 우리가 자녀라는 타당한 증거를 대신하는 것이 아니라 그 증거를 강화하는 것이다. 그리스도인의 특징을 보여주지 못한 사람은 자신을 그리스도인이라 믿을 자격이 없다. 오직 성령의 인도하심을 받는 사람만이 하나님의 자녀다. 하지만 그리스도인의 모든 특징을 보이고도 그만큼 확신하지 못할 수는 있다. 이런 경우에 성령의 증언이 더해지는 것이다. 성령의 증언이 증거를 대신하는 것이 아니라 그 효과를 더 높은 수준으로 끌어올리는 것이다. 즉, 비합리적이고 부당한 확신을 낳는 것이 아니라 도움 없이 우리 스스로 얻을 수 있는 확신보다 더 강하고 안정된 확신을 낳는 것이다. 또한 부족한 증거를 채워주는 것이 아니라 증거의 효과를 제대로 보지 못하는 마음의 병을 치유하는 것이다…성령은…근거 없는 확신이나 비합리적인 결론을 낳는 식으로 역사하지 않으신다. 또 근거 없는 확신을 낳지도, 특정 결론을 위해 더 많은 근거를 만들어내지도 않으신다. 그 대신, 이미 존재하는 근거들에 진

---

[36] 여기서, 신약에서 언급된 '성령의 인도하심'이 일반적인 '인도하심'이 아니라 특별히 거룩함과 관련되어 있다는 점이 주목할 만하다.

정한 무게와 타당성을 부여하여 진정한 결론과 확신으로 인도하신다.

따라서 성령의 증언이 하는 기능은 우리의 약한 결론에 확신의 무게를 더하는 것이다.[37]

이렇게 여러 가지 영향이 하나로 합쳐져 그리스도인의 확신을 이룬다. 실제 확신에는 신학적인 차원만이 아니라 심리적인 차원도 있다. 바로 이런 이유로, 분명한 확신의 교리가 정립되었다 해도 여러 장애물로 인해 실제 확신을 경험하는 데 방해를 받을 수 있다. 그런 의미에서 다음 장에서는 이런 장애물에 대해 살펴볼 것이다.

---

[37] B. B. Warfield, *Faith and Life*, 187, 191.

11 장

"장애물이 길에 가득할 때"

신약은 구원의 확신을 누리는 것을 그리스도인이 정상적이고도 건강한 경험으로 제시한다. 확신이 부족한 것은 대체로 병적인 상태이며, 이 상태는 여러 가지 요인 중 하나(혹은 그 이상)에서 비롯한다.[1] 이런 요인을 정확히 진단하고 나면 하나님 백성에게 확신을 강화해주는 성경의 약들을 찾아 적용할 수 있다.

---

1 이번 장의 제목은 게르하르트 데르스테겐(Gerhard Tersteegen)의 찬송 "Thou hidden love of God"(John Wesley 번역)의 2절에서 가져왔다.

깨진 기초

확신의 가장 미묘한 장애물은 가장 흔한 장애물이기도 하다. 그것은 앞서 이미 언급했던 우리의 잘못된 성향이다. 우리는 구원의 기초를, 구원의 확신을 얻고 강화하기 위한 수단과 혼동하곤 한다. 예를 들어, 그리스도인의 섬김은 확신을 강화한다. 섬길 때 우리는 새로운 욕구와 기질을 일으키는 성령의 역사를 경험한다. 그런데 부지불식간에 믿음으로 구주를 얻었다는 사실이 아닌 자신의 섬김을 확신의 근거로 삼기 시작할 수 있다. 하지만 확신의 기초는 어디까지나 우리가 아니라 그리스도께 있다.

이와 관련해 아브라함이 좋은 본보기다. 아브라함은 자신이나 아내 사라의 몸에 초점을 맞추지 않은 덕분에 아들을 얻게 된다는 하나님의 약속을 확신할 수 있었다. 아브라함 자신이나 아내의 몸은 하나님의 복에 오는 궁극적인 근원이 아니라 수단일 뿐이었다. 아브라함은 하나님의 약속에 확신의 닻을 내렸고, 그 믿음이 계속 자라 그는 끝까지 하나님께 영광을 돌릴 수 있었다.[2]

달리 표현하면, 일단 확신의 문제에서 실천적 삼단 논법의 자리는 있다. 즉, 의의 열매를 통해 확신이 강해질 수 있다. 따라서 자기 성찰의 자리도 있다. 즉, 스스로 살펴 자신이 믿음 안에 있는지를 확인할 필요가 있다.[3] 하지만 실천적 삼단 논법이나 자기 성찰이 믿음 자체가 빠진 확신으로 이어져서는 안 된다. "그리스도에 대한 믿음은 잠시 차치하고 일단 어떻게 확신을 얻을지 생각해보자"라는

---

2   로마서 4장 18-21절.
3   고린도후서 13장 5절.

말은 옳지 않다. 그래서 보스턴은 우리가 그리스도께 속했다는 모든 증거를 "믿음에 대봐야" 한다고 강조했다.[4] 단순히 우리의 성화만 살펴서 진정한 확신을 얻을 수는 없다. 믿음의 확신을, 섬김의 삶으로 그것을 확인하는 것과 혼동해서는 안 된다.

순종의 비일관성

일관되지 못한 신앙생활은 확신의 부족으로 이어진다. 최소한, 진정한 확신의 부족으로 이어진다(하지만 안타깝게도 꼭 자기 확신의 부족으로 이어지는 것은 아니다). 그리스도에 대한 실질적인 순종이 없는 것은 곧 그분을 구주로 사랑한다는 증거가 없기 때문이다. 구원의 현실이 실제 삶으로 나타나지 않고 그리스도의 구원하시는 은혜를 자각하지 못하면 확신은 방해를 받을 수밖에 없다. 불순종으로 흐른 그리스도인은 확신을 잃게 된다.

시편 51편에 기록된 다윗의 고통스러운 참회의 부르짖음이 이 점을 잘 보여준다. 그는 불순종하고 나서 이렇게 고백했다. "내 죄가 항상 내 앞에 있나이다."[5] 용서에 대한 그의 의식이 흐려져 있다. 그는 이제 "즐겁고 기쁜 소리를"[6] 듣지 못한다. 그는 자신의 삶 속에서 성령의 증언을 완전히 잃을까 두려워하고 있다. 구원의 즐거움을 전

---

4   Edward Fisher, *The Marrow of Modern Divinity* (Ross-shire, UK: Christian Focus, 2009), 197n.
5   시편 51편 3절.
6   시편 51편 8절.

혀 느끼지 못하는 것이다.[7] 그는 야고보서에 나오는, 두 마음을 품어 모든 일에 정함이 없는 사람처럼 되어버렸다.[8] 성화가 잘 이루어지지 않으면 남모를 의심이 싹트고 확신이 약해진다. 일관되지 못한 삶은 성령을 슬프게 하고, 그분이 우리 안에 거하시며 우리의 구속이 확실하다는 의식을 약화한다.[9]

그렇다면 치료제는 무엇인가? 치료제는 '회개'라고 하는 구토제다.

눈살을 찌푸리는 섭리

확신의 부족은 그리스도인의 삶에서 고난의 역할을 오해한 까닭일 수도 있다. 윌리엄 쿠퍼의 표현처럼 섭리가 눈살을 찌푸리면 "너무도 두려운 구름"만 보이고, 그로 인해 "약한 감각으로 하나님을…판단하게" 된다.[10] 현대 그리스도인들이 시련을 만나자마자 하나님의 눈 밖에 났다고 결론짓는 것을 심심치 않게 볼 수 있다.

언제나 회복을 바라보아야 한다. 우리는 하나님의 섭리를 완벽하게 해석할 수 없다. 또한 아버지의 사랑에 대한 우리의 확신이 인생의 상황에 근거해서는 안 된다. 하나님 은혜와 구원에 관한 확신을 '내 삶을 향한 하나님의 축복'에서 찾으려는 것은 치명적인 실수다. 그렇게 하면 인생의 풍랑이 몰아칠 때 우리를 단단히 고정해줄 닻

---

7 시편 51편 3, 8, 11-12절.
8 야고보서 1장 8절.
9 에베소서 4장 30절.
10 "God moves in a mysterious way"라는 첫 소절로 더 잘 알려진 쿠퍼의 찬송 "Light Shining out of Darkness"(1774)에서.

이 없는 것이나 마찬가지다. 하나님은 그리스도 안에서 우리를 그분께로 단단히 고정해주신다. 무엇보다도 십자가 위에서 우리를 향한 사랑을 이미 '증명하셨다.' "우리가 아직 죄인 되었을 때에 그리스도께서 우리를 위하여 죽으심으로 하나님께서 우리에 대한 자기의 사랑을 확증하셨느니라."[11] 우리는 십자가에 못 박히셨다가 다시 살아나 하늘로 승천하여 다스리고 계시는 그리스도에게서 시선을 떼지 말아야 한다. 십자가의 렌즈를 통하지 않고서 섭리를 바라보지 말아야 한다.

아울러 그리스도인의 삶에서 고난이 여러 가지 기능을 한다는 점을 알면 큰 도움이 된다.

1) 고난은 우리를 바로잡는 기능을 할 수 있다. "고난당하기 전에는 내가 그릇 행하였더니 이제는 주의 말씀을 지키나이다…고난당한 것이 내게 유익이라 이로 말미암아 내가 주의 율례들을 배우게 되었나이다."[12] 고통과 슬픔의 벌을 받으면 탕자처럼 우리를 기다리고 있는 아버지의 사랑의 품으로 돌아갈 수 있다. 사무엘 러더퍼드는 이렇게 말했다. "그뿐만 아니라 그리스도가 사랑으로 치시면 영혼에 유익하다. 예수님이 자상하고 달콤하며 부드러운 손으로 머리를 치시면 왠지 모를 위로와 기쁨이 있다."[13]

2) 고난으로 인격이 성숙해지기도 한다. 바울은 환란이 인내를,

---

11 로마서 5장 8절.
12 시편 119편 67, 71절.
13 A. A. Bonar 편집, *The Letters of Samuel Rutherford* (London: Religious Tract Society, 1891), Letter 130, 255.

인내는 소망을 낳는다고 말했다.[14] 많은 사람이 자신을 '남들에 비해 참을성 많은 사람'이라고 생각한다. 하지만 인내는 도저히 인내할 수 없는 상황에서만 드러나고 발휘되며 강해지는 법이다. 따라서 고난은 우리의 인격을 키우는 하나님의 투자일 수 있다.[15]

3) 고난은 하나님이 우리에게, 우리 안에서, 우리를 통해(이 세 차원이 다 중요하다) 그분의 은혜와 영광을 드러내는 배경이 되기도 한다. 예컨대, 바울은 육체의 가시를 통해 그리스도의 은혜가 충분하다는 사실과 약한 데서 온전해지는 그리스도의 능력을 발견했다.[16] 그가 약할 때 사역이 성공함으로, 그것이 그의 능력이 아닌 하나님의 능력에서 이루어진 성공이라는 점이 분명히 드러났다.[17] 그리고 고난 속에서 찾아온 하나님의 위로 덕분에 그는 다른 사람을 위로할 힘을 얻었다.[18] 아울러, 그는 "하나님, 제가 왜 이런 일을 겪어야 합니까?"라는 질문에 자신이 아닌 다른 사람들에게서 그 답을 찾았다. "우리 살아 있는 자가 항상 예수를 위하여 죽음에 넘겨짐은 예수의 생명이 또한 우리 죽을 육체에 나타나게 하려 함이라 그런즉 사망은 우리 안에서 역사하고 생명은 너희 안에서 역사하느니라."[19]

물론 궁극적으로 고난은 우리로 하여금 영광을 고대하고 준비하

---

14   로마서 5장 3-4절.
15   히브리서 12장 10-11절 참조.
16   고린도후서 12장 9절.
17   고린도전서 2장 3-5절.
18   고린도후서 1장 3-7절.
19   고린도후서 4장 11-12절.

게 만든다. "영원한 영광의 중한 것"을 바라볼 때만이 우리의 고난을 "잠시 받는…경한 것"[20]으로 올바로 볼 수 있다.

이런 고난이 주권적인 아버지의 손안에 온전히 있다는 점을 이해하는 것이 매우 중요하다. 이 점을 이해하지 않으면 고난을 올바른 시각으로 볼 수 없고, 하나님의 사랑에 대한 확신이 고난 속에서 사라질 수밖에 없다.

시편 102편의 기자에게 바로 이런 일이 일어났다. 고난 중에 그는 이런 생각에 빠졌다. "주께서 나를 들어서 던지셨나이다."[21] 이런 거짓된 렌즈를 통해 그는 자신의 병, 외로움, 어려운 환경[22]을 하나님이 자신을 가혹하게 내치신 증거로 해석했다. 하나님이 진정으로 어떤 분이신지에 다시 시선을 고정한 뒤에야 그는 하나님의 주권적인 목적과 그분이 언약을 반드시 지키시는 분이라는 확신을 회복할 수 있었다. 이 확신은 현재의 복만이 아니라 미래의 복을 고대할 정도까지 자라났다![23] 고난에 관한 기본적인 원칙은 (헬라어 잠언 3장 11-12절을 인용함) 히브리서 12장 5-6절에 잘 표현되어 있다.

"내 아들아 주의 징계하심을 경히 여기지 말며 그에게 꾸지람을 받을 때에 낙심하지 말라 주께서 그 사랑하시는 자를 징계하시고,"

---

20 고린도후서 4장 17절.
21 시편 102편 10절.
22 시편 102편 3-7절.
23 시편 102편 25-28절.

죄의 정죄와 지배는 끝났지만 죄 문제는 여전히 우리를 괴롭힌다

확신의 네 번째 장애물은 칭의와 중생이 그리스도인과 죄의 관계를 어떻게 변화시키는지를 제대로 이해하지 못하는 것이다. 특히 젊은 그리스도인들은 중생 후 급격히 일어나는 마음의 변화 때문에 오해하기가 쉽다. 마구 솟아나는 구원의 기쁨과 순종하려는 욕구로 다시는 죄를 짓지 않을 것만 같다. 그러다가 다시 죄를 짓는 모습을 보고 자신의 회심이 구원으로 가는 하나의 단계에 불과할 뿐, 자신은 아직 그리스도인이 되지 못했다는 (잘못된) 결론에 이를 수 있다.

이 점에서 그리스도와의 연합이라는 신약의 주제가 매우 중요하다. 다행히, 21세기의 처음 몇십 년 사이에 이 주제에 관한 저작 활동이 크게 부흥했다. 그렇지 않았다면 18세기 스코틀랜드 국경 벽촌의 목사 한 명이 거의 혼자 힘으로 그리스도와의 연합의 중요성을 모든 세대의 그리스도인에게 알렸다는 사실 앞에서, 책과 세미나, 컨퍼런스, 팟캐스트 같은 온갖 도구로 무장한 현대의 그리스도인들이 심히 부끄러울 뻔했다. 그 목사는 물론 토머스 보스턴이다. 보스턴은 바로『인간 본성의 4중 상태』로 그런 엄청난 일을 해냈다.[24]

그렇다면 그리스도와의 연합이 우리에게 실제로 어떤 의미인가? 그 연합의 본질은 이것이다. 돌아가신 그리스도와 연합함으로 우리는 죄의 형벌에서 해방되었다. 그리스도가 우리를 대신하여 그 형

---

[24] Thomas Boston, *Human Nature in Its Fourfold State* (London: Banner of Truth, 1964), 253-320. [*Works*, 8:177-231].

벌을 받으셨기 때문이다. 부활하신 그리스도와의 연합으로 최종적이고 취소할 수 없는 의가 우리의 것이 되었다. 돌아가셨다가 부활하신 그리스도와의 연합을 통해 우리는 죄의 지배에서 해방되었다. 하지만 우리 자신은 여전히 죄인이다. 죄가 여전히 우리 안에 거하고 있다. 우리의 중생이 이생을 넘어 완전히 꽃을 피울 때에야 비로소 우리는 죄의 존재에서 완전한 자유를 얻을 것이다.

이런 구분이 매우 중요하다. 정죄는 사라지고 죄의 지배는 끝났지만 죄는 여전히 우리 안에 거하며 우리를 괴롭히고 있다. 죄에는 여전히 우리를 기만하고 유혹할 잠재력이 있다. 이 점을 이해해야만 죄가 계속해서 존재하는 것을 우리 안에 새로운 생명이 없는 것으로 혼동하지 않을 수 있다. 이 점을 분명히 이해하지 못하면 우리의 확신이 상황에 따라 요동칠 수밖에 없다.

타고난 기질의 문제

'영혼 치료'의 대가들은 타고난 기질이나 환경에서 비롯한 기질이 우리의 확신에 영향을 미칠 수 있다는 점을 잘 알고 있다. 그렇다고 해서 성경이 확신에 관한 분명한 교리를 제시하지 않았다는 뜻은 아니다. 성령이 확신을 주신다는 사실을 부인하는 것도 아니다. 하지만 이 확신은 성령이 우리에게 그리고 우리 안에 주시는 것이며, 우리 자신의 의식 속으로 들어오는 것이다. 따라서 복음에 관한 생각이 우리 자신에 관한 생각, 즉 하나님과의 관계 속에서 우리가 누구인지에 관한 생각에 영향을 미칠 수밖에 없다.

확신은 하나의 의식이기 때문에 복음의 진리는 저마다 다른 삶의 배경, 복음에 대한 이해, 심리적 배경을 지닌 개인 속으로 들어가는 셈이다. 그런데 자기 의식이 복음이 들어오는 데 유난히 장애물로 작용하는 그리스도인이 있을 수 있다. 믿음과 은혜가 충만하고 하나님의 일을 열심히 하는데도, 천부적인 기질 때문에 온전히 확신하지 못하는 그리스도인도 있다. 결국 우리는 육체와 감정을 지닌 존재다. 우울한 성격은 확신을 누리지 못하게 하는 장애물이 되기도 한다.

이런 배경에서, 온전한 믿음의 확신으로 하나님께 나아가라는 히브리서 기자의 권면(히 10:22)은 궁극적으로 그리스도의 인성을 자비롭고 동정적인 대제사장으로 제시한 것에 기반하기에 중요하다. 그분은 연약한 육신을 입고 타락한 세상에 오셔서 우리처럼 병에 걸리고 유혹에 시달리며 통곡과 눈물로 기도하셨다.[25] 성격이 우울해서 의심에 빠지기 쉬운 사람들은 이런 구주를 통해 나타난 하나님의 은혜를 마음 깊이 새겨 확신을 얻어야 한다. 이런 신자들은 그리스도께 거리감을 느끼기 쉽다. 그래서 히브리서는 그리스도를 가깝게 느끼도록 도와준다.[26] 그리스도가 부활 전 연약한 인간으로서 이 땅에서 하신 말씀 중 마지막에서 두 번째는 "나의 하나님, 어찌하여?"라는 물음으로 시작된다. 하나님은 자신을 멀리 느끼는 사람들에게 은혜에 대한 확신을 주시고자 이만큼이나 가까이 다가오셨다. 칼뱅에 따르면 그리스도는 단순히 우리의 육신을 입으신 것이

---

[25] 히브리서 2장 14절, 4장 14-16절, 5장 7-10절.
[26] 2장 14절 상반절, 4장 14절 상반절, 5장 7절 상반절.

아니라 "우리의 육신이시다." 그분이 우리를 아신다는 사실을 알면 우리가 그분 안에서 안전하다는 사실을 더 깊이 확신할 수 있다.

"원수가 이렇게 하였구나"[27]

마귀의 공격도 확신하는 데 장애물이다. 마귀는 특별히 이런 목적으로 공격할 때가 많다. 사탄은 그리스도가 구원하신 자들을 멸망시킬 수 없다. 그래서 그분과의 새로운 관계를 '즐기지' 못하도록 막는 데 주력한다. 사탄의 첫 번째 공격은 이런 목적으로 이루어졌다. 즉, 사탄은 첫 부부가 하나님의 선하심을 확신하지 못하도록 방해했다. "하나님이 참으로 너희에게 동산 모든 나무의 열매를 먹지 말라 하시더냐?"[28]

첫 번째 유혹은 까마득한 과거에 이루어졌지만 지금도 똑같은 방식으로 이루어지고 있다. 지금도 그리스도인들은 웨스트민스터 신앙 고백에서 말하는 "그들이 구원에 대한 확신이 갑작스럽거나 큰 시험에…여러 모양으로 흔들리고 약해지고 중단"[29]되는 경험을 한다.

이 점을 알고 나면 바울이 로마서 8장에 기술한 결론을 제대로 이해할 수 있다. 로마서 8장 37-39절에 나타난 확신의 선포("이 모든 일에 우리를 사랑하시는 이로 말미암아 우리가 넉넉히 이기느니라…[무엇도] 우리를 우리 주

27　마태복음 13장 28절.
28　창세기 3장 1절.
29　Westminster Confession of Faith, 18.4.

그리스도 예수 안에 있는 하나님의 사랑에서 끊을 수 없으리라")는 8장 31절에서 시작된 일련의 질문에 대한 답이다. 아마도 이런 질문의 가장 두드러진 특징은 모든 질문이 비인칭대명사인 '무엇'이 아니라 인칭대명사 '누구'로 시작된다는 점일 것이다.

바울은 '무엇이 우리를 대적하리요? 무엇이 우리를 고발하리요? 무엇이 우리를 정죄하리요? 무엇이 우리를 그리스도의 사랑에서 끊으리요?'라고 묻지 않았다. 바울의 질문은 계속해서 '누가'로 시작된다. '누가…? 누가…?' 우리를 겨냥하고 있는 것은 상황이 아니라 사탄이다. 바울은 사탄의 방해 공작 속에서도 그리스도가 지켜주신다는 확신을 붙들었다. 이번에도 사무엘 러더포드의 말을 들어보자.

> 나의 내면이 훤히 드러나서 모두가 나의 비열함을 보면 이렇게 말할 것이다. "네가 그리스도의 입맞춤과 포옹을 당당히 받는 것은 부끄러운 일이다"…하지만 그리스도의 사랑을 보고서 부끄러움을 느낀다면 얼마든지 부끄러워하리라.[30]

여기서 바울은 칭의가 완전하고도 최종적이라는 점을 확신의 근거로 내세운다. 그리스도와의 연합을 통해 하나님 앞에서 독생자처럼 완전하고도 영구적으로 의로워진 사람은 그 무엇도, 그 누구도 자신을 하나님의 사랑에서 끊을 수 없다고 확신해도 좋다.

---

30 Bonar, *Letters of Samuel Rutherford*, Letter 130, 256-257.

"양심에 따라 의심하지 마라"[31]

"양심을 따르라." 이것은 예로부터 우리 모두가 당연하게 받아들였던 원칙이다. 하지만 이 원칙은 그리스도인에게는 그대로 통하지 않는다. 왜냐하면 양심이 완전히 믿을 만하지는 않기 때문이다. 양심은 잘못된 정보에 근거할 수 있다. 때로 하나님의 말씀에 따라 양심을 조정해야 할 필요성도 있다. 흥미롭게도, 스스로 '강한 양심'을 지녔다고 생각하는 사람은 오히려 바울이 말한 "연약한"[32] 부류에 속할 수 있다. 이런 경우에는 양심이 오히려 확신하는 데 방해가 된다.[33] 양심이 우리를 정죄하기 때문이다.

아마도 이런 측면에서 요한은 우리 마음이 우리를 책망한다고 말한 것으로 보인다.[34] 나아가 요한은 이에 대한 처방도 내려준다. 그것은 바로 하나님의 마음이 우리 마음보다 크다는 것이다. 하나님은 우리의 마음과 양심이 줄 수 없는 은혜로운 구원을 이루셨다. 마음의 책망을 당하는 자들에게 이것이 복된 소식이다.

하지만 이와 다른 면에서도 양심은 확신의 걸림돌이 될 수 있다. 즉, 양심은 우리의 자유를 성경보다 더 제한할 수 있다. 그렇게 되면 하나님에 대한 시각이 제한된다. 하지만 이것이 어떻게 확신을 방해하는가? 이것은 사실상 확신이 아니라 그리스도인의 자유의 문

---

31 Joseph Hart(1712-1768)의 찬송 "Come Ye Sinners, Poor and Needy"에서.
32 로마서 14장 1절-15장 7절에서. 여기서 "약한" 자들은 "강한" 양심이 있어 특정한 음식을 먹지 않고 절기를 정확히 지키는 자들이다. 그들은 양심 때문에 복음에 제시된 자유를 누리지 못한다.
33 로마서 14장 23절에서 바울이 "의심"에 관해 뭐라고 말하는지 보라.
34 요한일서 3장 19-20절.

제가 아닌가? 그렇지가 않다. 하나님이 우리를 책망하시지 않을 때 양심이 우리를 책망하면 우리는 그런 시각에 따라 하나님을 보게 된다. 양심이 비성경적으로 우리의 삶을 제한한 것에 대해 하나님이 그렇게 우리를 제한하시는 분이라고 생각하게 된다.

양심이 우리 삶에 하나님의 말씀보다 더 엄격한 잣대를 들이대면 하나님을 바라보는 우리 시각이 필연적으로 왜곡될 수밖에 없다. 그 결과는 무엇인가? 하나님을 제한적이고 덜 너그러우신 분으로 보게 된다(설교자라면 하나님을 이런 분으로 제시하게 된다). 그러면 오래지 않아 탕자 비유 속의 큰형과 같은 태도로 하나님을 대하게 된다. 확신을 즐기지 못하고 속박의 영에 묶이며, '사탄의 신학'에 빠지게 된다. 왜냐하면 하나님을 이렇게 보게 만드는 것이 그 옛날 에덴동산에서 사탄이 아담과 하와에게 써먹었던 바로 그 전술이기 때문이다.

태만

사랑과 확신의 관계를 강하게 유지하려면 지속적인 노력이 필요하다. 하나님은 그리스도와의 교제 속에서 누리는 확신을 키우기 위한 중요한 수단들을 주셨다. 그런데 이런 의식(소위 은혜의 수단[35])을 오용하거나 무시하면 확신이 흔들릴 수 있다.

성경에서 이런 예를 찾아볼 수 있다. 시편 42편과 43편에 나오는

---

[35] 보다시피 '은혜의 수단'이라는 표현은 다소 부정적인 뉘앙스를 풍긴다. 그것은 중세의 분위기 때문이기도 하지만 그리스도에 대한 구체적인 언급 없이 '은혜'를 사물화하기 때문이다.

영혼은 무엇보다도 예배와 사역, 교제의 삶에서 벗어나 낙심과 혼란에 빠졌다. 이 시편 기자는 원래 많은 사람과 함께했고 심지어 찬양 행렬을 이끌기도 했다. 하지만 지금은 불신자들에게 둘러싸여 있다. "내 뼈를 찌르는 칼같이 내 대적이 나를 비방하여 늘 내게 말하기를 네 하나님이 어디 있느냐 하도다."[36]

이번에도 히브리서가 도움이 된다. 히브리서는 온전한 확신으로 나아가라고 말하면서 예배와 교제를 무시하지 말라고 권고한다.[37] 신자들은 하나님의 말씀을 듣고 시편과 찬송가, 찬양을 부르며 사랑과 선한 일을 위해 서로를 권면한다. 그 모든 것은 신성한 의례로, 우리가 진정으로 그리스도의 것이라는 확신을 증진한다. 우리는 하나님과 그분의 말씀, 그분의 백성을 사랑하기 때문이다. 반대로 하나님이 정해주신 이런 수단을 사용하지 않으면, 방해를 받고 확신이 약해질 수밖에 없다.

이와 관련해 세례와 성찬식이 중요한 역할을 한다. 물론 로버트 브루스(Robert Bruce)가 말했듯이 말씀보다 성례를 통해 다른 그리스도 혹은 더 좋은 그리스도를 얻을 수 있는 것은 아니다. 하지만 듣기만 하는 것보다 보고 만지며 느끼고 맛볼 때 그리스도의 은혜를 더 깊이 이해할 수 있다.

따라서 우리는 성례에서 말씀을 통해 얻는 것과 다른 것을 얻는 것은 아니다. 우리는 이것에 만족해야 한다. 하지만 그렇다

---

36 시편 42편 4, 10절.
37 히브리서 10장 22-25절.

해도 성례가 불필요한 것이 아니다.

새로운 것이나 다른 것을 얻는 것도 아니다. 이제부터 설명해주겠다. 말씀에서 얻는 것과 똑같은 것을 성례에서 얻지만, 그것을 더 온전히 얻을 수 있다. '더 온전히' 얻는다는 것은 무슨 뜻인가? 하나님의 말씀만 들을 때보다 성례를 통해 똑같은 것을 더 온전히 이해할 수 있다는 뜻이다. 성례를 통해 하나님이 우리 영혼 속에 더 온전히 임하신다. 새로운 것을 얻는 것은 아니다. 다만 그리스도를 전보다 더 온전히 얻고 이미 가진 것을 더 온전히 얻게 된다. 그리고 전보다 훨씬 더 많이 이해하게 된다. 성례를 통해 믿음이 강해지고 우리 영혼의 반경이 넓어졌기에 이제 그리스도를 더 온전히 경험할 수 있다. 전에는 그리스도를 약하게 경험했지만 이제는 직접 손으로 만지듯 온전히 경험한다. 그래서 우리의 믿음이 더 자라고 예수 그리스도를 더 온전히 얻을 수 있다. 따라서 성례는 꼭 필요하다. 다만 성례를 통해 그리스도를 전보다 더 온전히 얻고 더 온전히 이해할 수 있다는 점에서만 필요하다.[38]

신자들이 교제하고 말씀을 들으며 하나님의 사랑을 더욱 확신할 수 있도록 받은 선물을 즐기지 못하게 방해하는 것은 사탄의 간계

---

38 Robert Bruce, *The Mystery of the Lord's Supper*, T. F. Torrance 번역 및 편집 (London: James Clarke, 1958), 84-85. 이 로버트 브루스(1555-1631)는 존 녹스와 제임스 로슨(James Lawson)의 후임으로 에든버러 세인트 자일스("The High Kirk")의 목사로 시무했다. 그보다 먼저 살다 간 스코틀랜드의 영웅 로버트 더 브루스(Robert the Bruce, 1275-1329)와 혼동해서는 안 된다. 그가 1589년 세인트 자일스에서 전한 성례에 관한 설교는 성찬에 관한 개혁주의의 시각을 담고 있다.

중 하나다. 그럴 때는 하나님의 말씀을 듣는 시간과 세례, 성찬식의 중요성을 다시 기억하도록 노력해야 한다. 이것을 무시하면 진정한 확신을 얻을 수 없다.

"검은 구름이 우리를 뒤덮을지라도"[39]

매로우 형제들이 속했던 교단은 그리스도인들이 다음과 같은 현실을 경험할 수 있다고 믿었다.

> 하나님이 얼굴빛을 숨기시어 심지어 그분을 경외하는 자라 할지라도 흑암 중에 행하거나 빛이 전혀 없는 상태에 있을 수 있다.[40]

신약에서는 이런 확신의 부재를 정확히 확인하기 어렵다. 단지 그런 흔적만 볼 수 있을 뿐이다. 하지만 종교 개혁 이후 교회에서는 이런 모습을 분명히 볼 수 있었다. 그래서 당시 교회는 흑암 중에 행하여 빛이 없는 자에 관한 이사야 51장 10절을 통해 구원의 현실이 구원의 확신으로 이어질 때까지 믿음이 자라야 한다고 자주 강조했다. 단, 다시 말하지만 확신에 심리적인 측면이 있다는 것을 명심해야 한다. 인간은 심리적인 존재이기 때문이다. 그런 의미에서 그렇게 하나님 얼굴빛이 숨겨진 느낌이 오래 지속되고 아무런 위로도

---

39 William Cowper(1731-1800)의 찬송가 "God Moves in a Mysterious Way"에서.
40 Westminster Confession of Faith, 18:4.

없을 때는 우리가 영적인 존재가 아니라 육신이 있는 존재라는 사실을 기억하며 육체적 이유가 없는지 확인해보는 것이 현명하다. 그리스도인이라고 해도 무력감과 우울증에 빠져 확신이 약해질 수 있다. 이외에도 여러 육체적 상태 때문에 우리 영이 안 좋은 영향을 받을 수 있다. 늘 이 점을 염두에 두어야 한다. 하지만 성경을 보면 하나님이 우리에게 직접 주신 약속이 있다. "하나님을 가까이하라 그리하면 너희를 가까이하시리라."[41] 의심하는 영혼은 이 말씀 안에서 쉴 수 있다.

"시온 성 언덕 위에서 수많은 천사들"[42]

웨스트민스터 신앙 고백에서는 확신이 율법폐기주의와 방종이 아닌 은혜로운 열매를 낳는다고 말한다. 기본적으로 확신은 웨스트민스터 신앙 고백이 말하는 넓어진 마음을 낳는다.

> 성령 안에서 그 마음이 화평과 기쁨으로 또한 하나님에 대한 감사와 사랑으로 충만해지고 능력 안에서 즐거움으로 순종의 의무를 다하게 된다.[43]

신약의 교회에는 바로 이런 기쁨의 확신이 있었다. 그리고 그 확

---

41 야고보서 4장 8절.
42 Isaac Watts(1674-1748)의 찬송가 "주 사랑하는 자 다 찬송할 때에"(새찬송가 249장) 중에서.
43 Westminster Confession of Faith, 18:3.

신은 전도의 담대함, 기도의 열심과 친밀함, 시련과 위험과 반대 속에서도 흔들리지 않는 평정심, 예배의 기쁨을 낳았다.

이것이 부족하다는 것은 곧 이것을 낳는 확신이 부족하다는 뜻이다. 확신은 방종이나 율법폐기주의가 아닌 진정한 겸손을 낳기 때문이다. 그리스도인의 확신은 자기 확신과 자신감이 아니다. 오히려 그 반대다. 그것은 아버지에 대한 확신, 우리의 구주이신 그리스도에 대한 믿음, 양자의 영이요 은혜의 인이며 하나님의 아들과 딸로서 우리의 가장 중요한 유산인 성령 안에서의 기쁨이다. 이것들이 우리의 삶 속에 나타나면 주 예수 그리스도의 은혜를 가슴 깊이 확신하고 있는 것이다.

바로 이런 확신이 우리 시대에 너무도 절실하다.

나오는 글

이 '매로우 논쟁의 주제를 바탕으로 한 변주곡'이 이제 결론에 도달했다. 보다시피 폭발적인 크레셴도가 아니라 깊은 확신이라는 조용한 음표로 마무리했다. 이제 이 주제의 중요성을 분명히 알았으리라 믿는다. 하지만 이 책이 전하려는 메시지의 핵심은 무엇인가? 적어도 토머스 보스턴에게는, 그리고 그 뒤로 많은 사람에게는 이 논쟁이 리트머스 시험지이자 촉매제 역할을 했다.

'리트머스 시험지'로서 이 논쟁은 우리의 마음속에 남아 있는, 주로 숨어 있는 율법주의적인 기질을 밝히고 그 기질을 민감하게 인식하게 해준다. 칼뱅은 이렇게 말했다. "인간의 마음에는 수많은 틈이 있어 그 틈에 교만이 숨어 있고, 수많은 구멍이 있어 그 안에 거짓이 숨어 있으며, 기만적인 위선이 가득해서 틈만 나면 스스로를 속인다."[1] 『현대 신학의 매로우』는 하나님의 은혜와 은혜의 하나님을 강조한다. 그리스도 안에서 하나님은 영적 혈관 조영술을 행하신

---

1   John Calvin, *Institutes of the Christian Religion*, F. L. Battles 번역, J. T. McNeill 편집 (Philadelphia: Westminster Press, 1960), 3:2:10.

다. 즉, 우리 마음의 혈관에 복음의 조영제를 넣어 조금이라도 복음에 굳어져 있는 부분을 보여주신다.

'촉매제'인 이 논쟁은 중요한 신학, 목회적 주제에 관해 고민함으로써 복음의 본질과 실천, 선포와 적용을 더 깊이 이해하게 해준다. 이 논쟁은 이해 차원에서 신학적으로 우리에게 영향을 미칠 뿐 아니라 우리의 마음과 의지에도 작용한다. 그렇게 그리스도인의 섬김, 특히 설교를 변화시킨다. 사람들이 토머스 보스턴의 목회에서 느꼈다고 하는 그 '색깔'이 생긴다.

보스턴만 그런 것이 아니었다. 1세기 뒤 로버트 머리 맥체인(Robert Murray M'Cheyne)의 삶과 목회에서도 그 색깔이 나타났다. 특히 그가 29세의 나이로 세상을 떠나던 날 그의 책상 위에 개봉되지 않은 채로 놓여 있던 편지에서 그 색깔을 똑똑히 확인할 수 있었다. 편지의 내용은 그의 설교에 감사를 전하는 것이었다. 그런데 편지를 쓴 사람은 설교의 내용만이 아니라 설교를 전하는 '모습'에서 깊은 감명을 받았다고 말했다.

이 책을 끝까지 읽은 독자들은 처음 이 원고가 '현대 신학자들을 위한 매로우'라는 제목으로 출판사에 보내졌다는 사실을 흥미롭게 느낄 것이다. 정신 나간 저자가 아닌 이상, 출판사들이 이런 제목의 책을 출간해줄 리 만무하다는 사실을 다 알고 있다. 아마 '현대 신학의 매로우'라는 제목도 거절당하기 십상일 것이다. 그런 제목으로는 출판사가 원하는 만큼의 판매고를 올리기 힘들 테니까 말이다. 하지만 나는 출판사를 시험해보고 싶었다. 다행히 출판사는 시험을 통과했다! 그리고 출판사는 책의 이름을 『온전한 그리스도』(The Whole

Christ)로 바꿔 출간했다.

아마 '온전한 그리스도'라는 뜻인 '토투스 크리스투스'(*Totus Christus*) 라는 라틴어를 들어본 적이 있는 독자도 있을 것이다. 이 표현은 최소한 아우구스티누스까지 거슬러 올라간다. 그리스도가 우리를 떠나 스스로 온전하게 여기시지 않는다는 칼뱅의 말도 이 표현과 일맥상통한다. 이것은 모든 구원이 예수 그리스도 안에서 그리고 성령을 통해 성부 하나님께 온다는 사실을 강조한 것이다. 이 구원은 은혜로만, 그리스도 안에서만, 믿음을 통해서만 가능한 구원이다. 또 에베소서 1장 3-14절에 기술된, 그리스도 중심에, 삼위일체를 높이고, 영원에 기초하며, 속량을 제공하고, 우리를 입양하며, 거룩함과 확신을 낳는, 하나님을 영화롭게 하는 구원이다. 보스턴의 삶과 목회 속에서 '색깔'을 만들어낸 것은 바로 이 구원에 대한 온전한 깨달음이었다. 그는 그리스도 안에서 자기에게 임하는 하나님의 은혜를 새롭게 깨달았다. 그 결과, 그의 설교는 곧 그리스도의 설교를 그대로 표현하는 것이 되었다. 에베소서 2장 17절에 기록된 바울의 표현을 빌자면, 보스턴의 설교를 통해 그리스도가 처음에는 심프린으로 그리고 나중에는 에트릭으로 오셔서 직접 평안을 전해주셨다.

바울이 디모데에게 "너의 성숙함을 모든 사람에게 나타나게"[2] 하라고 권면했을 때 바로 이런 목회를 염두에 두지 않았을까 싶다. 이런 목회야말로 진정으로 성숙한 목회라고 말할 수 있다. 이런 성숙은 성화, 곧 그리스도를 닮아가는 과정의 일부다. 스코틀랜드의 옛 그리스도인들이 교회 설교단 '안에' 작은 동판을 붙여놓았던 것이

---

2   디모데전서 4장 15절.

바로 이런 목회를 지향했기 때문이 아닐까 싶다. 그 동판에는 오직 설교자만 볼 수 있게 다음과 같은 글씨가 새겨져 있었다.

"선생이여, 우리가 예수를 뵈옵고자 하나이다."[3]

이 말이 사실이라면 은사와 사역에 상관없이 그리스도와 그분의 백성을 섬기는 모든 목회자는 먼저 자신이 "그분을 더 분명히 보고, 그분을 더 깊이 사랑하며, 그분을 더 가까이 따라야"[4] 한다. 그렇게 할 때 은사나 사역과 상관없이 우리에게서 토머스 보스턴이 말했던 '색깔'이 나타날 것이다.

이 색깔이 다시 나타났으면 하는 간절한 바람으로 이 책을 썼다.

---

3 요한복음 12장 21절(KJV).
4 Richard of Chichester(1197-1253경)의 기도문 중에서.

부록

토머스 보스턴의
믿음에 관하여

───── 『현대 신학의 매로우』의 저자는 사도행전 16장 31절에서 바울이 빌립보 간수에게 한 말 "주 예수를 믿으라 그리하면 너와 네 집이 구원을 받으리라"에 관해 이렇게 썼다. "즉, 예수 그리스도가 당신의 것이고, 당신이 그분으로 생명과 구원을 받을 것이며, 그분이 인류의 구속을 위해 하신 모든 일이 곧 당신을 위해 하신 것이라고 마음속에서 진실로 확신하라." 토머스 보스턴은 믿음의 본질에 관한 주에 다음과 같은 방대한 해설을 덧붙였다.[1]

---

1 Edward Fisher, *The Marrow of Modern Divinity* (Ross-shire, UK: Christian Focus, 2009), 136-143.

구원의 믿음에 대한 이 정의에는 모든 종교적 믿음과 인간적인 믿음을 아우르는 진정한 확신의 일반적 특징이 있다–'진실로 확신하라'는 것이다. 이 확신의 더 특별한 특징은 진정한 확신 혹은 자신에 대한 특별한 적용, 죄인의 믿음에 대한 확신과 율법의 저주에 관한 믿음(갈 3:10)을 인정하는 것이다–그것은 바로 '마음속에서 진실로 확신하라'는 것이다. 나아가, "하나님께서…네 마음에 믿으면 구원을 받으리라"(롬 10:9)는 말씀을 믿는 것이다. 마지막으로, 다른 모든 것과 구별되는 가장 진정한 확신은 그리스도를 자신의 구주로 받아들이는 것이다. 율법의 두려운 소식을 마음으로 믿거나 진정으로 확신하면, 그것을 진짜로 받아들일 뿐 아니라 율법을 악으로 여겨 두려워하게 된다. 마찬가지로, 복음의 복된 소식을 마음으로 믿거나 확신하면 복음을 진리로 받아들일 뿐 아니라 좋은 것으로 여겨 즐기게 된다.

보스턴에 따르면, 이런 확신은 다음과 같은 부분으로 이루어져 있다.

1) "예수 그리스도가 당신의 것이고," 즉, 타락한 인류에게 주시는 양도 증서 혹은 예수님의 표현을 빌자면(표현만 다를 뿐 같은 의미로), 진정한 복음의 제시를 통해 그렇게 된다. 이 제시는 믿음의 기초이자 목회 제시의 근거다. 이것이 없으면 모든 것이 소용없다.

곧바로 이어지는 믿음의 근거에 관한 질문의 답을 보면 이런 의미라는 것을 알 수 있다. 이 제시 혹은 양도 증서를 통해 그리스도는 우리가 믿기 전에도 우리의 것이었다. 이는 우리가 그리스도가 주시는 구원에 관심이 있다거나 은혜받은 상태라는 의미가 아니라, 우리에게 타락한 천사들에게는 없는 그분에 대한 일반적인 관심과 일반 구원이 있다는 뜻이다(유 3절). 따라서 타락한 천사들이 아닌 우리에게는 그리스도와 그분이 주시는 구원을 소유하는 것이 정당한 일이다. 우리가 가난한 사람에게 금덩어리 하나를 주면서 "가지시오. 이제 당신의 것이오"라고 말하면 그 금덩어리는 실제로 그의 것이 된다. 하지만 그가 그렇게 좋은 일을 도저히 현실로 믿을 수 없거나 필연적으로 따르는 결과가 싫어서 받아들이지 않으면, 금덩어리와 그 혜택은 그 사람의 것이 되지 못한다. 한편으로 그것에 대한 갈망은 여전할 것이다. 그러나 자신이 그 제안을 무시하고 선물을 거부했으니 더 비참할 수밖에 없다.

이 믿음의 행위는 다름 아닌 "하나님을 믿"(요일 5:10)는 것, "아들을 믿는"(요 3:36) 것, 그리스도에 관해 "전한 것"(사 53:1)을 믿는 것, "복음을 믿"(막 1:15)는 것이다. 단, 귀신들처럼 예수 그리스도를 구주로 알되 자신들이 구주로는 믿지 않는 것이 아니라 그분을 자신의 구주로 믿는 진정한 확신이나 특별한 적용을 말한다.

성경 기자는 만인에 대한 이 복음의 선포 혹은 하나님에 관한 증거를 이렇게 선포했다. "또 증거는 이것이니 하나님이 우리에게 영생을 주신 것과 이 생명이 그의 아들 안에 있는 그것이니라"(요일 5:11). 여기서 말하는 "주신 것"은 처음부터 많거나 적은 소유로 주신 것이 아니라 우리가 스스로 소유할 수 있도록 증여의 방식으로 주신 것이다. 이것을 받는 대상은 선택된 자만이 아니라 타락한 인류 전체다. 이 증거는 만인에 대한 복음이요 믿음의 기초이기 때문이다. 또 누구나 하나님의 아들을 믿고 그분 안에서 영생을 얻을 수 있는 근거다. 하지만 하나님이 선택된 자에게만 영생을 주셨다는 것에는 이런 기초나 근거가 있을 수 없다. 왜냐하면 선택된 자에게만 선물이 주어졌다는 것은 만인이 그것을 받고 취할 기초나 근거가 될 수 없기 때문이다.

불신의 큰 죄는 이 증거나 증언을 믿지 않음으로 하나님을 거짓말쟁이로 만드는 것이다. "하나님을 믿지 아니하는 자는 하나님을 거짓말하는 자로 만드나니 이는 하나님께서 그 아들에 대하여 증언하신 증거를 믿지 아니하였음이라 또 증거는 이것이니"(요일 5:10-11). 반대로 "그의 증언을 받는 자는 하나님이 참되시다는 것을 인쳤느니라"(요 3:33). 단, 불신의 큰 죄는 하나님이 선택된 자들에게 영생을 주셨다는 사실을 믿지 않는 것이 아니다. 가룟 유다나 스피라[2] 같은 가장 지독한 불신자도 그 사실은 믿었다. 그런 믿음이 있었기에 영적 고통은 더해졌지만, 결국 그들은 하나님이 참되시다는 인 침을 받지 못했다. 그들은 타락한 인류, 특히 자신에게 하나님이 증여의 방식으로 영생을 주셨다는 사실을 믿지 못하여 하나님을 거짓말쟁

---

[2] 프란체스코 스피라(Franciesco Spira, 1502-1548)라는 이름은 17-18세기에 영적으로 구제불능인 사람에게 쓰던 별명이다. 이탈리아에서 태어난 그는 종교 개혁사들의 가르침에 영향을 받았지만 나중에 심문을 받을 때 그 '실수'를 거부했다. 그렇게 진리를 부인하고 거부한 탓에 그의 양심은 회복될 수 없는 상처를 받았다. 많은 상담자가 애를 썼지만 끝내 그를 위로할 수 없었다. 결국 그는 그해에 절망 속에서 죽음을 맞았다. 나다니엘 베이컨(Nathaniel Bacon)은 그의 죽음을 그린 영어로 된 책 *The Fearfulle estate of Francis Spira* (London, 1638)를 발표했다. 나중에 많은 청교도가 그를 언급했는데, 존 번연의 자서전 『죄인의 괴수에게 넘치는 은혜』(CH북스 역간)만큼 그를 생생하게 묘사한 작품도 없다. 이 책에서 그리스도인이 해석자(Interpreter)의 집에서 만난 철장(Iron Cage) 안의 남자는 그를 모델로 삼은 것이 분명하다.

이로 만들었다. 다른 사람들처럼 자신도 영생할 수 있다는 사실을 믿지 못한 것이다. 복음에 담긴 하나님의 증거를 눈앞에 두고도 놓쳐버렸다(사 9:6, 요 3:16, 행 4:12, 잠 8:4, 계 22:17).

전자가 아니라 이것을 믿을 때 괴로움과 양심의 고통이 생긴다. 하지만 이 고통이 어느 정도 쌓이기 전에는 그리스도를 믿고 받아들이며 구원받고자 그분을 의지할 수 없다. 한편, 그리스도를 받아들이는 일에는 이렇게 그분을 제시하는 것이 전제되어야 한다. 물론 주지만 받지 않는 경우도 있다. 선물을 거부하는 경우와 마찬가지다. 그런가 하면 주지도 않았는데 취하는 경우도 있다. 이것은 정당한 근거 없이 제멋대로 하는 행동이다. 하지만 그리스도를 주지 않았는데 그분을 받는 일은 있을 수 없다. "믿음에 관해[3] 두 가지가 있다. 첫째, 주는 자가 있고 그다음에는 받는 자가 있다. 하나님이 주시고 영혼이 받는다." 성경은 이 점을 이렇게 표현했다. "하늘에서 주신 바 아니면 사람이 아무것도 받을 수 없느니라"(요 3:27).

2) "당신이 그분으로 생명과 구원을 받을 것이며." 즉, 거룩할 뿐 아니라 행복한 삶, 죄뿐 아니라 진노에서 받은 구원이 하늘에서만이 아니라 이생에서 시작되어 내세에서 완성된다. 이것이 생명과 구원에 대한 저자의 관점으로, 성경과 일치한다. 우리에게는 이미 이것에 관한 충분한 증거가 있고, 점점 더 많은 증거를 발견할 것이다. 따라서 이 믿음의 확신은 죄와 이별하지 않으려는 태도와 양립할 수 없다. 그리스도를 받고 구원을 얻고자 그분을 의지하면서도 계속 죄를 지으려는 성향이나 마음을 둘 수는 없다.

3　데살로니가후서에 관한 롤록(Rollock)의 강의 10, 126.

성경에서 이런 확신을 표현한 구절을 많이 발견할 수 있다. 예를 들어 "우리는 그들이 우리와 동일하게 주 예수의 은혜로 구원받는 줄을 믿노라"(행 15:11). 이 확신은 전자 이후가 맞다. 전자의 확신 없이 이 확신은 있을 수 없다. 여기서 전자란 하나님 혹은 아들에 관해 믿는 것이지만 이것은 아들을 믿는 것이다. "영접하는 자 곧 그 이름을 믿는 자들에게는 하나님의 자녀가 되는 권세를 주셨으니"(요 1:12). 또한 이것은 영혼이 구원받고자 그리스도를 의지한다는 증거이기도 하다. 그리스도로 생명과 구원을 얻는다는 확신 없이는 구원을 위해 그리스도를 의지하는 것이 불가능하기 때문이다. 즉, 이 확신만큼 의지하는 정도도 커진다. 나아가, 이 확신이 믿음의 습관과 행동, 믿음의 발휘, 강점과 약점 그리고 이 믿음을 발휘하는 것을 중단하는 일에도 똑같은 영향을 미친다는 점을 기억해야 한다.

3) "그분이 인류의 구속을 위해 하신 모든 일이 곧 당신을 위해 하신 것이다"-"나를 사랑하사 나를 위하여 자기 자신을 버리신 하나님의 아들을 믿는 믿음 안에서 사는 것이라"(갈 2:20). 이것이 마지막에 자리하며, 여기에 의문을 제기할 사람은 아무도 없으리라 생각한다. 하지만 누구든 믿는 자는 가장 먼저 이것을 믿어야 한다. 그리고 그리스도를 영접하고 구원에 대해 그분을 의지하는 모든 사람은 분명히 표현을 못 한다 해도 이것을 믿고 있다.

믿음에 대한 이 정의는 표현만 다를 뿐 "그리스도를 영접하고 구원에 대해 오직 그리스도만을 의지하는 것, 복음으로 우리에게 주어진 그리스도를"이라는 소요리문답의 정의와 사실상 일치한다. 여기서 보면 그리스도가 우리에게 주어졌다는 사실이 가장 나중에 언급되지만 이것을 가장 먼저 믿어야 한다는 점은 자명하다.

반대: 하지만 저자의 정의가 확신을 믿음의 본질로 만드는 것이 아닌가?

답: 그렇다고 볼 수도 있다. 하지만 그는 믿음의 정의에서 '확신' 혹은 '확신하다'라는 단어를 사용하지 않았다. 주로 그 단어와 결부되는 그 어떤 개념이나 우리 시대에 흔히 확신이라고 이해하는 그 어떤 단어도 포함시키지 않았다.

그리고 (1) 여기서 그는 은혜의 증거에 따라 자신이 은혜의 상태에 있다고 확신하는 믿음을 가르친 것이 아니다. 즉, 웨스트민스터 신앙 고백(18:1-3)에서 설명한 종류의 확신을 가르친 것이 아니다. 여기서 그는 믿음 안에 있는 확신, 직접적인 믿음의 행위 안에 있는 확신, 오직[4] 말씀에만 근거한 확신(막 16:15-16, 요 3:16)을 말했다. 이것은 다름 아닌 믿음에 바탕을 둔 진정한 확신이다.

(2) 그는 이 확신이 의심 없이 완전한 것이라고 말하지 않았다. 완전히 확신하라고 말하지 않고 진실로 확신하라고 말했다. 즉, 확신의 현실을 말한 것일 뿐 그 정도에는 전혀 관심을 두지 않았다. 이 점은 그가 '고수하는 믿음'(faith of adherence)과 '증거의 믿음'(faith of evidence)을 구분한 데서 확인할 수 있다. 이것에 따르면, 구원의 믿음에는 증거가 없을 수 있다. 그래서 이런 확신이 있으면서도 자신이 구원받았음을 확실히 몰라서, 그것을 발견하기 위한 표징이 필요할 수 있다. 혹은 자기 영혼의 움직임은 의식하지만 그 구체적인 특성은 잘 모를 수 있다. 이런 일은 진지한 그리스도인에게도 흔히 있다.

---

4 allnarly, '오직'을 뜻하는 스코틀랜드 단어.

진정한 성도는 하나님께로 끌리는 자기 마음을 의식하지만, 때로 그것이 하나님을 향한 진정한 사랑인지 확실히 알지 못할 때가 있다. 그럴 때 그것이 위선적인 찰나의 애정일지 모른다는 생각이 든다. 확신을 하면서도 그것이 위선적인 확신인지 진정한 믿음의 확신인지 의심이 드는 것이다.

확신이라는 개념은 우리가 믿는 것이라고 부르는 것의 본질 그리고 성경의 방식과 너무 비슷해서 때로는 원문에서는 믿음 혹은 믿는 것이라고 쓴 경우에도 때로 우리는 원문의 진짜 의미에 입각해 확신으로 읽는다. 예를 들어, "모든 사람에게 믿을 만한 증거(확신)를 주셨음이니라"(행 17:31)는 원문에는 '믿음'으로 기록되어 있다. "네 생명을 확신할 수 없을 것이라"(신 28:66)의 원문도 원래 "네 생명을 믿을 수 없을 것이라"다. 이로 볼 때, 보편적인 용례에서뿐 아니라 성경에서 믿는 것은, 곧 믿음의 분량에 따라 확신하는 것이다.

구원의 믿음에 대한 확신 혹은 진정한 확신의 교리는 성경의 교리(롬 10:9, 행 15:11, 갈 2:20)이자 개신교 신학자들이 가톨릭교도에 반대하여 가르치고 가톨릭교 화형 순교자들의 피로 인을 친 개신교 교리다. 이것은 전 세계 개신교회의 교리요 스코틀랜드 교회의 교리다.

지면상 이런 문제에 관한 여러 증언을 제시할 수는 없다. 일단, 캠벨 교수가 에든버러 대학 학생들에게 가르쳤던 『신학 강요』(Compendium Theologiae)에 실린 에세니우스의 증언을 싣는 것으로 충분하리라 본다.

그는 이렇게 말한다. "따라서 구원의 믿음에는 복음으로 받는 혜택의 특별한 적용이 있다. 이것은 가톨릭교와 상반된다."

(1) 이 점은 신자의 고백에서 나타난다. "나를 사랑하사 나를 위하여 자기 자신을 버리신 하나님의 아들을 믿는 믿음 안에서 사는 것이라"(갈 2:20). "여호와는 나의 목자시니 내게 부족함이 없으리로다 그가 나를 푸른 풀밭에 누이시며 쉴 만한 물가로 인도하시는도다 내 영혼을 소생시키시고 자기 이름을 위하여 의의 길로 인도하시는도다 내가 사망의 음침한 골짜기로 다닐지라도 해를 두려워하지 않을 것은 주께서 나와 함께하심이라"(시 23:1).[5]

그는 믿음의 방법에 관해 이렇게 말한다. "4. 복음의 약속에 따라, 영적 바람에 따라, 성령도 우리 안에서 증언하신다. 그러면 우리는 그리스도를 우리의 구주를 인정하고 그분을 받아들이며 우리 자신의 모든 면에 그분을 적용한다. 먼저 우리를 잡으신 그분을 다시 잡게 된다(고후 4:13, 롬 8:16, 요 1:12, 딤후 1:12, 갈 2:20, 빌 3:12). 이것이 구원의 믿음의 공식적 행위다. 5. 나아가, 우리가 그리스도와의 교제 안에 있는 것을 인정하여 그분의 모든 혜택에 참여하게 된다. 이것은 구원의 믿음에서 나중에 나타나는 행위다. 하지만 이것도 역시 적합하고도 분명한 믿음의 행위다-7. (원문 그대로) 우리는 위에서 언급한 모든 행위와 그 진정성을 보고서 우리가 은혜의 상태에 들어간 참된 신자라는 판단을 내린다.[6] 여기서는 이렇게 두 종류의 확신이 있다는 점만 알고 넘어가자.

AD 1545년 투르네에서 화형을 당한 피터 브룰리(Peter Brulie)가 조

---

5 이외에도 욥기 19장 25절, 빌립보서 1장 21-23절, 로마서 8장 33-39절, 10장 9-10절, 고린도후서 5장 1-6절, 고린도후서 4장 13절 등을 참고하라. Essenius, *Compendium Theologiae*, chap. 2, sect. 12.

6 상동, sect. 21.

사를 위해 교도소에서 나왔을 때 수사들이 판사 앞에서 그를 심문했다. 그때 그는 이렇게 대답했다. "우리를 구원으로 이끄는 믿음은 무엇인가? 그것은 하나님의 약속을 믿고, 그분의 아들 그리스도로 말미암아 우리의 죄가 사해졌다는 것을 변함없이 믿는 것이다."[7]

1527년경 세인트 앤드루스에서 화형을 당한 패트릭 해밀턴(Patrick Hamilton)은 이렇게 말했다. "믿음은 확신이다. 믿음은 바라는 것에 대한 확신이며 보이지 않는 것에 대한 확신이다. 그리스도에 대한 믿음은 그분을 믿는 것이다. 즉, 그분의 말씀을 믿는 것이며, 그분이 모든 필요를 채우시고, 당신을 모든 악에서 구해주실 줄로 믿는 것이다."[8]

이 문제에 대한 외국 교회의 교리에 대해서는 네덜란드 교회와 프랑스 개혁교회의 교리만 소개하도록 하겠다.

> 질문: 진실한 믿음은 무엇인가?
> 답변: 그것은 복음에 계시된 하나님과 그분의 약속을 확실히 알고, 그리스도로 말미암아 나의 모든 죄가 사해졌다고 진심으로 믿는 것이다.[9]
>
> 목사: 우리에게는 믿음이 세워질 기초가 있습니다. 그 기초를 근거로 진짜 믿음은 무엇이라고 판단할 수 있습니까?

---

[7] Sleid, Comment in English book 16, 217.
[8] 패트릭의 글, *Knox's History*, 9.
[9] Dutch Brief Compend, 기독교 종교에 관해, Vra. 19, 네덜란드 성경과 하나로 묶임.

아이: 예, 그것은 예수 그리스도를 통해 하나님이 우리 아버지
요 구주가 되신다는 복음의 선포에 따라, 우리를 향한
그분의 사랑을 확실하고 확고하게 아는 것입니다.[10]

이 믿음이 노력 없는 공상과 상상의 결과라는 흔한 오해를 불식시키기 위해 곧바로 다음과 같은 질문을 덧붙인 것은 꽤 적절한 듯하다.

목사: 이 믿음은 우리 스스로 얻을 수 있는 것입니까? 아니면
하나님께 오는 것입니까?
아이: 성경은 믿음이 성령의 특별한 선물이며, 경험으로 그것
을 알 수 있다고 가르칩니다.[11]

다음은 이 문제에 대한 스코틀랜드 교회의 교리다.

"중생은 선택된 자들의 마음속에서 역사하여 말씀을 통해 우리에게 계시된 하나님의 약속에 대한 확실한 믿음을 심어주시는 성령의 능력으로 이루어지는 것이다. 이 믿음으로 우리는 예수 그리스도와 함께 그분 안에서 약속된 은혜와 혜택을 붙들 수 있다."

"이것은 우리의 믿음이다. 같은 것에 대한 확신은 혈과 육,

---

10 프랑스 개혁교회의 요리문답, 프랑스 성경과 하나로 묶임, 안식일 18.
11 상동.

즉 우리 안에 있는 자연적인 힘에서 나오지 않고 성령의 영감
에서 나온다."[12]

이를 더 잘 이해하기 위해서 일명 프레스턴 팬즈(Preston-Pans)라 불
리는 솔트-프레스턴의 목사인 그리스도의 저명한 종 존 데이비슨
(John Davidson, 그에게서 성경이 이루어지는 것을 본다)의 말을 들어보자. 그는
자신의 요리문답 20페이지에서 다음과 같이 말했다.

> 정신이 깨어 그리스도 안에서 우리에게 주어진 구원의 약속
> 의 진리를 인정하는 것과 우리 정신과 마음에서 그에 대한 확
> 신의 인 침이 일어나는 것은 분명 하나님의 영이 역사하고 영
> 향을 미친 결과다. 그 일은 자연이나 기술에서 비롯되는 것이
> 아니다.

위에서 언급한 옛 고백은 "스코틀랜드 영토 안에서 개신교도들이
고백하고 믿었으며, 의회에서 발표하고, 고위층이 건전한 교리로 재
가했으며, 하나님의 무오한 진리에 근거한 신앙 고백"이다. 이 고백
은 1560년 7월 17일 에든버러에서 비준되었다.[13] 이것은 그 후 약 20
년에 걸쳐 완성된 국가 언약에서 언급되고 선서된 우리 신앙의 고백
이다.

이 국가 언약은 이 교리에 대해 다음과 같이 말한다. "우리는 로

---

12 *Old Confession*, art 3, 12.
13 *Knox's History* 3권, 263, 279.

마 적그리스도의 무너진 권위, 그의 일반적이고도 의심스러운 믿음을 혐오하고 거부한다." 가톨릭교회의 일반적이고도 의심스러운 믿음이 아무리 구름에 가려져 있어도 다음과 같은 두 가지 결론을 쉽게 도출할 수 있다.

> 1) 우리가 버린 가톨릭교회의 믿음은 의심스러운 믿음이기 때문에 우리가 유지하기로 서약한 개신교의 믿음, 즉 우리가 전에 언약에서 언급된 옛 고백에서 들은 믿음은 확실한 믿음이다.
> 2) 가톨릭교회의 믿음은 일반적인 믿음이기 때문에 개신교의 믿음은 진정한 확신, 특별한 적용의 믿음이어야 한다. 이 믿음에 관해서는 에세니우스에게서 이미 들은 바 있고, 가톨릭교회는 이 믿음을 거부한다. 그리스도 안에서 하나님의 긍휼 그리고 찾아오는 모든 사람을 구원할 그리스도의 능력과 의지에 관한 **믿음**과 확신은 완전히 **일반적**이어서 전유나 특별한 적용의 요소가 전혀 없다. 따라서 가톨릭교회는 이것을 거부할 리가 없다. 물론, 가톨릭교회의 혐오스러운 것을 확정한 트리엔트 종교회의는 독실한 사람이라면 하나님의 긍휼, 그리스도의 긍휼 그리고 성례의 가치와 효과를 의심하지 말아야 한다고 선언한다.[14]

설마 이 종교회의에서 불신자가 이것을 의심하도록 놔둘 것이라

14　*Concil. Trid,* cap. 9.

고 생각하는 사람은 없을 줄로 안다. 하지만 한편으로 이 종교회의에서는 이렇게 말했다. "스스로 죄의 용서를 받고 의롭다 칭함을 받았다고 확실히 믿는 사람 외에는 누구도 죄 사함을 받고 의롭다 칭함을 받지 못한다는 것은 인정될 수 없다." 이 말은 개신교도들이 품었던 확신, 전유, 구원의 믿음에 대한 특별한 적용을 뒤엎는 말이다. "누구든지 의롭다 칭함을 받는 믿음이 그리스도로 말미암아 죄를 사해주시는 하나님의 긍휼에 대한 확신이라고 말하거나 그 확신만으로 의롭다 칭함을 받게 된다고 말하면 그는 저주를 받을 것이다."15 "누구든지 자신이 죄 사함을 받고 의롭다 칭함을 얻었다고 확실히 믿는 사람은 죄 사함을 받고 의롭다 칭함을 얻었다고 말하면, 그는 저주를 받을 것이다."16

나아가, 1638년과 1639년에 개정된 국가 언약에는 공적인 요리문답들이 언급되어 있다. 위에서 언급한 신앙 고백(국가 언약)과 이전의 대고백(Large Confession, 옛 고백)에 표현된 참된 종교가 이 요리문답들을 통해 정립되었다고 볼 수 있다. 이 요리문답에는 이 문제에 관한 교리가 다음과 같이 추가되어 있다.

목사: 무엇이 첫 번째 요점입니까?
아이: 하나님을 전적으로 믿는 것입니다.
목사: 어떻게 하면 됩니까?
아이: 하나님이 전능하시고 완벽히 선하시다는 확실한 지식을

15　상동, cap. 13, can. 12.
16　상동, can. 14.

얻으면 됩니다.

목사: 그것으로 충분합니까?

아이: 그렇지 않습니다.

목사: 그렇다면 무엇이 더 필요합니까?

아이: 자신이 하나님의 사랑받는 자이며 그분이 자신의 아버지이자 구주가 되실 것이라는 사실을 자신의 양심으로 온전히 확신해야 합니다.[17]

다음은 앞서 말한 프랑스 개혁교회의 요리문답이다.

목사: 우리에게는 믿음이 세워질 기초가 있습니다. 그 기초를 근거로 진짜 믿음은 무엇이라고 판단할 수 있습니까?

아이: 예, 그것은 예수 그리스도를 통해 우리의 아버지요 구주가 되신다는 하나님의 복음의 선포에 따라 우리를 향한 그분의 사랑을 확실히고 확고히 아는 것입니다.[18]

목사: 어떻게 하면 그 확신에 이를 수 있습니까?

아이: 성령이 우리 마음에 주시는 믿음을 통해서입니다. 성령이 거룩한 복음을 통해 주어진 하나님의 약속을 확신하게 해주십니다.[19]

---

17 칼뱅의 요리문답, 스코틀랜드 장로교회에서 사용되고 *First Book of Disciple*을 통해 승인, 질문 8-12.

18 상동, 111번 질문.

19 아이들을 성찬식에 참여시키기 전에 검증하는 방법, 질문 16. 이것은 '작은 요리문답'으로 불린다. 총회, 1592년, 10차 회의.

질문: 무엇이 참된 믿음입니까?

답변: 그것은 하나님이 말씀을 통해 계시해주신 모든 것에 확고하게 동의하는 지식만이 아니라 성령이 내 마음속에 일으켜주시는 확실한 확신입니다. 성령이 죄의 용서와 영원한 의, 생명이 오직 그리스도의 공로로 하나님의 긍휼을 통해 값없이 다른 사람에게만이 아니라 나에게도 주어졌다는 확신을 주십니다.[20]

이 유명한 요리문답은 대부분의 개신교 교회와 학교, 특히 네덜란드 개신교에서 사용된, 네덜란드 성경과 하나로 묶인 요리문답이다. 로버트 우드로(R. Wodrow)는 『역사』(*The History of the Sufferings of the Church of Scotland from the Restoration to the Revolution*)의 헌사에서 이렇게 말했다. "스코틀랜드 교회는 훌륭한 웨스트민스터 회의에 기꺼이 동참하기 전까지 왕실 요리문답을 채택했다. 나중에 이 요리문답은 대요리문답과 소요리문답에 자리를 내주었지만 중등학교에서는 계속해서 이 요리문답을 가르쳤다."

질문: 그리스도에 대한 믿음은 무엇입니까?

답변: 그리스도가 세상의 유일한 구주이실 뿐 아니라 특별히 그분을 믿는 우리의 구주시라는 확실한 확신입니다.[21]

---

20 *The Palatine Catechism*, 스코틀랜드 왕실에서 사용하기 위해 공적 권위자들이 간행함.
21 *Craig's Catechism*, 1592년 총회에서 승인.

추가로 다음과 같은 세 증언을 소개한다.

> 질문: 믿음은 무엇입니까?
> 답변: 하나님이 나를 비롯한 모든 성도를 사랑하시며 우리에게 그리스도와 그분의 모든 혜택을 값없이 주셨다고 확신하는 것입니다.[22]
>
> 질문: 믿음은 무엇입니까?
> 답변: 하나님은 전능하시고 나를 구원해주겠다고 약속하셨기 때문에 예수 그리스도의 피를 통해 그렇게 하실 수 있고 그렇게 하실 것이라는 확실한 믿음입니다.[23]
>
> 질문: 십자가에 달리신 그리스도와 우리 사이의 이 좁은 길을 가게 해주는 유일한 도구인 이 믿음은 무엇입니까?
> 답변: 그리스도가 죽음과 부활을 통해 우리의 죄를 없애셨고 자신의 의로 우리를 입혀 하나님의 은혜로 나아갈 수 있도록 온전히 회복시켜주셨다는 마음의 확신입니다.[24]

1638년과 1639년에 개정된 국가 언약에는 개정 이전에 확립되고 고백된 대로 복음의 순수성을 회복하겠다는 합의와 결의가 표현되어 있다. 고위 성직자들의 시대에 스코틀랜드에서 캔터베리 대주교 로드의 파벌 싸움에 중독된 사람들이 복음을 더럽혔다. 1640년, 당

---

22 *Summula Catechismi*, 지금도 라틴어 기본 교재에 포함되어 있고, 종교 개혁 이후로 1726년 당시까지도 계속 중등학교에서 가르쳤다.
23 James Melvil의 요리문답, *Propine of a Pastor to his People* (1598), 44.
24 *Mr John Davidson's Catechism*, 46.

시 킬위닝의 목사로, 나중에 웨스트민스터 총회에 파견된 스코틀랜드 대표 중 한 명이었던 로버트 베일리(Robert Baily)는 이 파벌 싸움의 반대하는 글을 써서 가톨릭과 아르미니우스주의 등의 문제점을 증명해 보였다. 특히, 믿음의 본질에 관한 가톨릭 교리의 문제점을 정확히 지적했다. "믿음이 오로지 동의일 뿐 그 어떤 적용이나 개인적 확신을 필요하지 않는다고 말한다. 개인적인 확신이 추측이요 미친 뇌가 꾸며낸 허구일 뿐이라고 말한다."[25]

그리하여 1643년 국가 언약이 스코틀랜드 개혁 종교의 존속을 약정한 엄숙 동맹(Solemn League and Covenant)으로 새롭게 승인되면서 스코틀랜드 교리, 그 고백들과 공적 요리문답들도 승인되어, 웨스트민스터 신앙 고백과 대요리문답, 소요리문답이 탄생하기 전까지 채택되었다.

AD 1647년 웨스트민스터 고백이, AD 1648년 대요리문답과 소요리문답이 채택되었을 때 총회는 세 결의를 통해 이 셋을 각각 승인했고, 그것들이 스코틀랜드 교회의 교리와 전혀 반하지 않는다고 선포했다. 만약 단 하나라도 이전 교리의 기준에 반하는 것이 있다면 그것은 스코틀랜드 교회의 판단에 따른 것이 아닐 것이다. 왜냐하면 원래 스코틀랜드 교회는 그것들이 이전 교리에 반하는 것이 전혀 없다고 보고서 받아들였기 때문이다. 하지만 다음과 같이 두 교리는 정확히 일치한다.

"이 믿음은 약하거나 강한 정도가 다르고, 여러 모양으로 자

---

25 Hist. Motuum in Regno Scotia, 517.

라서 온전한 확신에 이른다"(WCF, 14:3). 만약 믿음의 본질에 확신이 전혀 없다면 믿음이 어떻게 온전한 확신으로 자라갈 수 있는가?"

"믿음은 죄인을 의롭게 한다. 단, 믿음은 그리스도와 그분의 의를 받고 적용하는 수단으로서만 작용한다"(WLC, 73).

"그들은 십자가에 못 박히신 그리스도와 그분 죽음의 모든 혜택을 믿음으로 받고 자신에게 적용한다"(WLC, 170).

질문: 어떻게 해야 십자가에 못 박히신 그리스도의 몸을 믿음으로 받고 우리 자신에게 적용할 수 있습니까?

답변: 그리스도의 십자가 고통과 죽음이 우리 스스로 우리의 죄에 대해 십자가에 못 박힌 것만큼이나 우리에게 속했다고 확신해야 합니다. 이 확신이 참된 믿음의 확신입니다.[26]

"예수 그리스도를 믿는 것은 구원의 은혜다. 이 은혜로 우리는 복음을 통해 주어진 그리스도를 영접하고 구원에 대해 오직 그분만을 의지한다"(WSC).

위에서 언급한 옛 고백의 정의인 "하나님의 약속에 대한 확실한 믿음…이 믿음으로 우리는 예수 그리스도…붙들 수 있다"와 비교해보면 받는 것에 대해 이 정의와 옛 정의가 완벽히 일치함을 볼 수

---

26   *Sum, Catech.*

있다. 나아가, 존 데이비슨의 정의도 똑같다.

> 질문: 믿음은 무엇인가?
> 답변: 그리스도 안에서 우리의 죄가 값없이 사해진다고 진심으로 확신하는 것입니다. 혹은 말씀 선포와 성례를 통해 제시된 그리스도를 받고 성령의 역사하심으로 죄 사함을 진심으로 받아들이는 것입니다. 이로써 그분은 우리와 하나가 되시고 우리는 그분과 하나가 되며, 그분은 우리의 머리가 되시고 우리는 그분의 지체가 됩니다.[27]

이번에는 웨스트민스터에 언급된 의지하는 것에 대한 정의를 위에서 언급한 왕실 신앙 고백의 정의와 비교해보라. "내가 용서를 받았다고 분명히 결론을 내리고서 하나님을 의지하는 확실한 확신"(21번 질문). 대요리문답의 마지막 질문도 보라.

> "우리는 믿음으로 그분께 간구하고, 그분이 우리의 간구를 들어주실 줄 조용히 믿고 의지할 수 있다. 우리는 이것이 우리 바람과 확신임을 증언하기 위해 아멘이라고 말한다."

이 말에서 보듯이 그분이 들어주실 줄 조용히 믿고 의지하는 것이 웨스트민스터 신앙 고백의 저자들이 생각한 확신이다.

27　Mr John Davidson's Catechism, 24.